AF124661

VERBORGENES
FLORENZ

Niccolò Rinaldi und Paola Maresca

FOTOS
Waris Grifi

JONGLEZ VERLAG

Reiseführer

Niccolò Rinaldi (niccolorinaldi.it) wurde 1962 in Florenz geboren. Er war Informationsbeauftragter der UNO in Afghanistan und beigeordneter Generalsekretär des Europäischen Parlaments. Derzeit ist er Abgeordneter des Europäischen Parlaments und gewähltes Mitglied der Facoltà Teologica dell'Italia Centrale in Florenz. Er leitet eine Delegation der politischen Partei Italia dei Valori (IDV) und ist Vizepräsident der Allianz der Liberalen und Demokraten für Europa (ALDE) im Europäischen Parlament. Als Autor hat er mehrere Reiseberichte und Essays über Zentralasien, Afrika und Florentiner Reisende veröffentlicht.

Paola Maresca, promovierte Architektin und Forscherin, wurde in Florenz geboren, wo sie auch lebt und arbeitet. Von Anfang an ihrer akademischen Laufbahn galt ihr Interesse der Weisheitstradition. Insbesondere hat sie sich mit der hermetischen Symbolik in der Architektur und in der Gartenkunst beschäftigt. Sie ist Autorin zahlreicher Bücher und Essays zu diesen Themen und wurde 2014 zum Ehrenmitglied der Academy of Design Arts ernannt. Derzeit ist sie Präsidentin der Associazione Firenze Alchemica.

Wir hatten große Freude bei der Arbeit an diesem Reiseführer mit dem Titel *Verborgenes Florenz* und hoffen, dass Sie in seiner Begleitung – so wie wir auch selbst – die ungewöhnlichen, verborgenen oder verkannten Seiten der Stadt entdecken werden. In Ergänzung zu einigen Einträgen weisen Themenkästen auf historische Zusammenhänge hin oder erzählen Anekdoten, die dazu beitragen sollen, die Stadt in ihrer ganzen Komplexität zu verstehen.

Verborgenes Florenz möchte auch die Vielzahl von Details beleuchten, an denen man Tag für Tag vorbeigeht, ohne sie zu bemerken. Der Reiseführer ist einerseits eine Einladung, mit offenen Augen durch diese Stadt zu gehen, und andererseits eine Anregung, auch die eigene Stadt mit jener Neugier und Aufmerksamkeit zu betrachten, die wir üblicherweise anderen Orten auf Reisen entgegenbringen ...

Über Anmerkungen zu diesem Reiseführer und seinem Inhalt sowie Informationen zu Orten, die darin nicht aufgeführt sind, freuen wir uns sehr und bemühen uns, diese in künftige Ausgaben aufzunehmen.

Kontaktieren Sie uns:
info@jonglezverlag.com

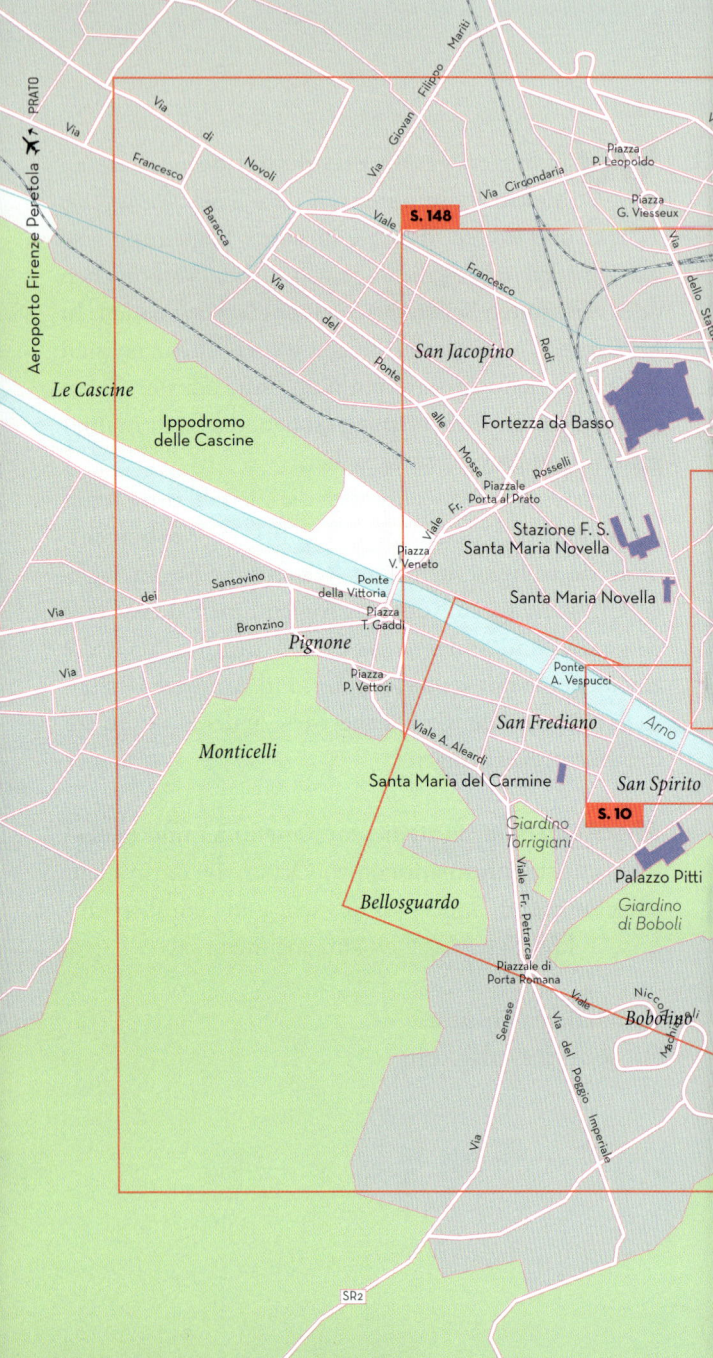

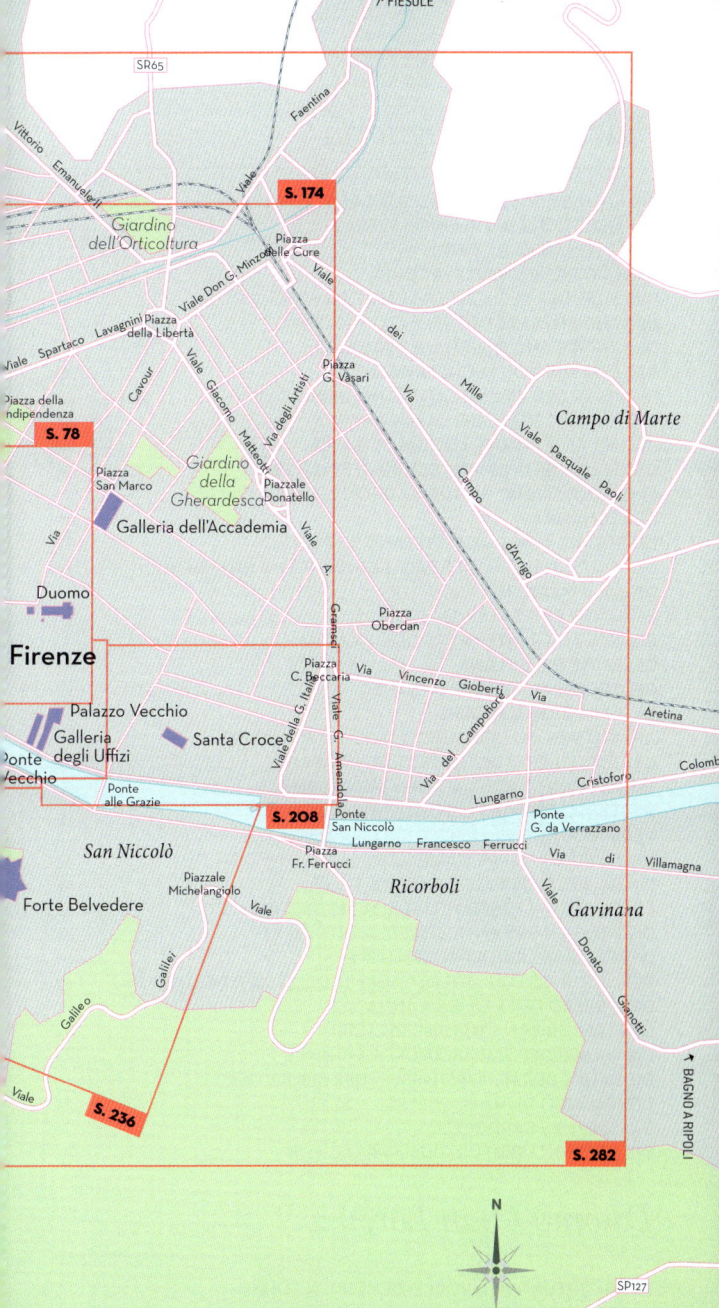

INHALT

Piazza della Signoria

Duomo / San Lorenzo

Santa Maria Novella

INHALT

Santissima Annunziata

Santa Croce

Oltrarno

Außerhalb der Stadtgrenzen

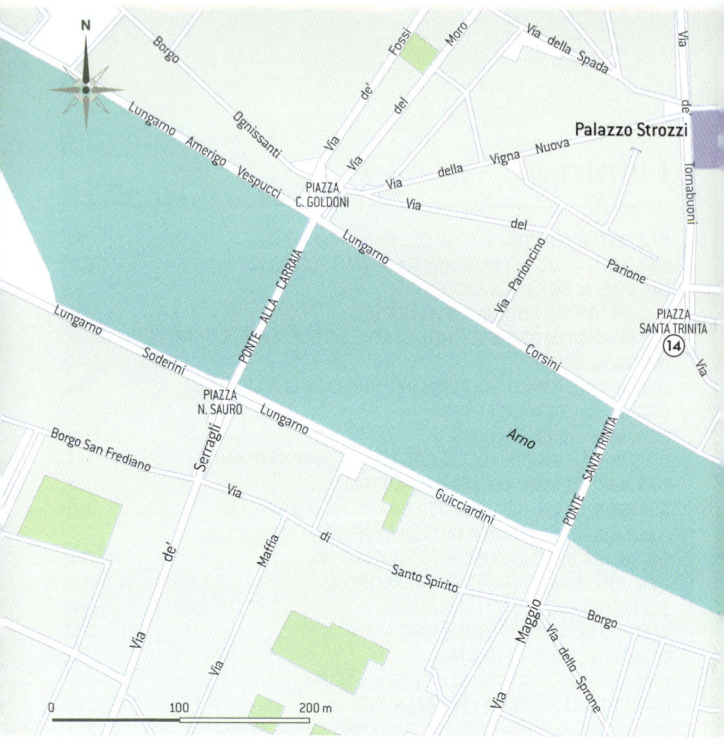

Piazza della Signoria

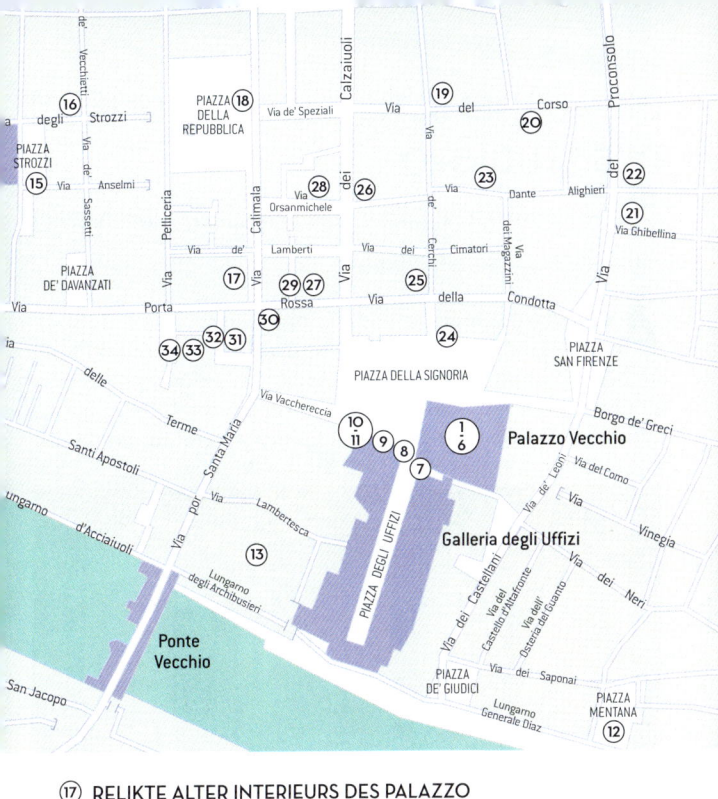

DIE ALCHEMISTISCHE SYMBOLIK ①
DES STUDIOLO

Das alchemistische Labor von Francesco I. de' Medici

Palazzo Vecchio, Piazza della Signoria

An der Ausgestaltung des *Studiolo* (Studierzimmer) von Francesco I. de' Médici (* 25. März 1541, Florenz; † 19. Oktober 1587 ebd.) im Palazzo Vecchio war auch der berühmteste manieristische Maler jener Zeit beteiligt: Giorgio Vasari. Dieser war in den Jahren 1570–72 mit der Leitung des Projekts betraut. Unterstützt wurde er dabei von den Humanisten Giovanni Battista Adriani und Vicenzo Borghini.

Das *Studiolo* war in zwei Bereiche unterteilt: ein Büro und ein alchemistisches Labor – eine Art Kuriositätenkabinett, in das sich Francesco I., der kein besonderes Interesse für die Politik hegte, oft zurückzog. Dort widmete er sich, umgeben von großformatigen Bildern aus seiner Sammlung, der Alchemie. An den Wänden hingen 34 Gemälde, die insbesondere mythologische und religiöse Themen aufgriffen. Von Mirabello Cavalori stammt die *Wollfabrik*, Giovanni Battista Naldini trug die *Allegorie der Träume* bei – ein Hinweis auf das angrenzende Schlafzimmer Francescos I. Über allem thronte ein Bildnis der Mutter des Herzogs, Eleonora von Toledo, aus der Hand von Agnolo Bronzino.

Das *Studiolo* war der geheime Rückzugsort von Francesco I., einem Mann von komplexem und stillem Charakter. Nach dessen Tod im Jahre 1590 wurde der Ort durch seinen Bruder Ferdinando I. de' Medici zerstört und geriet über Jahrhunderte in Vergessenheit. Erst im 20. Jh. wurde er rekonstruiert, nachdem Giovanni Poggi, Superintendent für die Kulturgüter der Toskana, und Alfredo Lensi, Leiter des Kunstkabinetts der Stadt Florenz, den Raum im Jahre 1910 anhand von Fragmenten der Deckenfresken wiederentdeckten. Wie durch ein Wunder konnten die 34 Gemälde, die die Wände ursprünglich zierten, sowie acht Bronzeskulpturen restauriert werden.

Für sein *Studiolo* hatte Francesco I. bei Vasari Darstellungen der vier Elemente Erde, Wasser, Feuer und Luft in Auftrag gegeben, die die Grundlage der philosophischen Recherchen des Alchemisten im Labor – Symbol für das alchemistische Universum und Ort des Gebets und der Arbeit (*ora et labora*) – bilden.

Aller Wahrscheinlichkeit nach führte Francesco I. an diesem Ort jedoch keine tatsächlichen alchemistischen Experimente durch, sondern nutzte ihn vielmehr, um sich ungestört der Lektüre alchemistischer Texte widmen zu können. Über das Stadium der intellektuellen oder theoretischen Alchemie dürfte er nicht hinausgekommen sein
(s. nächste Seite). Nichtsdestoweniger hinterließ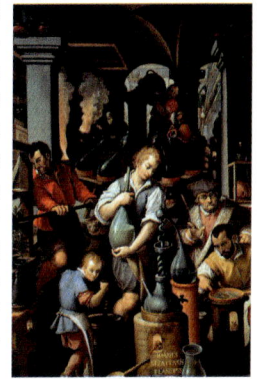
er hier eine wertvolle Sammlung von Gemälden zu diesem Thema, unter denen vor allem das Deckenfresko *Prometeo che riceve i gioielli dalla natura* (1570) von Francesco Poppi zu nennen ist. Das Fresko zeigt *Natura*, wie sie Prometheus die für die Herstellung des Steins der Weisen nötige Quintessenz übergibt; hier zu verstehen als Symbol für die Erschaffung des perfekten Menschen mit einem durch das Feuer der Vernunft – dessen Fackel Prometheus bzw. Luzifer halten – aufgeklärten Geist.

Ein anderes Fresko von Vasari zeigt *Perseus und Andromeda*, jenen griechischen Mythos, der von den Alchemisten auf den Adepten (Perseus) übertragen wurde, der über seine niedere, vor allem von Eitelkeit gezeichnete Natur siegt, um sich schließlich durch das Schwert der wahren Gerechtigkeit zu befreien und so die höhere und unsterbliche Natur seiner Seele zu enthüllen (Andromeda).

Das Gemälde *Atalante und Hippomenes* (1572) von Sebastiano Marsili zeigt den Adepten auf der Suche nach dem Rohstoff des Opus magnum (des „Großen Werks"): ein Thema, das den deutschen Alchemisten Michael Maier (1568–1622) im Jahre 1617 zur Veröffentlichung seiner alchemistischen Schrift *Atalanta fugiens* veranlasste, die in der Renaissance zu einem der Hauptwerke der hermetischen Literatur avancierte.

Man kann nicht behaupten, dass Francesco I. der Ruf eines Mannes vorauseilte, der über die tugendhaften Attribute eines wahren Adepten verfügt hätte. Im Gegenteil: Er hinterließ den Eindruck eines Despoten. Während es Cosimo I., der sich ebenfalls für die Alchemie interessierte, gelungen war, die Unabhängigkeit von Florenz zu sichern, verhielt sich Francesco I. eher wie ein Vasall des Heiligen Reiches der Habsburger und erlegte seinen Untertanen hohe Steuern für die Zahlung großer Summen an den Kaiser auf. Der Legende nach soll Francesco I. vergiftet worden sein.

Die Alchemie

Die meisten religiösen Orden des Mittelalters und der Renaissance betrachteten die Alchemie (aus dem koptischen *Allah-Chêmia* oder „himmlische Chemie") als Kunst des Heiligen Geistes bzw. als reale Kunst der göttlichen Welt- und Menschenschöpfung. Inspiriert wurde sie von der katholisch-orthodoxen Lehre. Die alchemistische Kunst unterscheidet sich von der geistlichen Alchemie, deren Ziel ausschließlich die Erleuchtung des Geistes ist und die die unreinen körperlichen Elemente in reine Geisteszustände verwandelt (auch Weg der Büßer genannt). Sie unterscheidet sich auch von der Alchemie im Laboratorium (dem sog. Weg der Philosophen), die die alchemistische Verwandlung unreiner Naturelemente in Silber und Gold im Labor verkörpert. Die zwei Praktiken werden normalerweise nie getrennt betrachtet, sondern als ein einziger „Weg der bescheidenen Menschen", die vor der im Laboratorium (aus dem Lat. *labor + oratorium*) reproduzierten Erhabenheit des Universums niederknien. Die (innere) Alchemie der Seele äußert sich außerhalb des Laboratoriums. Diejenigen, die die Alchemie im Laboratorium nur in Hinblick auf Silber und Gold betreiben und damit die wesentlichen Aspekte der Erlösung der Seele vernachlässigen, sollten daran scheitern und als Scharlatane bezeichnet werden. Dabei handelte es sich oft um Menschen mit umfassender Bildung, allerdings ohne die geforderte moralische Gesinnung. Um kein Scharlatan zu werden, musste man ein inneres Gleichgewicht zwischen Verstand und Herz, Kultur und Moralprinzipien, Buße und Bescheidenheit finden und somit ein richtiger Philosoph werden.

AUF DER SUCHE NACH EINEM FRESKO VON LEONARDO DA VINCI

Ausgelöscht oder verborgen?

Salone dei Cinquecento – Palazzo Vecchio
Piazza della Signoria
Oktober bis März täglich außer Donnerstag 9 bis 19 Uhr, Donnerstag 9 bis 14 Uhr
April bis September täglich außer Donnerstag 9 bis 23 Uhr, Donnerstag 9 bis 14 Uhr
Geschlossen zu Neujahr sowie zu Ostern, am 1. Mai, 15. August und 25. Dezember

Der Palazzo Vecchio hält für seine Besucher ein Rätsel bereit: Im Saal der Fünfhundert (*Salone dei Cinquecento*) befand sich einst ein Wandgemälde von Leonardo da Vinci – eine Darstellung der Anghiari-Schlacht –, das die Stadtoberen von Florenz bei ihm zur Ausgestaltung des Ratssaals in Auftrag gegeben hatten. Doch von eben diesem Fresko fehlt heute jede Spur. Ein Fresko von Leonardo da Vinci, das sich erwiesenermaßen an einem bestimmten Ort (noch dazu im Zentrum der Macht von Florenz) befand, heute jedoch spurlos verschwunden ist – ein Mysterium, das Anlass zu Spekulationen bietet. Die Meinungen der Experten ranken sich seither um zwei zentrale Thesen: Für die meisten Kunsthistoriker wurde das Fresko in einem Verfahren mit zu schneller Trocknung erstellt, sodass es über die Jahre verblasste; der für die Neugestaltung des Saals verantwortliche Vasari ließ es in der Folge entfernen. Einige wenige andere Forscher sind empört, wie man den großen Leonardo da Vinci einer solch stümperhaften Ausführung verdächtigen kann, und glauben, dass Vasari es nie gewagt hätte, Hand an das Werk eines Meisters, den er mehr als alle anderen bewunderte, zu legen. Ihrer Meinung nach soll er eine zweite

Steinmauer errichtet haben, die zum Schutz des Freskos einen wenige Zentimeter breiten Zwischenraum ließ. Um das Werk erneut zu betrachten, müsste nur die Wand mit dem Gemälde von Vasari eingerissen werden. Man könnte meinen, dass das Rätsel durch neue Restaurierungstechniken gelöst werden könnte. Jene, die an die Existenz des Freskos von Leonardo da Vinci glauben, finden sich jedenfalls in einem Hinweis bestätigt, der sich ihrer Ansicht nach in Vasaris Fresko verbirgt. Und in der Tat: Sieht man genau hin, erkennt man auf einer Standarte die Worte *„cerca, trova"* („suche, finde").

DAS UFO DES PALAZZO VECCHIO ③

Ufologie im 15. Jahrhundert

Palazzo Vecchio
Piazza della Signoria
Oktober bis März täglich außer Donnerstag 9 bis 19 Uhr, Donnerstag 9 bis 14 Uhr
April bis September täglich außer Donnerstag 9 bis 23 Uhr, Donnerstag 9 bis 14 Uhr
Geschlossen zu Neujahr sowie zu Ostern, am 1. Mai, 15. August und 25. Dezember

Der Herkules-Saal im obersten Stockwerk des Palazzo Vecchio ist seit vielen Jahren zu einem Pilgerort für Ufologen und all jene geworden, die an die Existenz Außerirdischer glauben oder schlicht von dem einzigartigen Gemälde gehört haben, das ein unbekanntes Flugobjekt zeigen soll. Bereits das Kunstwerk als solches hat die Form einer fliegenden Untertasse: Es handelt sich um ein typisches *tondo* (Rundbild) mit einem Durchmesser von einem Meter und stammt aus dem 15. Jh. Es zeigt ein klassisches Sujet: die Jungfrau Maria mit dem Kind und dem Hl. Johannes dem Täufer vor einer Landschaft mit einem Hirten und dessen Hund.

Doch ein Detail zieht die Aufmerksamkeit des Betrachters auf sich: Der Hirte und sein Hund blicken in den Himmel, in dem ein ovales Objekt zu erkennen ist, das in seiner Ausführung aussieht, als drehe es sich um sich selbst oder befinde sich zumindest in Bewegung. Doch damit nicht genug: Das eigenartige, graue Raumschiff ist von nimbushaften Strahlen umgeben, die in ihrer Form an Antennen erinnern. Heutige Betrachter erkennen darin ein Ufo, das der Auftraggeber des Gemäldes möglicherweise gesehen hat und mit dessen Verewigung er daraufhin den Künstler – vermutlich ein Schüler Lippis – beauftragte.

Und auch wenn das alles unwahrscheinlich klingt, 1978 nahm sich ein Architekt ernsthaft des fliegenden Objekts an und machte das Gemälde damit zu einer weltweit einzigartigen Ikone.

In der Folge wurde es minutiös restauriert und in Italien und den USA mithilfe modernster Geräte analysiert, um Umarbeitungen oder nachträgliche Ergänzungen auszuschließen. Gelöst ist das Rätsel jedoch bis heute nicht. Warum blicken der Hirte und sein Hund auf dieses mysteriöse Himmelsobjekt? Und warum wurde dieses hier dargestellt? Man mag glauben, was man will: Das vermeintliche Ufo aus dem 15. Jh. hat das ansonsten eher unspektakuläre Gemälde zu einem viel beachteten Kunstobjekt gemacht.

DER SAAL DER ELEMENTE IM PALAZZO VECCHIO

④

Cosimo de' Medicis Leidenschaft für die Alchemie

Palazzo Vecchio – Piazza della Signoria
Freitag bis Mittwoch 9 bis 19 Uhr, Donnerstag 9 bis 14 Uhr

Die Wandgemälde in den Privatgemächern von Cosimo I. de' Medici im zweiten Stock des Palazzo Vecchio zeugen von der großen Leidenschaft, die der Staatsmann und Bankier für die Alchemie hegte.

Die Gemälde im Saal der Elemente, dessen Name später als *Quartiere degli Elementi* für das gesamte Ensemble übernommen wurde, stammen von Giorgio Vasari. An den Wänden sind in emblematischen Darstellungen voller Verweise auf die hermetische Philosophie Allegorien der vier Elemente zu sehen. An der Decke, die der Luft gewidmet ist, vermischen sich Mythologie und kabbalistische Tradition. Es ist dies die erste Darstellung des Lebensbaums der Kabbala in der christlichen Welt überhaupt. Im Zentrum der Decke ist Saturn dargestellt, der Uranus mit einer Sichel kastriert. Aus dessen abgetrenntem Glied strömen die Samen, aus denen die Elemente entstehen. Um die beiden Götter herum sind acht Figuren in verschiedenen Haltungen abgebildet. Sie

stellen die Sephiroth dar, die an der Schöpfung beteiligten Attribute Gottes. Die Decke zeigt den Himmel damit als Ursprung allen Seins.

An der dem Wasser gewidmeten Wand ist die Liebesgöttin Venus auf einer Muschel im Meer zu sehen, umgeben von Tritonen und Najaden, die ihr die Ehre erweisen.

An der angrenzenden Wand ist das Feuer durch Vulcanus repräsentiert, der einen Pfeil schmiedet, den Cupido ihm reicht. Rechts fachen Amoretten mithilfe eines Blasebalgs und eines großen Steinrads das Feuer an, das in der Schmiede für die Fertigung der Pfeile benötigt wird. Das Rad verweist auf das alchemistische Feuer, das häufig auch als „Radfeuer" bezeichnet wird. Neben dem Gott legt Venus ihre Arme um ein Pfeilbündel. Zu ihrer Rechten schmieden drei Zyklopen Donnerkeile, die die Amoretten im Himmel an Zeus übergeben. Der Donnerkeil, Hauptwaffe und -attribut von Zeus, symbolisiert in seiner aktiven Form das himmlische Feuer, den Funken des Lebens mit seiner fertilisierenden Kraft.

Die gegenüberliegende Wand ist der Erde gewidmet. Im Vordergrund sitzt Saturn in einer ländlichen Szenerie. Diese Darstellung verweist auf die Kunst der Alchemie, denn Saturn ist für die erste Phase des Prozesses verantwortlich: die *Nigredo*. Die Eiche, unter der er sich niedergelassen hat, steht für das Eichenholz als erste Materie. In seiner Rechten hält Saturn eine Schlange, die sich in den Schwanz beißt (*Ouroboros*), Symbol

der Ewigkeit und des Opus magnum, des „Großen Werks" der Alchemie. Zu Füßen des Gottes ist ein Steinbock als das von Cosimo gewählte Symbol der Macht zu sehen, dessen zweigeteilter Schwanz für die doppelte – irdische und aquatische – Natur steht. Zwischen seinen Hufen ruht eine rote Kugel. Sie verweist auf die aufgehende Sonne und die *Rubedo*, die Vollendung des Opus magnum. Der Blick des Gottes ist auf eine Frau und einen Mann gerichtet. Die beiden bieten Saturn einen Apfel, Symbol der Venus, und ein Gefäß dar, Verweis auf den alchemistischen Athanor, einen „Ofen", in dem sich die Verwandlung der Materie vollzieht. Rechts von Saturn erhebt sich im Vordergrund der Oberkörper einer Najade aus dem Wasser. Sie hält in ihrer rechten Hand eine Schildkröte, in ihrer linken ein Segel, was sich als Cosimos Leitspruch lesen lässt: *festina lente* (Eile mit Weile, wörtl. „eile langsam"). Die Segelschildkröte ist zudem ein Hinweis auf den alchemistischen Stein der Weisen: Die Segel stehen für die Flüchtigkeit, die sich in einem Gleichgewicht der Gegensätze mit der festen Materie vereint.

An der vierten Wand sind Merkur und Pluto dargestellt. Merkur

als Götterbote verbindet Himmel und Erde und ist zugleich Hüter des geheimen Wissens. Zu erkennen ist dies auch an dem Zeichen auf seinem Stab, der von zwei Schlangen umschlungen wird, die in der Alchemie als Symbol gegensätzlicher, durch den Stab verbundener Prinzipien gelten. Im Pendant zu dieser Szene finden wir Pluto mit dem Zweizack, dem Zeichen seiner Macht. Der Herrscher der Unterwelt steht für die himmlischen Reichtümer im Herzen der Erde, entsprechend der alchemistischen Formel *Visita Interiora Terra, Rectificando Invenies Occultam Lapidem* („Suche das Innere der Erde auf, und durch Reinigung wirst du den verborgenen Stein finden"). Neben Pluto ist Kerberos dargestellt, der dreiköpfige Hund.

Auf diesen Raum folgen weitere Räume, die jeweils einem heidnischen Gott gewidmet sind und ebenfalls durch das Prisma der alchemistischen Symbolik betrachtet werden können. Der letzte Raum ist dem Heros Herkules gewidmet, der nach der Bewältigung von zwölf Aufgaben in einem langen und schweren Weg der Erkenntnis zu seinem wahren, göttlichen Wesen findet und das alchemistische Werk zum Abschluss bringt.

DER AUDIENZSAAL
DES PALAZZO VECCHIO

Ein Tempel der Hermetik

Palazzo Vecchio
Piazza della Signoria
Freitag bis Mittwoch 9 bis 19 Uhr, Donnerstag 9 bis 14 Uhr

Im Jahr 1543 betraute Cosimo I. de' Medici den Maler Francesco de' Rossi, genannt Francesco Salviati, mit der Ausgestaltung seines Audienzsaals (*Sala delle Udienze*). Der Freskenzyklus an den Wänden ist derart mit allegorischen Hinweisen gespickt, dass man den Saal als wahren Initiationstempel bezeichnen könnte. Scheinbar zusammenhanglos entwickeln sich vor unseren Augen zwei Themenbereiche: Den Darstellungen alter Götter, die auf die hermetische Wissenschaft verweisen, stehen Schlachtszenen gegenüber, die an die Heldentaten von Marcus Furius Camillus erinnern. Der Eroberer Galliens repräsentiert den Heros, der den Stein der Weisen erobert und die höchste Phase erreicht hat.

Die Darstellungen der beiden angrenzenden Wände verweisen allegorisch auf verschiedene Vorgänge der Alchemie.

Die große Öffnung in der Mitte ist von zwei Fresken umgeben, die daran erinnern, dass die beiden Elemente (das Männliche und das Weibliche) im alchemistischen Werk der Vereinigung zustreben. Mars auf der rechten Seite unterwirft einen Hahn, während sich auf der anderen Seite Venus in den Zügen der Diana zu erkennen gibt.

An den Enden sind zwei männliche Figuren dargestellt: Kairos (der günstige Zeitpunkt) und Mäßigung als die beiden Merkmale, die im Zentrum des alchemistischen Prozesses stehen. An der Wand daneben ist ganz links Hekate zu sehen; die Göttin trägt einen Halbmond im Haar, um ihren Körper windet sich eine Schlange.

Am anderen Ende befindet sich Phanes, Sonnengott der Orphiker, dargestellt als junger Mann. Aus einem Gefäß schlagen Flammen über seine Ziegenhufe, über seinem Kopf hängt ein Feuerball in der Luft. Der geflügelte Gott ist in königlicher Haltung dargestellt, den Körper von einer Schlange umwunden. Der Blitz in seiner Rechten und der goldene Stab in seiner Linken verweisen auf die schöpferische Kraft des philosophischen Feuers.

Die Darstellung eines Kindes über einem Rad auf der zentralen Säule zwischen den beiden Göttern markiert ihre Verbindung. Es ist dies das hermetische Kind, das oberste Ziel der alchemistischen Transformation, Ergebnis der weisen Vereinigung zwischen Sonne und Mond. Das Kind schwebt oberhalb des Rades, was für das Ende der Unterwerfung unter die Zyklizität der Welt der Manifestierungen und im Gegenteil für die Herrschaft über diese steht. Somit symbolisiert das Kind den Adepten, den Eingeweihten, der in sich selbst das Große Werk vollendet hat.

In einem prunkhaften dekorativen Kontinuum umschließen elegante Rahmen altertümliche Landschaften und pudrige Figuren. Auf die Vertäfelungen hat Salviati ausladende Blumengirlanden gemalt, zwischen denen immer wieder Widdergestalten und – als Verweis auf Ägypten, das als Heimstatt der hermetischen Kultur gilt – unheimliche Sphinxe auftauchen.

Die Esoterik des Cosimo de' Medici

Die Erneuerung des antiken Paganismus und das Aufblühen von Lehr- und anderen Einrichtungen, die das Florenz der Renaissance im 15. Jh. zu einem bedeutenden Zentrum des Hermetismus machten, ist den Medici und allen voran dem Familienpatriarchen Cosimo de' Medici (1389–1464) zu verdanken. Cosimo, genannt *Il Vecchio*, „der Alte", war nicht nur ein von Natur aus großzügiger, sondern auch ein kultivierter Mann. Er beherrschte mehrere Sprachen, darunter Arabisch, verehrte die Kunst und interessierte sich leidenschaftlich für die hermetische Philosophie. Er war sehr gebildet und hatte die renommierteste Schule von Florenz, das Kloster Santa Maria degli Angeli, besucht, von der heute noch einige Relikte vorhanden sind. Das Kloster, in dem die Mönche nach der Regel der Kamaldulenser lebten, bildete das Zentrum der humanistischen Kultur. Die Kamaldulenser waren Gelehrte, Kalligraphen, Maler, Illuminatoren, Stecher, Goldschmiede und Goldsticker und widmeten sich insbesondere der Transkription klassischer griechischer und lateinischer Texte mit Bezug zur Wissenschaft der Antike. Das Kloster war daher ein bedeutendes künstlerisches und kulturelles Zentrum, in dem in der ersten Hälfte des 15. Jhs. auf Einladung des Ordensgenerals Ambrogio Traversari die größten Humanisten zusammentrafen: Anlässlich des Konzils zur Überwindung der Spaltung zwischen westlicher und östlicher Kirche 1439 kam dem Kloster und insbesondere Ambrogio Traversari eine bedeutende Rolle zu; seinem Einsatz und der Freigiebigkeit Cosimos war es zu verdanken, dass das Konzil in Florenz stattfand. Das Konzil führte die gelehrtesten Männer aus dem Orient in die Stadt und wurde zum Begegnungsort verschiedener Glaubensrichtungen und Kulturen. Es ermöglichte den Vergleich zwischen den alten, aus der arabischen Welt in den Westen gelangten magisch-astrologischen Lehren und den heidnischen griechischen Lehren. Unter den Teilnehmern des Konzils – eines Schlüsselmoments in der Geschichte des Hermetismus – fand sich auch der Philosoph und zoroastrische

Gelehrte Georgios Gemistos (Plethon), ein leidenschaftlicher Verehrer Pythagoras' und Platons. Gemistos war Oberhaupt eines von ihm selbst gegründeten initiatischen Geheimbunds mit Sitz in Mistra auf dem Peloponnes. Nach seinem Tod wurde sein Schüler Bessarion (um 1400–1472), der seinem Lehrer auch schon zum Konzil in Florenz nachgereist war, sein Nachfolger. Während des Konzils trafen Gemistos, Cosimo und andere Florentiner Humanisten oft zu gelehrten Debatten im Kloster Santa Maria degli Angeli zusammen. Aufzeichnungen von Marsilio Ficino zufolge gelang es Gemistos, Cosimo de' Medici von der Notwendigkeit zu überzeugen, zu den alten Werten der platonischen Philosophie zurückzukehren, woraufhin dieser in Florenz die gewissermaßen mit dem Geheimbund des Gemistos verbundene Neuplatonische Akademie gründete. Unter dem Einfluss von Gemistos erhielt das Interesse für die heidnische Welt neuen Aufschwung, was in die Wiederentdeckung der Philosophie Platons mündete. Dieses wiedererweckte Interesse für die antike Wissenschaft erreichte seinen Höhepunkt, als Cosimo de' Medici Marsilio Ficino mit der Übersetzung eines berühmten Texts beauftragte, der Hermes Trismegistos zugeschrieben wurde: des *Corpus Hermeticum*. Dieses Werk hatte ein gewisser Leonardo da Pistoia auf der Insel Andros entdeckt. Er war einer der vielen Gesandten, die Cosimo nach Griechenland und in den Nahen Osten geschickt hatte, damit sie die Schrift ausfindig machten, die der Philosoph und Großmeister eines initiatischen Geheimbunds, Michael Psellos, einst besessen hatte. Nach ihrer Übersetzung verbreiteten sich die Texte wie ein Lauffeuer von Florenz aus an die europäischen Höfe. Sie bilden noch heute die Grundlage der Hermetik und der alchemistischen Praxis. In diesem Kontext der Wissensverbreitung erscheint der Bau des Klosters San Marco mit einer öffentlichen Bibliothek, die Cosimo von Michelozzo errichten ließ, in einem neuen Licht. Ganze Reihen dieser Bibliothek waren astrologischen Abhandlungen (vor allem auf Arabisch) und Büchern über die Hermetik vorbehalten, die gut sichtbar gleich links des Eingangs standen. Die hermetische Philosophie, die Marsilio Ficino in seinem bedeutendsten Werk *De vita coelitus comparanda* vertrat, beeinflusste die Kunst und innerhalb dieser nicht nur Malerei und Architektur, sondern auch den Gartenbau. In Gemälden, Bauwerken und Gestaltungselementen verbargen sich in einer neuen Vision, die den Menschen ins Zentrum der universellen Harmonie stellte, alte Symbole und subtile Verweise auf die heidnische Welt. Durch die Anerkennung des neuplatonischen Denkens kommt dem magischen Philosophen im komplexen Zusammenspiel der Einflüsse und Kräfte, die Mikro- und Makrokosmos miteinander verbinden, eine bewusste, aktive Rolle zu.

DER WEHRGANG OBERHALB DER STADT

Ein Stadtrundgang in über vierzig Metern Höhe

Oktober bis März täglich außer Donnerstag 10 bis 17 Uhr, Donnerstag 9 bis 14 Uhr
April bis September täglich außer Donnerstag 9 bis 23 Uhr, Donnerstag 9 bis 14 Uhr
Kostenlose telefonische Reservierung möglich unter Tel. 055 2768224, täglich von 9:30 bis 16:30 Uhr, oder per E-Mail an: info.museoragazzi@comune.fi.it
Die Besichtigungen finden in der Regel täglich von 11:30 bis 15 Uhr statt
palazzovecchio-museoragazzi.it
Achtung: Für Personen mit eingeschränkter Mobilität nicht barrierefrei zugänglich

Der Palazzo Vecchio überrascht seine Besucher mit einer ganzen Reihe unterschiedlicher Besichtigungen. Nach der Einführung einer Kinderführung (*Museo dei ragazzi*) wurde kürzlich der Wehrgang geöffnet, den die Wachen früher nutzten, um den Palazzo und die Stadtoberen vor möglichen Angreifern zu beschützen. In über vierzig Metern Höhe kann man von diesem, das Gebäude rechtwinklig umgebenden Gang aus durch eine Reihe von Fenstern herrliche Ausblicke über die Stadt genießen. Der Wehrgang ist einer von vielen Aussichtspunkten der Stadt wie die Gärten *Orti del Parnaso* in der Via Trento, die Festung *Forte di Belvedere*, die Nachbarstadt Fiesole, die Villa Bardini, der Piazzale Michelangelo oder der Rosengarten. Sein besonderer Charme liegt jedoch – ähnlich wie beim Blick über die Stadt vom Orsanmichele oder der Kuppel der Kathedrale Santa Maria del Fiore (*Duomo*) aus – in seiner zentralen Lage. Der Wehrgang bietet nicht nur außergewöhnliche Perspektiven, sondern fasziniert vor allem durch seine Höhe und seinen architektonischen Aufbau: Er wurde, was in Florenz einzigartig ist, seit seiner Errichtung im Mittelalter nicht verändert und zeigt sich nach wie vor in seiner ursprünglichen, von Arnolfo di Cambio entworfenen Gestalt. Während andere Teile des Palazzo im Laufe der Jahrhunderte umgebaut wurden, konnte bzw. verstand es niemals jemand, Hand an diesen Wehrgang anzulegen, da er vermutlich selbst für den unerschrockenen Restaurator Giorgio Vasari im 16. Jh. zu hoch und zu „militärisch" war.

Siedendes Öl zur Verteidigung gegen Angreifer

An verschiedenen Stellen ist der Wehrgang mit Öffnungen versehen, durch die siedendes Öl auf mögliche Angreifer gegossen wurde. Die Scheiben, die diese Öffnungen heute verschließen, bieten einen schwindelerregenden Blick auf die Piazza della Signoria.

DER STALKER
VON MICHELANGELO

Das Talent eines Genies

Palazzo Vecchio
Piazza della Signoria

Rechts des Haupteingangs des Palazzo Vecchio, hinter der Skulptur von Herkules und Cacus und gleich oberhalb der Bank, auf der meist Touristen sitzen, entdeckt man bei genauem Hinsehen die berühmteste der jahrhundertealten Spuren steinerner Monumente der Stadt Florenz. Sie zeigt die Umrisse eines Gesichts, eine Skizze eines Porträts, das Michelangelo zugeschrieben wird. Die Geschichte dieses originellen „Steinkunstwerks" ist – wie könnte es anders sein – außergewöhnlich. Die beiden uns überlieferten Thesen widersprechen sich, was bei Werken der Volkstradition jedoch nicht selten ist.

Die erste Version besagt, Michelangelo habe häufig mit einem Mann zu tun gehabt, der ihm nachstellte und ihm sinnlose Vorschläge unterbreitete oder unendlich ermüdende Geschichten erzählte.

Eines Tages, als der Künstler gerade sein Werkzeug bei sich trug, meißelte er an der Ecke des Palazzo ein Porträt seines „Stalkers" in Stein, während er vorgab, ihm zuzuhören.

Dies würde erklären, warum die Florentiner die Skizze noch heute *l'importuno* – Störenfried – nennen.

Die zweite Version hingegen besagt, Michelangelo habe einen zum Tode Verurteilten vor dem Palazzo entlanggehen sehen und dessen Gesichtszüge vor seiner Hinrichtung in Stein verewigen wollen. Da ihm nur wenig Zeit blieb und er den Verurteilten nicht aus den Augen lassen konnte, sah er keine andere Möglichkeit, als das Porträt in jenen Stein zu meißeln, der direkt hinter ihm auf Schulterhöhe lag. Dies würde auch die Skizzenhaftigkeit des Porträts erklären, wenngleich er die Physiognomie des Mannes trotz begrenzter Mittel mit einer Perfektion eingefangen hat, wie es nur von einem Künstler mit dem seltenen Talent eines Michelangelo fertiggebracht werden konnte.

MICHAEL ANGELVS BONAROTVS PATRITIVS
FLORENTINVS AN AGENS LXXII

QVANTVM IN NATVRA ARS NATVRAQVE POSSIT IN ARTE
HIC QVI NATVRÆ PAR FVIT ARTE DOCET

M D XLVI

Möge jeder die Geschichte auswählen, die ihm besser gefällt. Was zählt, ist letztlich, dass dieses kleine Meisterwerk, an dem Tag für Tag so viele Menschen vorüberströmen, auch weiterhin Anlass für angeregte Gespräche unter dem Himmel von Florenz und den Blicken neugieriger Passanten bietet.

DIE RUINE DER KIRCHE SAN PIER SCHERAGGIO

„Hinter diesen Mauern erklang die Stimme Dantes in den Volksräten"

Via della Ninna

San Pier Scheraggio ist jene Kirche in Florenz, die man am schnellsten besichtigen kann, wenngleich es sich vielmehr nur um die Reste dessen handelt, was San Pier Scheraggio einmal war. Diese Reste befinden sich jedoch nicht irgendwo abseits im Verborgenen. Ganz im Gegenteil: In der Via della Ninna kann man auf der an die Uffizien angrenzenden Mauer – beinahe gegenüber vom Haupteingang des Palazzo Vecchio – zwei große, von eleganten Säulen getragene, zugemauerte Bögen erkennen, in die je ein Fenster eingelassen ist. An manchen Stellen ist sogar noch das Fundament der Kirche auszumachen, an die im Übrigen auch eine schlichte Gedenktafel erinnert. Die Inschrift dieser Tafel verweist auf eine interessante Besonderheit in der Geschichte des Gebäudes: *„Tra le cui mura nei consigli di popolo sonò la voce di Dante"* („Hinter diesen Mauern erklang die Stimme Dantes in den Volksräten"). Die Kirche wurde kurz nach dem Jahr 1000 neben Dantes Haus unweit der Piazza della Signoria errichtet und es ist mehr als wahrscheinlich, dass sich die Bürger in einer der bewegtesten Zeiten der Florentiner Geschichte in dieser Kirche versammelten. Zudem war die Kirche im Besitz einiger wertvoller Kunstwerke: Eines der Hauptschiffe wurde von Cimabue mit Fresken ausgestaltet. Leider befand sich San Piero Scheraggio wie es scheint am falschen Ort: Das Kirchenschiff von

Cimabue wurde 1298 zerstört, um an seiner Stelle den Palazzo della Signoria – oder Palazzo dei Priori („Palast der Priore"), wie er seinerzeit genannt wurde – zu errichten. Im 16. Jh. waren die Ruinen der Kirche ein Hindernis beim Bau der Uffizien und wurden abgerissen – bis auf ein Schiff, das Vasari in einen Saal verwandelte, der sich heute im Erdgeschoss des Museums befindet. Aus unbekannten Gründen blieben die beiden Bögen mit ihren Säulen verschont und wurden in die Mauer integriert. Sie muten an wie Gemälde, Reste einer früheren Architektur oder ein Zitat.

DIE TÜR AN DER VIA DELLA NINNA

⑨

Der Notausgang des Herzogs von Athen

Via della Ninna

In der Via della Ninna entdeckt man bei genauem Hinsehen in der Mauer des Palazzo Vecchio eine unscheinbare, sehr niedrige und nahezu quadratische Tür. Es handelt sich dabei um den berühmten „Notausgang", den Walter VI. von Brienne, Herzog von Athen, der von 1342 bis 1343 als despotischer Regent von Florenz mit seiner Brutalität die Verachtung der Florentiner auf sich zog, errichten ließ.

Zum Schutz vor möglichen Komplotten hatte der Herzog im Inneren des Palastes einen Geheimgang anlegen lassen, der zu dieser Tür führte und es ihm ermöglichen sollte, direkt und heimlich auf die Straße zu gelangen. Der Tyrann war vorausschauend, denn über eben diese Tür floh er im Juli 1343 nach einem Volksaufstand, der die Wiederherstellung der städtischen Freiheiten forderte.

Der Name der Via della Ninna leitet sich von dem italienischen Begriff *ninna nanna* („Wiegenlied") ab, da sich in der Kirche San Pier Scheraggio einst eine Darstellung der Jungfrau mit dem schlafenden Kind im Arm befand.

DIE MEDAILLONS DER LOGGIA DEI LANZI

Die sieben alchemistischen Tugenden

Loggia dei Lanzi, Piazza della Signoria

Der Bau der Loggia dei Lanzi wurde Mitte des 14. Jhs. beschlossen, da die Stadt einen repräsentativen Ort für öffentliche Zeremonien und Versammlungen ihrer Prioren und Gonfalonieri erhalten sollte.

Seitlich auf Höhe der Arkadensäulen zieren Medaillons die Loggia, die Flachreliefs der sieben Tugenden enthalten: an der vorderen Fassade die vier Kardinaltugenden (Tapferkeit, Mäßigung, Gerechtigkeit und Weisheit) und an der Seite die drei theologischen Tugenden (Glaube, Hoffnung und Liebe).

Die Medaillons, gefertigt nach den Geboten der heiligen Geometrie, bestehen aus einem auf der Spitze stehenden, gleichseitigen Dreieck, das auf die Symbolik der Zahl Drei und die göttliche Dreifaltigkeit verweist.

Um das Große Werk der Alchemie zu vollenden, ist ein Handeln

Gottes vonnöten. Die Niederkunft der göttlichen Gnade ist durch ein auf der Spitze stehendes, gleichseitiges Dreieck dargestellt, das für das göttliche Wasser steht, das sich hin zur menschlichen Kreatur ergießt. In diesem besonderen Fall leitet das umgekehrte Dreieck die Kräfte der Tugenden in einer Art Schutzschild nach unten, ins Innere der Loggia. Einzige Ausnahme ist die Liebe. Sie ist auf der kürzesten Seite unter einem edlen Baldachin dargestellt, der die herausragende Stellung der Liebe als Selbstzweck unterstreicht. Diese dritte und letzte theologische Tugend markiert das Ende des Weges. Am Anfang steht die Basis, der Glaube. Die Hoffnung repräsentiert den Weg, den Abschluss bildet die Liebe.

Der aufwändig gearbeitete Hintergrund der Flachreliefs aus bläulichem Glas mit goldenen, achtzackigen Sternen steckt voller Symbole: Die Sterne verweisen durch ihre Form auf die Zahl Acht und damit auf die Wiedergeburt sowie die auch als Morgenstern bezeichnete Venus mit ihrem achtjährigen Zyklus. Der achtzackige Stern ist das Symbol der babylonischen Göttin Ishtar – ihr Name bedeutet „Stern". Auch Maria trägt einen sternenbedeckten Mantel und wird in den Litaneien als Morgenstern bezeichnet – das Attribut der altägyptischen Göttin Isis. Die Darstellung der Tugend in der Tafel zeigt in traditioneller Ikonographie gegenläufig die Allegorie der entsprechenden Sünde.

In der Alchemie stehen die sieben Todsünden in Verbindung mit den sieben Metallen, die dem reinigenden, transmutatorischen Feuer unterzogen werden müssen, damit sich die entsprechenden Tugenden entwickeln können. In sieben Destillationen wird die Tugend vom Laster getrennt.

In der astrologischen Grammatik korrespondiert mit jeder Tugend ein Planet: Klugheit/Saturn, Gerechtigkeit/Jupiter, Mäßigung/Mond, Tapferkeit/Mars, Glaube/Merkur, Hoffnung/Venus, Mildtätigkeit/Sonne.

Die Kardinaltugenden werden auch als weltliche Tugenden bezeichnet, während die theologischen Tugenden (Glaube, Hoffnung und Mildtätigkeit) göttlicher Natur sind und außerhalb des menschlichen Reiches liegen.

Die theologischen Tugenden erstrecken sich auf die Fähigkeiten, die der Geist erwerben muss, um an den höheren Welten teilzuhaben. Diesen ist dabei je eine Farbe zugeordnet: Hoffnung/Grün, Glaube/Weiß, mildtätige Liebe/Rot. Dies sind zugleich die drei Farben des alchemistischen Werks – hier entspricht Schwarz dem Grün –, aber auch die Farben der Bruderschaft der Fedeli d'Amore (s. S. 58).

In Dantes *Göttlicher Komödie* führen die vier Kardinaltugenden in das irdische, die drei theologischen Tugenden in das himmlische Paradies.

DAS SELBSTBILDNIS
VON BENVENUTO CELLINI

Die Grimasse des Urhebers des Florentiner Perseus

Loggia dei Lanzi
Piazza della Signoria

Der *Perseus* von Benvenuto Cellini strahlt mit seinem stolzen Blick und seinem erhobenem Arm – in der Hand den blutigen Kopf von Medusa – nicht nur eine besondere Macht aus, sondern verfügt zudem über einen „doppelten Boden", denn hinter der Bronzestatue verbirgt sich ein weiteres Kunstwerk. Um dieses zu entdecken, muss man in die Loggia dei Lanzi hinaufsteigen (deren Name sich von den Landsknechten ableitet, die 1527 hier auf ihren Einsatz beim *Sacco di Roma* warteten). Gehen Sie um die Statue herum und betrachten Sie sie von hinten: Am Nacken zeichnet das fein ausgearbeitete Relief der Muskeln das Gesicht eines Mannes. Es handelt sich um ein Selbstporträt von Cellini mit einer Grimasse, an der Sie Ihre Freude haben werden.

Im Inneren der Loggia dei Lanzi gibt es noch mehr Sonderbares zu entdecken: Die großen Bögen des Gewölbes ruhen auf Kapitellen ohne Säulen, als befänden sie sich direkt an der Wand, getragen von geflügelten Putten und weiblichen Figuren von erstaunlicher architektonischer Leichtigkeit. Unterhalb der schwebenden Kapitelle befinden sich Haken, an denen die Teppiche aufgehängt wurden, mit denen die Loggia an Festtagen geschmückt wurde. In der Loggia sind zwei Tafeln angebracht: Eine zeichnet die verschiedenen Etappen der italienischen Einigung nach, die andere erinnert in lateinischer Sprache daran, dass 1750 in Florenz der Kalender angepasst und das Neujahrsfest, das nach jahrhundertelanger Florentiner Tradition am 25. März gefeiert wurde, auf den 1. Januar verlegt wurde.

Die Münchener Nachbildung der Loggia

In München befindet sich eine nahezu identische Nachbildung der Loggia dei Lanzi: Die Feldherrnhalle aus dem 19. Jh. verfügt mit ihren drei Bögen, den beiden Löwen und dem offenen Raum für Skulpturen über einen ähnlichen Aufbau und vergleichbare Abmessungen.

Ihren Namen verdankt die Loggia dei Lanzi deutschen Söldnern, die als Landsknechte bezeichnet wurden. Der Vorsprung auf dem seitlichen Hauptgesims der Loggia zeugt von ihrer Anwesenheit: Er weist neben den in Stein gehauenen Löwenköpfen Einschussspuren von Kugeln auf, die von den Landsknechten zu Übungszwecken (oder in Trunkenheit) abgefeuert wurden.

Der 25. März: das alte Florentiner Neujahrsfest

An der rechten Innenseite der Loggia dei Lanzi befindet sich eine Gedenktafel mit lateinischer Inschrift, die an das Inkrafttreten eines herzoglichen Dekrets aus dem Jahr 1749 erinnert, mit dem der Beginn des Kalenderjahres auf den 1. Januar verlegt wurde.

Dieser Beschluss war keine Lappalie. Seit der Antike wurde das Neujahrsfest in zahlreichen Regionen des alten Kontinents nicht am 1. Januar gefeiert: Für die alten Römer war der März der erste Monat des Jahres – eine Tradition, die sich lange hielt. (So ist es auch kein Zufall, dass das Sternzeichen Widder, das erste des Horoskops, am 21. März beginnt.) Im Mittelalter begann das Jahr in Venedig am 1. März, in den päpstlich verwalteten Gebieten am 25. Dezember und in Florenz am 25. März.

1582 wurde mit Einführung des gregorianischen Kalenders, d. h. der heutigen Gliederung des Jahres in Tage und Monate, beschlossen, zur Vereinheitlichung der bestehenden Kalender den 1. Januar zum Neujahrstag zu erklären – eine Entscheidung, die nicht überall mit Wohlwollen aufgenommen wurde.

So auch in Florenz, wo das Kalenderjahr weiterhin am 25. März begann. Für die Stadt hatte dieses Datum als Tag der Verkündigung des Herrn durch den Erzengel Gabriel eine besondere religiöse Bedeutung. (Dieses Fest geht auf eine sehr alte heidnische Tradition zurück, die mit der Wiedergeburt der Natur im Frühling in Verbindung steht.) In Florenz wurde die Gottesmutter Maria so sehr angebetet, dass ihr zu Ehren auf der Piazza Santissima Annunziata der gleichnamige Marientempel errichtet wurde. Erst im November 1749 beschloss Franz Stephan von Lothringen, Großherzog der Toskana, dass es an der Zeit

sei, den Florentiner an den gregorianischen Kalender anzupassen und den Jahresbeginn auf den 1. Januar zu verlegen. Diese Reform erwies sich zudem als erforderlich, um die verschiedenen vorherrschenden Kalender innerhalb des Großherzogtums zu vereinheitlichen. Denn während das Jahr in Florenz und Siena am 25. März begann, also zwei Monate und 24 Tage später als nach moderner Zeitrechnung (Florentiner Datierung), fiel der Jahresbeginn in Pisa und an der toskanischen Küste zwar ebenfalls auf den 25. März, jedoch in Bezug auf die modernen Kalender neun Monate und sieben Tage früher (Pisaner Datierung). So kam es, dass bspw. das Jahr 1748 in Florenz am 25. März begann und in Pisa am selben Tage endete. Die großherzogliche Reform betraf auch die öffentlichen Uhren der Stadt. Diese sollten gemäß Dekret dem französischen System angeglichen werden und den Tag nicht mehr in 24, sondern in 12 Stunden (morgens und abends) unterteilen. Die Zählung sollte dabei um Mitternacht beginnen und nicht, wie es bis dahin Brauch gewesen war, zum Zeitpunkt des Sonnenuntergangs. An der Torre di Arnolfo auf der Piazza della Signoria findet sich entsprechend eine Turmuhr, deren Ziffernblatt nur zwölf Stunden zeigt und die über nur einen Zeiger verfügt. Bei dieser am 25. März 1353 eingeweihten Uhr handelte es sich zunächst um eine reine Glockenuhr, die die Zeit nur akustisch markierte. Im Jahre 1667 wurde auf Initiative des Mathematikers Vincenzo Viviani die Uhr angebracht, die dort heute noch bewundert werden kann – mit einem einzigen Zeiger, der schon damals des Nachts beleuchtet war.

EINE BOOTSFAHRT AUF DEM ARNO ⑫
IN GESELLSCHAFT DER RENAIOLI

Ein Blick auf Florenz aus ungewöhnlicher Perspektive

Riva d'Arno, Zugang über die Piazza Mentana
Ende Mai bis Ende September
347 7982356
renaioli.it

Nach der Restaurierung einiger ihrer Barken widmen sich die Renaioli seit einigen Jahren wieder der Befahrung des Arno. Sie bedienen sich hierzu ihrer traditionellen „asta" (Stangen, die jenen ähneln, die von Fischern in afrikanischen Lagunen verwendet werden). Nach vorheriger Reservierung bieten sie Bootsfahrten auf dem Arno an, die Besuchern eine Stadtbesichtigung aus ungewöhnlicher Perspektive ermöglichen.

Die längste Tour beginnt auf Höhe des Deichs unterhalb der Piazza Mentana, kurz vor dem historischen Sitz der *Canottieri Ponte Vecchio*. Hier kann man auf der herrlich gelegenen Terrasse des Clubs vor der Fahrt einen Aperitiv zu sich nehmen oder danach zu Abend essen. Die Fahrt der Renaioli führt zunächst an der Loggia der Uffizien vorbei und anschließend unter dem Ponte Vecchio hindurch. Die Route führt weiter in Richtung der Ponte Santa Trinita, wo sich den Passagieren eine ungewohnte Perspektive auf den Widderkopf bietet, der vom zentralen Bogen ins Wasser hinabblickt. Nahe der Ponte alla Carraia macht das Boot in sicherer Entfernung zum Staudamm kurz vor der Ponte alla Vittoria kehrt. Die Rückfahrt führt an der Kirche San Iacopo vorbei, deren hintere Fassade beinahe bis auf das Kiesufer des Flusses hinabreicht.

Wer sind die Renaioli?

Die *Renaioli* waren die Nachfahren der berühmten Sandgräber (*rena* = Sand), die mit dem von ihnen aus dem Fluss ausgehobenen Sand über Jahrhunderte den Rohstoff für den Bau der zahlreichen Palazzi von Florenz lieferten. Diese armen Leute arbeiteten hart, doch sie waren nicht die Einzigen, die mit ihren Booten auf dem Arno unterwegs waren: Bis zum Zweiten Weltkrieg herrschte reger Verkehr auf dem Fluss mit Ausflugsschiffen, Frachtkähnen und schwimmenden Schaustellern. Die *Renaioli* jedoch waren unbestritten die letzten, die den Fluss noch bis zum Hochwasser von 1966 befuhren. Seinerzeit herrschte ein starker Konkurrenzkampf um den Sand, der wertvolle Abfälle aus den Goldschmiedewerkstätten des Ponte Vecchio enthielt. In der Zeit des Faschismus bot sich Regimegegnern daraus ein mageres Einkommen: Um als *Renaiolo* zu arbeiten, war kein Parteibuch nötig. Nach dem Krieg waren es wiederum die *Renaioli*, die den Kopf der Statue des Frühlings fanden, der seit dem Wiederaufbau der von den Deutschen zerstörten Ponte Santa Trinita verschwunden gewesen war.

Der Ponte Vecchio und seine Besonderheiten

Der Ponte Vecchio verfügt über einen alten Mittagsweiser, der sich rechts des Denkmals für den Bildhauer Benvenuto Cellini befindet. Die mittleren Fenster des über den Ponte Vecchio führenden Vasarikorridors wurden von Mussolini anlässlich Hitlers Besuchs in Florenz (1938) geöffnet, um den beiden Diktatoren einen ganz besonderen Ausblick auf den Sonnenuntergang zu bieten. Am Ende des Ponte Vecchio führt der Korridor bei seiner Ankunft im Stadtteil Oltrarno um die Ecke, da die Eigentümer der Torre Mannelli sich weigerten, dem Abriss des Turms zuzustimmen. Wenige Schritte von hier befinden sich im Korridor zwei zugemauerte Türen. Diese zeugen davon, dass an dieser Stelle einst ein Privathaus stand, das in das Bauwerk integriert wurde: Manche Einwohner waren – anders als die Mannelli – bereit, ihre Häuser für Vasaris Bauwerk zu räumen. Die Kirche Santa Felicita ist mit dem Korridor über einen kleinen Balkon mit Gitterfenster verbunden, über das der Großherzog und seine Gattin unbemerkt der Messe beiwohnen konnten.

DIE TREPPE VON
SANTO STEFANO AL PONTE

Die Schätze von Santo Stefano al Ponte

Piazza di Santo Stefano, 5
055 217418
info@santostefanoalponte.it
santostefanoalponte.it

Santo Stefano al Ponte, eine alte Kirche, die im Zweiten Weltkrieg und durch die Überschwemmung von 1966 beschädigt wurde, beherbergt heute Ausstellungsräume und einen Saal des Regionalorchesters der Toskana. Ihren Namen verdankt Santo Stefano al Ponte ihrem Standort an einem kleinen Platz, weniger als hundert Meter vom Ponte Vecchio entfernt.

Die seit Jahrhunderten von den Augustinermönchen der Kongregation von Lecceto verwaltete Kirche verfügt über nur ein Schiff, das im 17. Jh. auf Initiative des Marchese Anton Maria Bartolommei radikal umgebaut wurde und ein neues imposantes, doch nicht überladenes Dekor im Stil des Florentiner Barocks erhielt. Der Markgraf, der in diesem Stadtteil lebte, hatte sich zum Schutzherren und Mäzen der Kirche erklärt. Die von ihm veranlassten Maßnahmen ließen eine originelle Architektur mit durchbrochenen Linien ohne Biegung entstehen. Einzigartige geometrische und architektonische Figuren bilden ein dynamisches Spiel aus Licht und Schatten, das trotz fehlender Rundungen für Bewegung sorgt. Anstelle des Kreises steht ein Dodekaeder, anstelle des Bogens ein

Halb-Dodekaeder. An die Stelle der gerundeten Basis treten Nischen und eine segmentierte Kuppel. Eine Hypothese besagt, dass sich der Marchese Bartolommei von der Theorie Galileos inspirieren ließ, dessen Ansichten er sehr schätzte: Das Göttliche wird durch geometrische Formen (z. B. den Kreis) dargestellt, deren Exaktheit nur durch Experimente und Annäherungen mithilfe der durchbrochenen Linien der Polyeder erreicht werden kann. Im Inneren des Gebäudes befinden sich weitere Kunstschätze: Im Laufe der Jahrhunderte erhielt die Kirche Möbel und Zierrat aus anderen entweihten Gotteshäusern wie San Pier Scheraggio, die für den Bau der Uffizien abgerissen wurde, Santa Cecilia oder anderen Kirchen, die Umbauten unterzogen wurden.

Besonders erwähnenswert sind dabei die prachtvolle Rampentreppe, ein Meisterwerk von Bernardo Buontalenti (1574), die für Santa Trinita angefertigt, Ende des 19. Jhs. jedoch anlässlich der Restaurierung und des Umbaus dieser gotischen Basilika entfernt wurde. Die Stufen dieser Treppe gleichen Muschelschalen oder Fledermausflügeln, die das lineare Schema der Balustrade durchbrechen. Ein anderes Meisterwerk ist der Hauptaltar von Giambologna (1594) aus der Kirche Santa Maria Nuova.

In der Sakristei von Santo Stefano und insbesondere in der Orafi-Kapelle, aber auch in anderen Nebenräumen der Kirche wurden bis 1986 – wie seit Jahrhunderten üblich – Kunstwerke aus profanierten Kirchen aufbewahrt. Sie bilden die Grundlage des Museums der Diözese, das noch heute als Ausstellungsort regelmäßig für die Öffentlichkeit seine Türen öffnet.

DIE „BOTSCHAFTEN" DES
PALAZZO BARTOLINI SALIMBENI

„Kritisieren ist einfacher als imitieren"

Palazzo Bartolini Salimbeni
Piazza Santa Trinità, 1

Im Jahre 1532 wurde in Florenz ein umstrittener Palazzo vollendet. Für die Familie Bartolini Salimbeni wagte der Architekt Baccio d'Agnolo einen neuen Stil, der in seiner Ungezwungenheit auf klassische Motive verweist, die an der Fassade deutlich hervortreten. Diese Gestaltungsform bildet den Auftakt zum hybriden und doch eleganten „romanischen" Stil der Renaissance.

Vasari beschrieb den Palazzo als „den ersten, an dem man mit Frontispizen verzierte Fenster und eine von Säulen eingerahmte Tür sah, die den Architrav, das Fries und das Gesims tragen".

Und auch die zentralen Merkmale der Florentiner Architektur wie die hervorstehende Sockelbank und vor allem die dekorativen Säulen und die dreieckigen Tympana fehlen nicht. Der Bau verdeutlicht den hier unternommenen Versuch, mit dem Florentiner Geschmack zu brechen; Kritik bis hin zum Sarkasmus kam – wie in ähnlichen Fällen heutzutage – von allen Seiten. „Diese Innovation", ergänzt Vasari, „brachte ihm (Baccio d'Agnolo) den Tadel der Florentiner ein, die ihn mit Spott und satirischen Sonetten überhäuften. Man warf ihm vor, keinen Palast, sondern einen Tempel gebaut zu haben, mit Girlanden wie sie in Kirchen an Festtagen verwendet werden. Diese sarkastischen Äußerungen betrübten Baccio zutiefst. Doch schon bald wandte er sich anderen Aufgaben zu in dem Glauben, auf dem rechten Wege zu sein."

Seine Antwort auf die Polemik bestand in einer lateinischen Inschrift, die er gut sichtbar am Portal anbrachte: *Carpere promptius quam imitari* („Kritisieren ist einfacher als imitieren"). Und er hatte Recht, denn sein Stil wurde mit dem Aufkommen des Manierismus neu bewertet und sogar imitiert.

„Für die, die nicht schlafen!"

Die Idee, die Fassade mit einer Botschaft zu schmücken, führte zu einer weiteren, rätselhafteren Inschrift an einigen der Fenster: *per non dormire* („Für die, die nicht schlafen!"). Bei einer reichen Kaufmannsfamilie wie den Bartolini Salimbeni liegt die Vermutung nahe, dass es sich dabei um eine Aufforderung zu arbeiten handelte, oder um eine Anspielung auf den Brauch, als erster auf den Markt zu gehen, um sich die besten Waren zu sichern. Das Gesims zieren die drei Mohnblumen aus dem Familienwappen, was bisweilen als Anspielung auf die einschläfernde Wirkung der in dieser Blume enthaltenen Opiate zurückgeführt wird.

DIE SALA MARAINI

Der Ferne Osten auf der Piazza Strozzi

Wissenschaftliches und literarisches Kabinett G. P. Vieusseux
Piazza Strozzi 1
Montag, Mittwoch und Freitag 9 bis 13:30 Uhr, Donnerstag 9 bis 18 Uhr
Nach Vereinbarung unter 055 288342

Die Sala Maraini ist zwar letztlich ein einfacher Bibliothekssaal, besticht jedoch durch ihre ganz besondere Atmosphäre. Die orientalische Bibliothek des Florentiner Reisenden, Ethnologen und Orientalisten Fosco Maraini (1912–2004) umfasst einen Bestand von 70.000 Fotografien und über 8.000 Bänden, von denen die meisten heute nur noch hier zu finden sind. Ergänzt wird die Bibliothek durch einen regelmäßig aktualisierten Bestand von Zeitschriften über japanische Kultur, von denen einige Sammlungen seit den 1930er-Jahren vollständig sind.

An den Wänden sind Fotografien der wichtigsten Momente des Lebens von Maraini zu sehen, der als Bergsteiger auch viel im Himalaya unterwegs war. Weitere Exponate zeigen Bilder der historischen Expeditionen des großen Orientalisten Giuseppe Tucci aus den Jahren 1937 und 1948 und anderer Expeditionen des italienischen Alpenvereins nach Karakorum und in den Hindukusch. Alle Länder des Fernen Ostens und Südasiens sind vertreten: von Japan bis Pakistan, von Nepal bis Tibet, von Korea bis Kambodscha. Eine endlose Reihe verführerischer Reisen und Abenteuer im Geiste der grenzenlosen Neugier, die Fosco Maraini sein Leben lang antrieb.

Seine wertvolle Bibliothek und seine fotografischen Archive hinterließ der Schriftsteller dem Kabinett G. P. Vieusseux nicht zuletzt, um seiner Geburtsstadt einen neuen Ort der Begegnung mit diesem Kontinent zu schenken, den er so sehr liebte und den mit Florenz bis in die 1930er-Jahre eine rege wissenschaftliche Beziehung verband.

Beeindruckend ist die Homogenität und der schiere Umfang dieser Asien-Sammlung, deren vielfältige Aspekte durch Texte und Abbildungen illustriert werden. Die Fotothek allein umfasst Dokumente, die den erlesensten internationalen Universitäten das Wasser im Munde zusammenlaufen lassen dürften.

Das Kabinett G. P. Vieusseux hat weitere sehenswerte Räume zu bieten, doch die Sala Maraini ist in Florenz einzigartig. Gastfreundschaft ist hier Gebot und der Leiter der Sammlung ist sehr freundlich. So lässt es sich im Herzen des Palazzo Strozzi herrlich durch die Archive streifen, mit den Texten und Bildern auf Reisen gehen und die schönsten Momente der großen Liebe eines Florentiners zum Orient miterleben.

SKULPTUR EINES KLEINEN TEUFELS ⑯

Ein Teufel zu Pferde

Kreuzung Via degli Strozzi/Via de' Vecchietti

An der Ecke Via degli Strozzi und Via de' Vecchietti zeigt eine Bronzestatue von Giambologna (Pseudonym des flämischen Bildhauers Jean de Boulogne, * 1529 in Douai, † 1608 in Florenz) einen kleinen, frechen und spöttischen Teufel. Der Eigentümer des Palazzo, Bernardo

Vecchietti, hatte den Künstler zur Erinnerung an eine mysteriöse Begebenheit in der Geschichte der toskanischen Stadt mit dieser Statue beauftragt. Im Jahr 1245 predigte der Dominikanermönch Petrus von Verona (s. unten), Vorgänger von Savonarola, auf der Piazza del Mercato Vecchio (der heutigen Piazza della Repubblica) gegen Ketzerei, als plötzlich ein durchgegangener Rappe erschien. Der Mönch erkannte in dem Pferd sofort den Leibhaftigen, der gekommen war, um seine Predigt zu stören, erhob die Hand und warf dem satanischen Pferd ein großes Kreuzzeichen entgegen. Das Pferd wich zurück und verschwand um die Ecke des Palazzo Vecchietti. Es hinterließ nichts als eine Rauchwolke und starken Schwefelgeruch …

Ein Heiliger mit Beil im Kopf …

Petrus von Verona, auch bekannt unter dem Namen Petrus Martyr, wurde 1205 in Verona als Sohn katharischer Eltern geboren. Als Dominikaner für seinen erbitterten Widerstand gegen ketzerische Thesen bekannt, wurde er zum Generalinquisitor der Lombardei ernannt, als der er für seine zahlreichen Verurteilungen zum Tode auf dem Scheiterhaufen berüchtigt war. In Florenz, wo er später lebte, gründete er eine christliche Miliz aus radikalen Klerikern (die Pataria), die sich gegen die Exzesse der Prälaten und deren anstößige Lebensweise auflehnten. Der Hass, den er schürte, ließ ihn einen gewaltsamen Tod fürchten. Und so kam es schließlich auch: Am 6. April 1252 wurde er von einem gewissen Pietro da Balsamo durch einen Beilhieb in den Kopf ermordet. Die Szene des Heiligen mit einem Beil im Kopf wurde in zahlreichen Gemälden verewigt. Petrus

von Verona wurde aufgrund seines unermüdlichen Einsatzes im Kampf gegen die Ketzerei nur zwei Jahre nach seinem Tod durch Papst Innozenz IV. als Petrus Martyr heiliggesprochen. An dem Ort, an dem 1244 die Kämpfe zwischen den Patarini und dem Hl. Petrus von Verona stattgefunden haben sollen, wurden zwei Säulen errichtet: die Colonna della Croce al Trebbio (Via del Moro/delle Belle Donne/del Trebbio) und die Colonna Santa Felicita an der gleichnamigen Piazza.

RELIKTE ALTER INTERIEURS DES PALAZZO DELL'ARTE DELLA LANA

Fresken aus dem 14. Jahrhundert

Via Calimala, 14r, 16r, 22r

Mitten im Einkaufszentrum Calimala befinden sich im Erdgeschoss des Palazzo dell'Arte della Lana – Sitz der Gilde der Tuch- und Pelzhändler, eine der sieben als „Künste" bezeichneten Florentiner

Gilden – heute drei Bekleidungsgeschäfte, die nicht zuletzt aufgrund der alten Interieurs, die dort bewahrt wurden, den Umweg lohnen. Die Fresken im *Murphy* zeigen verschiedene Etappen der Wollverarbeitung und sind umso interessanter, als es nur noch wenige zeitgenössische Darstellungen der damaligen Produktionsprozesse gibt. Im *Corneliani* befindet sich eine kleine Kapelle, die dem Meister des Bargello-Tondo zugeschrieben wird. Die Räume unterliegen strengen Konservierungsvorschriften und wurden geschmackvoll restauriert. Im Rahmen des Möglichen wurde versucht, die Farbigkeit der erhaltenen Fresken behutsam wiederherzustellen; in einigen Fällen wurden jedoch völlig ungeniert alte Produkte mit modernen Dekors versehen, um sie der Umgebung anzupassen. Ebenfalls bemerkenswert ist die gelungene, einzigartige Verbindung zwischen aktueller Mode und mittelalterlicher Architektur. Der davon ausgehende Charme wird durch die Tatsache, dass an gleicher Stelle einst ebenfalls geschäftiges Treiben herrschte, umso deutlicher. Das Kommen und Gehen der Kunden und die feilgebotenen Waren beleben die Geschäftsräume auf ganz eigene Weise neu und lassen sie dadurch authentischer wirken, als wenn sie in ein Museum verwandelt worden wären. Das Geschäft *Liu-Jo* liegt in einem langen, schmalen Gang, der an einen Flügel des Palazzo angebaut ist und sich vor dem Bau einer Erweiterung außerhalb davon befand. Im Inneren des Ladens bilden große, sichtbare Steinblöcke eine Mauer, die mehrere Metamorphosen hinter sich hat: vom mittelalterlichen Straßenpflaster über die Innenwand eines erweiterten Palazzo bis hin zu dekorativen Regalen, in denen sich ganz im Stil des 21. Jahrhunderts T-Shirts stapeln.

IN DER UMGEBUNG
Die Colonna dell'Abbondanza (18)

Die alte romanische Statue der Dovizia („Pflichtentreue") von Donatello, die einst die Spitze der Säule an der heutigen Piazza della Repubblica zierte, ist und bleibt unauffindbar. Eine kleine Glocke signalisierte die Öffnung und Schließung des Mercato Vecchio, eine weitere diente der öffentlichen Brandmarkung unehrlicher Händler. 1721 stürzte die Statue zu Boden und zerbrach. Sie wurde durch die Dovizia von Giovanni Battista Foggini ersetzt, wobei die Säule von einem Gebäude des Mercato Vecchio so verdeckt wurde, dass über dem Dach nur die Statue zu sehen war. Die Säule wurde samt Statue in mehreren Teilen abgebaut und landete an verschiedenen Orten. 1956 wurde eine Kopie der Foggini-Statue an der Spitze einer neuen Säule wieder an der Piazza della Repubblica errichtet, wo sie sich noch heute befindet und das eigentliche Herz von Florenz bildet.

BILDNIS DES SCHÄNDERS

Bestrafung eines Schänders in einem Comic aus dem 16. Jahrhundert

Chiesa Santa Maria de' Ricci
Via del Corso, 25
Täglich 10:30 bis 20 Uhr. Die Kirche ist bisweilen um die Mittagszeit geschlossen
Telefonnr. des Pfarrers: 333 3074339

In der praktisch gegenüber dem Eingang zum Vicolo del Panìco gelegenen Kirche Santa Maria de' Ricci stößt man im hinteren Teil der letzten Kapelle auf der linken Seite auf ein in neun Felder unterteiltes Gemälde, das an einen frühen Comic erinnert.

Es erzählt die Geschichte der Kirche, die zur Wiedergutmachung des Sakrilegs vom 21. Juli 1501 zu Ehren der Jungfrau Maria errichtet wurde. An diesem Abend kam Antonio di Giovanni Rinaldeschi, der sein gesamtes Vermögen beim Würfelspiel verloren hatte, an einer Nische vorbei, in der eine Verkündigungsszene zu sehen war. Um seiner Wut ein Ventil zu geben, sammelte er Pferdemist auf und warf ihn der Jungfrau ins Gesicht. Dieser Wutausbruch, der möglicherweise durch das eine oder andere Gläschen verstärkt wurde, kostete ihn das Leben: Er wurde verhaftet, in das Gefängnis des Bargello gebracht und im Eilverfahren zum Tod durch Fenstersturz verurteilt.

Wer mehr über diese Freveltat erfahren möchte, muss sich zunächst in den Chorraum der Kirche Santa Maria de' Ricci begeben, wo sich die Verkündigung – Objekt der Tat – befindet. In der letzten Kapelle auf der linken Seite gelangt man schließlich zu einer Reproduktion des „Comics". Am besten geht man jedoch in das Museo Stibbert und betrachtet das Original dieses Gemäldes aus dem 16. Jh., das kürzlich restauriert wurde.

Das Buch *Sacrilege and Redemption in Renaissance Florence: The Case of Antonio Rinaldeschi* (2005) von William J. Connell und Giles Constable bietet weitere Informationen zu dem Fall. Comics erfreuen sich großer Popularität; um sie herum entstehen weitere Geschichten und Geisteshaltungen, die einen guten Eindruck der Sitten und ideologischen Ansichten der Bevölkerung vermitteln.

ANTICO VICOLO DEL PANICO O DELLO SCANDALO

Eine zur Trennung der Häuser zweier rivalisierender Familien geöffnete Gasse

Vom Corso bis zur Via Dante Alighieri

Eine der vielen Gassen in der Altstadt von Florenz ist auf keiner Karte verzeichnet: Es handelt sich um den winzigen *Vicolo del Panico*,

dessen Name nichts mit Panik zu tun hat, sondern auf die *Panicoideae*, eine Unterfamilie der Süßgräser, zurückzuführen ist. Geschichte und Funktion dieser Gasse sind bemerkenswert. Die gut im Herzen des mittelalterlichen Florenz verborgene Gasse zu finden, wird durch den Umstand, dass es heute einen weiteren offiziellen *Vicolo del Panico* gibt (eine Sackgasse, die auf die Via Pellicceria führt), nicht gerade erleichtert. Auf der Suche nach der fraglichen Gasse begibt man sich am besten zunächst zum Haus mit der Nummer 49r am Corso, wo ein Durchgang zur Via Dante Alighieri 8 und damit zu dem Haus führt, in dem der Dichter gelebt haben soll. Die Geschichte dieser engen und verwinkelten Gasse, die unter mehreren Bögen hindurchführt, reicht bis in das Mittelalter zurück, als Florenz Schauplatz gewaltsamer Auseinandersetzungen war. Nach dem Sieg der Guelfen (Welfen) über die Ghibellinen waren die Sieger durch ein Schisma geteilt: Die Familie Cerchi und die weißen Guelfen, die dem Volk näherstanden, sowie die Familie Donati und die schwarzen Guelfen, Mitglieder der herrschenden Florentiner Klasse, kämpften um die Macht. Die Häuser mancher Familien grenzten teilweise direkt an die Häuser ihrer neuen Feinde. Diese Nähe machte es leicht, bei einem Nachbarn einzudringen, um ihn zu überfallen, zu bestehlen oder ihm einfach Angst einzujagen. Nicht wenige fürchteten sich vor Überfällen durch eingerissene Mauern. Anstatt Trennmauern zwischen den Häusern zu errichten, beschlossen die Behörden daher, die Mauern einzureißen und eine Gasse einzuziehen, die die rivalisierenden Häuser, wie im Falle des (bald *Vicolo dello Scandalo* genannten) *Vicolo del Panico*, voneinander abschotten sollte. Dieser kleine Durchgang ist bis heute eines der wenigen Beispiele für die „Toponymie des Friedens" in den Straßen der Altstadt. Im 19. Jh. wurde eine andere Straße als *Vicolo del Panico* benannt, da es für die Trennung keinen Grund mehr gab und der Straßenname somit wieder frei geworden war.

Zabaione: eine Erfindung des Heiligen Paschalis Baylon zur Stärkung schlapper Ehemänner!

Die Kirche Santa Margherita ist gleichzeitig Sitz der Bruderschaft der Küchenmeister, deren Schutzheiliger Paschalis Baylon seinen Titel mehr als verdient, gilt er doch als Erfinder des folgenden Zabaione-Rezepts: 1 Eigelb, 2 Gläser Marsala, 2 Löffel Zucker und 1 Glas Wasser. Die Zubereitung dieser vermeintlich „stärkenden" Rezeptur zählte zu seinen klösterlichen Aufgaben. Das Ergebnis soll er Frauen ausgehändigt haben, die ihm in der Beichte von der Lustlosigkeit ihrer Männer berichtet hatten.

DAS ERSTE BESTÄTIGTE PORTRÄT VON DANTE

Eine seltene Perle

Palazzo dell'Arte dei Giudici e dei Notai
Via del Proconsolo, 16r
Täglich 9 bis 17 Uhr
Reservierung telefonisch unter der Nummer 055 240618 oder per E-Mail an
museo@artenotai.org
artenotai.org

D er frühere Sitz der Gilde der Richter und Notare (*Arte dei Giudici e dei Notai*) wurde im Jahre 2005 renoviert, im Zuge der Arbeiten wurden auch archäologische Ausgrabungen in den Kellergewölben durchgeführt. Im Erdgeschoss eröffnete ein Restaurant, im ersten Stock ein Museum, in dem zwei Schätze mit Seltenheitswert bewundert werden können: die ersten belegten Porträts von Dante und Boccaccio. Bei der Restaurierung der mit Fresken ausgestalteten Räume im ersten Stock kam die Lünette von Sant'Ivo zum Vorschein – *Arti del Trivio letterario* (Grammatik, Rhetorik und Dialektik) – sowie eine mit den Porträts jener vier Dichter, die zumindest nach Meinung von Coluccio Salutati, von 1375 bis 1406 Kanzler von Florenz, als die Gründerväter der Republik Florenz gelten: von Petrarca und Zanobi da Strada sind nur Fragmente erhalten, gut zu erkennen sind hingegen Dante und Boccaccio. Das Bildnis von Dante, über dessen Echtheit unter Experten kein Zweifel herrscht, zeigt ein Bild, das dem des Freskos in der Cappella della Maddalena ähnelt, das um 1336/37 im nur wenige Schritte entfernten Bargello ausgeführt wurde: leicht dunkler Teint, die berühmte Adlernase, wenngleich diese hier nicht gekrümmt ist. Einhundert Jahre lang fertigten mehrere renommierte Maler weitere Bildnisse an, der Stadtpalast wurde zu einer Hommage an die Literatur und den städtischen Adel: Andrea del Castagno für Leonardo Bruni, Ambrogio di Baldese für Coluccio Salutati und den lateinischen Dichter Claudius Claudianus, von dem angenommen wurde, er sei in Florenz geboren, und Pollaiuolo für Poggio Bracciolini.

IN DER UMGEBUNG

Spuren eines mittelalterlichen Turms (22)

Ebenfalls in der Via del Proconsolo verweisen kurz vor dem Restaurant „Alle Murate" zwei konzentrische Kupferstreifen im Straßenpflaster auf einen mittelalterlichen Turm, der einst an dieser Stelle stand.

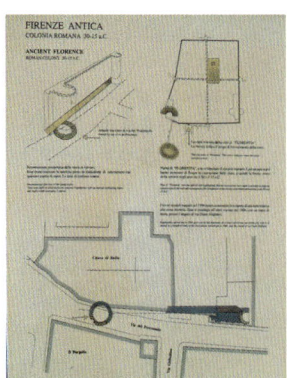

Dante, die Templer und die „Fedeli d'Amore"

Die Zeit Dante Alighieris (1265–1321) war gekennzeichnet durch den militärischen Niedergang des Templerordens. Seine Mitglieder waren Verfolgung, Verhaftung und Verurteilung ausgesetzt, bis der Orden durch Philipp IV. (der Schöne) von Frankreich und den von diesem manipulierten Papst Clemens V. schließlich verboten wurde. Diese Umstände beeinflussten Dante, der sich auch bei den politischen Machthabern gegen diese Ungerechtigkeiten auflehnte, stark. Sein Protest ging so weit, dass er in Florenz an einer Veranstaltung von Anhängern von Papst Bonifaz VIII. teilnahm: Im Jahr 1302 berief Philipp IV. die Generalstände ein und beschuldigte den Pontifex der Ketzerei. 1303 entsandte er seine Truppen in den Palazzo d'Agnani in Florenz, die den Papst dort drei Tage lang gefangen hielten. Die Templer als Leibgarde des Papstes befreiten Bonifaz VIII. – unterstützt vom lokalen Bürgertum, zu dem auch Dante zählte. Der Papst starb nur einen Monat später unter ungeklärten Umständen. Philipp IV. unterstützte in der Folge die Nominierung von Clemens V. und begann mit der Verfolgung der Templer. Auch die Entsendung einer Delegation nach Rom im Jahr 1307, zu der Dante zählte und die den Papst von der Unschuld der Templer zu überzeugen versuchte, konnte die Zerschlagung nicht verhindern. Dante soll bei Besuchen des Florentiner Sitzes des Ordens in der Kirche San Jacopo in Campo Corbolini (deren ursprünglicher Bau San Jacopo Sopr'Arno ebenfalls den Templern zugeschrieben wird) in die religiösen und gesellschaftlichen Ideale der Templer eingeweiht worden sein. Ziel der Templer war es, der Christenheit und ganz allgemein der Gesellschaft ihr Ideal der spirituellen Perfektion und der irdischen Gerechtigkeit zu vermitteln: durch Dichtung, Gesang und Prosa der Bruderschaft der Troubadoure – freigeistige Männer und Anhänger der Philosophie der spirituellen Liebe, die sich gegen die Dominanz des irdischen Roms erhoben. Dante war einer dieser *Fedeli d'Amore* („Getreue der Liebe"). Die Bruderschaft der Troubadoure und Spielmänner war in ganz Europa verbreitet, erste Zeugnisse davon finden sich in der Dichtung des 10. und 11. Jhs. In der Folge der keltischen Vätes (lat. Seher) und Barden verbreiteten die Troubadoure über Liebesgesänge und satirische Lieder zahlreiche Initiationswahrheiten, womit sie den von ihren spirituellen

Großmeistern erhaltenen Anweisungen Folge leisteten. Sie fungierten gewissermaßen als „Sprachrohr" dieser europäischen Initiierten und der verschiedenen Initiationsorden der damaligen Zeit. Zwischen ihnen und der Spiritualität der Templer bestand eine enge Verbindung.

Abgestoßen von der blutigen Zerschlagung des Templerordens wollte Dante den nachfolgenden Generationen eine Chronik der wahren Absichten der Templer hinterlassen. Er tat dies in Form seines literarischen Meisterwerks, der *Göttlichen Komödie*. Interessanterweise ist es ab dem dritten Himmel des *Paradieses* der Heilige Bernhard von Clairvaux, spiritueller Vater des Templerordens, der Dante durch die verschiedenen himmlischen Welten führt und ihm die Vision Gottes zeigt. Im höchsten Himmel trifft der Dichter auf Beatrice, seine geliebte Seele und Ausdruck der göttlichen Gnade. Die von ihm beschriebene Vision einer weißen Rose mit einem Dreieck in der Mitte als Zeichen der Liebe der Heiligen Dreifaltigkeit findet sich im Symbol der *Fedeli d'Amore* wieder. Um seinem Aufbegehren gegen Rom und die lateinische Sprache Ausdruck zu verleihen, schrieb Dante Alighieri die *Göttliche Komödie* in seinem lokalen Dialekt, dem Toskanischen (das dem heutigen Hochitalienisch sehr nahe ist). Im achten Höllenkreis mit dem Titel *Maleboge* („Betrüger") lässt Dante Verweise auf zwei Päpste einfließen: Bonifaz VIII. im Hinblick auf dessen Verurteilung aufgrund von Simonie und Clemens V. als korrupter Papst, der das Ende der Templer besiegelte. Die *Göttliche Komödie* (die diesen Namen nicht etwa aufgrund ihrer Komik trägt, sondern aufgrund der Tatsache, dass sie für jene, die das Himmelreich erlangen, gut endet) umfasst 100 Gesänge und 14.233 Verse. Die drei Teile (*Hölle, Fegefeuer und Paradies*) umfassen je 33 Gesänge mit je 40 bis 50 Terzinen. Die Hölle ist zudem mit einem einleitenden Gesang versehen, der bis zur Zahl 100 reicht, die symbolisch für die absolute Perfektion steht (100 = 10 x 10 = Perfektion des Perfekten) und die sich u. a. in den 100 Namen Gottes im Islam wiederfindet. Jeder Gesang setzt sich aus 130 bis 140 Versen im Kettenreimschema zusammen. So finden sich im Werk die Zahlen 3, 7 und 10 sowie deren Vielfaches als Hinweis auf eine starke, in der mittelalterlichen Kultur verhaftete Symbolik, und die Hingabe des Verfassers für die von den Templern verehrte heilige Dreifaltigkeit. Diese Harmonie bestimmt die Metrik, ebenso wie das elfsilbige Versmaß (Hendekasyllabus) und das Reimschema ABA, BCB, CDC, ... YZY (der Mittelvers reimt sich mit dem ersten und dritten der folgenden Versgruppe). Dieser vermutlich von Dante erfundene Aufbau wird als *Dante'sche Terzine* bezeichnet. Den Abschluss der drei Bücher bildet im letzten Vers ein Reim mit dem Wort *stelle* (Sterne): ein Verweis auf die Gottesmutter Maria, Stella Maris, die von den Templern besonders verehrt wurde.

Beatrice: Symbol auf dem Weg der spirituellen Erleuchtung

Dante berichtet, er habe Beatrice im Alter von achtzehn Jahren kennengelernt, obwohl sie ihm bereits ein erstes Mal begegnet war, als er neun und sie acht Jahre alt war. Bisweilen wird behauptet, er habe sie überhaupt nur ein einziges Mal gesehen und nie mit ihr gesprochen. *Beatrice* (*Bice*) *Portinari* wurde um 1265/66 geboren und starb am 8. Juni 1290. Sie heiratete im Alter von zwanzig Jahren den Florentiner Edelmann Simone de Bardi, mit dem sie sechs Töchter hatte, und lebte in Florenz in einem der Nachbarhäuser von Dante. Sie begründete das *Hospital Santa Maria Nuova* (das heutige Zentralkrankenhaus von Florenz). Die für ihre christliche Güte bekannte und in den Dithyramben von Dante geehrte Beatrice ging als Beata („Selige") Beatrice in die Annalen von Florenz ein. Als solche stellte sie Gabriel Rossetti 1864 auf seinem Gemälde dar, auf dem ihr die Taube des Heiligen Geistes, eine Rose im Schnabel, erscheint. Die Rose war das Erkennungszeichen der *Fedeli d'Amore* (s. S. 35) und die Blume der spirituellen Erleuchtung und der Offenbarung. In der Litanei der seligen Jungfrau Maria von Loreto wird Maria u. a. „Rosa mystica" genannt. Im Minnesang des 12. bis 15. Jhs. wird erstmals seit den Gnostikern des 2. und 3. Jhs. die spirituelle Würde und der religiöse Wert der Frau gepriesen. Die gnostischen Texte rühmen die göttliche Mutter sowie die „mystische Stille", den Heiligen Geist und die göttliche Weisheit. Wenn die im Mittelalter dominierende Anbetung der Jungfrau die Frau indirekt heiligte, ging Dante noch weiter: er vergöttlicht Beatrice, erklärt sie als den Engeln und Heiligen überlegen und für die Sünde unerreichbar, ja als der Heiligen Jungfrau nahezu ebenbürtig. Als Beatrice vor dem Erscheinen im irdischen Paradies steht, erfolgt der Ausruf: „Komm mit mir, meine Braut, vom Libanon!" (*Fegefeuer*, 30. Gesang, Vers 11), eine berühmte Passage aus dem *Hohelied Salomos* (IV, 8), von der Kirche zum Lobpreis der Gottesmutter übernommen. In einer anderen Passage (*Fegefeuer*, 33. Gesang, 10 f.) verwendet Beatrice selbst die Worte Jesu: „Noch eine kleine Weile, dann werdet ihr mich nicht mehr sehen und abermals eine kleine Weile, dann werdet ihr mich sehen." (Joh 16,16). Beatrice steht für die Weisheit und folglich das Mysterium der Erlösung; Dante zeigt sie in der Reise durch die drei Jenseitsreiche Hölle, Fegefeuer und Paradies als Idealisierung des Ewig-Weiblichen und bevorzugtes Mittel der Verbindung mit einer Metaphysik zur Erweckung und Rettung des Menschen. Die

Fedeli d'Amore verkündeten das Seelenheil durch die Liebe und die Frau und entwickelten eine geheime Gnosis und Initiationsstruktur, wie in *Vita Nuova* (*Das neue Leben*), das Dante Beatrice widmete, ersichtlich wird. In diesem 1292/93 verfassten Werk präsentiert Dante die Initiation durch die spirituelle Liebe und die Frau als Symbol des *Intellectus illuminatio*, des transzendentalen Geistes, der Weisheit Gottes, die dazu bestimmt ist, die christliche Welt aus der Lethargie zu erwecken, in die sie durch die spirituellen Unwürdigkeiten der Päpste verfallen ist. So finden sich in den mittelalterlichen Schriften der *Fedeli d'Amore* Anspielungen auf „eine Witwe, die keine ist": die *Madonna Intelligenza*, die zur Witwe wurde, als ihr Ehemann, der Papst, das spirituelle Leben aufgab und sich den irdischen Angelegenheiten und der Korruption verschrieb. Die Verehrung der „einzigartigen Frau" und die Einführung in das Mysterium der Liebe machten die *Fedeli d'Amore* zu einer spirituellen Miliz, die eine codierte Sprache verwendete, um ihre Lehre „für das gemeine Volk" unzugänglich zu machen, wie es Francesco da Barberino (1264–1348), eines der berühmtesten Mitglieder der Bewegung, formulierte. Ein anderes Mitglied der *Fedeli d'Amore*, Jacques de Baisieux, sagte: „Man darf die Geheimnisse der Liebe nicht enthüllen, sondern muss sie sorgsam hüten." Die in ganz Europa verstreuten und eng mit den Troubadouren und Spielmännern verbundenen *Fedeli d'Amore* verliehen dem Ideal des Ewig-Weiblichen in Verbindung mit der höchsten Gabe des Heiligen Geistes, den sie als *Heilige Liebe* bezeichneten, Ausdruck. Der Marienkult und seine Verbreitung war ihr Mittel, die Existenz des *Paraclet* (des „Trösters") gegenüber jenen Völkern zu bekräftigen, bei denen sie ankamen und sich niederließen. Die Türen aller Königshöfe standen ihnen offen und verwandelten sich schnell in „Liebeshöfe". Dies galt vor allem für die Höfe von Alfons X. von Kastilien und León (genannt „der Weise") und König Dionysius von Portugal. Es handelte sich nicht um eine ketzerische Bewegung im eigentlichen Sinne, sondern vielmehr um eine Gruppe von Freidenkern, Dichtern und Künstlern, die sich gegen die Korruption in der Kirche wandte und die Päpste nicht mehr als spirituelle Führer der Christen anerkannte. Dieser Protest nahm nach der blutigen Vernichtung des Templerordens durch Philipp IV. von Frankreich und seinen „Gehilfen" Papst Clemens V. deutlich zu. Beatrice ist damit für die Dichtung Dantes vor allem Symbol für die perfekte Frau, die göttliche Gnade und die verliebte Seele, die ihre spirituelle Unsterblichkeit sichert. Beispielhaft für einen Weg der mystischen Läuterung steht Beatrice für das innere Erwachen Dantes nach seinem Exil und seinen Pilgerreisen auf der Suche nach Läuterung, bis er sich selbst und seine unsterbliche Seele – symbolisiert durch Beatrice – schließlich wiederfindet.

HISTORISCHES MUSEUM DER NATIONALEN VEREINIGUNG DER VETERANEN UND ALTEN KÄMPFER „GIUSEPPE GARIBALDI"

Der alte Garibaldi-Turm

Torre della Castagna – Piazza San Martino, 1
Jeden Donnerstag 16 bis 18 Uhr; 055 2396104

Auf den ersten Blick erscheint die Tatsache, dass es noch heute eine Gesellschaft gibt, die sich, wenn nicht Garibaldi selbst, so doch der rund 150 Jahre alten Geschichte der „Veteranen und alten Kämpfer" von dessen „Rothemden" widmet, wie eine weitere Extravaganz des an Verbänden und Vereinigungen nicht gerade armen Landes. In Wahrheit handelt es sich jedoch um eine Vereinigung, deren Arbeit in Italien in nicht weniger als 27 Sektionen unterteilt ist und die nicht nur Anhänger des Risorgimento, sondern auch ehemalige Partisanen der glorreichen Garibaldi-Division, die einst im ehemaligen Jugoslawien kämpften, zu ihren Mitgliedern zählt. An ihrem Standort in Florenz hütet die Vereinigung einen kleinen Schatz, denn ihre Räumlichkeiten befinden sich im Erd- und Zwischengeschoss sowie im ersten Stock eines der schönsten mittelalterlichen Türme der Stadt, der Torre della Castagna. Vor seiner Umbenennung nach dem Einzug Florentiner Priore hieß der Turm Torre Boccadiferro. Eine Tafel mit einer Passage aus der Chronik von Dino Compagni erinnert heute an den Beschluss der Priore, „sich in der Torre della Castagna zu verbarrikadieren, um den Drohungen der Mächtigen ein Ende zu setzen". Und tatsächlich: Der Turm erinnert an eine kleine Festung und ist im Gegensatz zu den meisten Türmen der Stadt gut erhalten. Ferner ist er einer der wenigen Türme, die nicht nur von außen besichtigt werden können. Der Dank hierfür gebührt der Ga-

ribaldi-Vereinigung, die ihre Türen für alle öffnet, die ihre gut mit Werken über Garibaldi und die Renaissance ausgestattete Bibliothek nutzen möchten. Einmal in der Woche, immer donnerstags, kann in den kleinen Räumen zudem ein ungewöhnliches Museum besichtigt werden: Es zeigt eine Sammlung von Garibaldi-Reliquien – Waffen, Orden, Porträts und Büsten sowie ein berühmt gewordenes Kissen des Generals. Den Besucher erwartet hier eine Zeitreise, die ihm vor allem die Möglichkeit bietet, diesen außergewöhnlichen Turm von innen zu besichtigen.

Ursprung des Begriffs „Ballottage"

Der Begriff „Ballottage" (Stichwahl) ist vermutlich auf den toskanischen Begriff „ballotta" (Kastanie) zurückzuführen, die von Florentiner Prioren für geheime Abstimmungen verwendet wurden.

EIN PALAZZO, DER AUS DER REIHE FÄLLT

Der hervorstehende Palazzo Uguccioni

Piazza della Signoria, 7; jeden ersten Montag im Monat (sofern dieser nicht auf einen Feiertag fällt) 9 bis 12 und 15 bis 18 Uhr; Reservierung unter 055 4934497

Ein wenig wichtigtuerisch steht der Palazzo Uguccioni zwischen den neben ihm liegenden Gebäuden der Piazza della Signoria hervor. Zurückzuführen ist diese überraschende Begebenheit auf Giovanni Uguccioni, der das Stadtpalais 1550 errichtete, nachdem er von Cosimo I. die Erlaubnis erhalten hatte, dieses auf den Platz nach vorne zu rücken.

Dieser Eingriff in die Ausrichtung der Gebäude auf jener Seite der Piazza führte zu diversen Rechtsstreitigkeiten mit der Nachbarschaft und zu Verzögerungen im Baufortschritt. Nach erneuter Intervention des Großherzogs konnte das Vorhaben zu Ende geführt werden. Der Gefallen war nicht unerheblich, denn der Palazzo Uguccioni liegt gegenüber dem Palazzo Vecchio und diese Abweichung von den grundlegenden städtebaulichen Vorschriften ließ eine besondere Beziehung zum Hof sichtbar werden.

Zudem hatte der Großherzog großes Interesse daran, das Ansehen des Platzes der städtischen Macht zu verbessern. Die Uguccioni setzten sich für den Bau eines kleineren Palazzo ein, als wollten sie beweisen, dass ihre Bestrebungen dem Willen der Behörden unterlagen. Der Stil sollte jedoch monumentaler und raffinierter sein als bei den benachbarten Palazzi: Bossenquader aus Pietraforte, drei Bögen, Doppelsäulen in den oberen Etagen und mit den Familienwappen verzierte Sockel. Der Aufwand, der bei der Gestaltung dieser Fassade betrieben wurde, setzt sich im Inneren des Palazzo nicht fort: Dort wurden im Wesentlichen die Räume der früheren Gebäude übernommen. Die Fresken sind hingegen absolut sehenswert. Der Palazzo mag klein sein, zeugt jedoch von einem ausgeprägten Exhibitionismus. Wer weiß, vielleicht hätte Giovanni Uguccioni seinen Wohnsitz mitten auf der Piazza errichtet, wenn man es ihm erlaubt hätte.

IN DER UMGEBUNG

Ein gut erhaltener mittelalterlicher Palazzo

Palazzo dei Cerchi
Vicolo dei Cerchi, 1
Geöffnet am ersten Freitag im Monat (während der Kulturwoche täglich) von 10 bis 13 Uhr; Reservierung unter 055 294926

All jenen, die ein original mittelalterliches Gebäude besichtigen möchten, sei der Palazzo dei Cerchi als einer der am besten erhaltenen seiner Art empfohlen. Der vertikale Bau ist das Ergebnis des Umbaus verschiedener Wohntürme. Er ist vollständig mit Sichtstein verkleidet; die Bossenquader zählen zu den ältesten von Florenz. Gleich nach den Lanzettbögen des Eingangs gelangt man in mit Deckenfresken ausgestaltete Räume; bis zum letzten Raum ganz oben im Turm finden sich überall Holzverkleidungen und Gewölbedecken. Hier befinden Sie sich mitten im historischen und geografischen Zentrum von Florenz.

DIE FRESKEN DES
ANTICO RISTORANTE PAOLI

Boccaccio trifft Jugendstil

Via dei Tavolini, 12r
055 216215

Boccaccio ist einer der Protagonisten des *Antico Ristorante Paoli*, das der idealen Version des mittelalterlichen Florenz in der Via del Proconsolo (s. S. 56) recht nahekommt: Unter den zahlreichen künstlerischen Beiträgen, die das 1824 von Pietro Paoli als Trattoria-Salumeria eröffnete Restaurant mit seinen charakteristischen Marmortischen zu einer Besonderheit machen, finden sich drei mit Fresken ausgestaltete, von den Novellen aus Boccaccios *Dekameron* inspirierte Lünetten. Sie sind das Werk von Carlo Coppedé, der 1916 mit der Ausgestaltung des Restaurants beauftragt wurde. Die prachtvolle *Saletta delle Rose* ist mit einer Reihe von Keramikarbeiten von Galileo Chini, einem der bedeutendsten Vertreter des italienischen Jugendstils, dekoriert worden. Das große Museo della Manifattura Chini in der Villa Pecori Giraldi in Borgo San Lorenzo widmet sich dem Künstler, dessen Nachfahre Antonio Chini für das Design der Cantine Guidi verantwortlich zeichnet. Heute verfügt die Sammlung der Trattoria über weitere Kunstwerke, darunter eine Büste des US-Präsidenten Wilson, ein Gemälde von Pietro Annigoni und den toskanischen Kommunen gewidmete Keramiken von Cantagalli.

Eine weitere Florentiner Erfindung: Eis

In Florenz wurden nicht nur die Perspektive (Leon Battista Alberti), die italienische Literatur (Dante) und das Telefon (Antonio Meucci) erfunden, sondern auch das Speiseeis. Ein derart köstliches Dessert kann nur das Werk eines Künstlers sein: Bernardo Buontalenti (1531–1608), Ingenieur, Architekt, Dekorateur und Erfinder, der frühere Versuche perfektionierte. Vor ihm hatte bereits ein Florentiner namens Ruggeri bei einem Gastronomiewettbewerb „die außergewöhnlichste Speise [präsentiert], die es je gab" – ein Sorbet. Anlässlich eines spanischen Staatsbesuchs in Florenz beauftragte der Großherzog Buontalenti klar und deutlich mit der Ausarbeitung eines Desserts, das „diese Ausländer, noch dazu Spanier" sprachlos machen würde. Also erfand der Ingenieur das Speiseeis, genauer gesagt eine mit Honig gesüßte Mischung auf Basis von Milch und Eigelb, einem Tropfen Wein zur Stärkung der Mixtur und einer Prise Salz zum Abkühlen. Kein Sorbet auf Basis von Eischnee und Früchten, sondern eine mit Milch verfeinerte Eiscreme. Die Geschichte des Eises war damit jedoch noch nicht zu Ende. Die Rezeptur wurde noch mehrmals verbessert, insbesondere durch Procopio, einen nach Paris ausgewanderten sizilianischen Koch; doch die Florentiner Creme hatte derartigen Erfolg, dass das berühmte Milcheis „Buontalenti" auch heute noch ausschließlich in Florenz hergestellt wird. Im Jahre 1979 gewann der Eishersteller Badiani (Viale dei Mille, 20r) den Florentiner Buontalenti-Preis für den authentischsten Geschmack. Die Marke dieses sehr speziellen Geschmacks ist übrigens noch heute geschützt. Zahlreiche andere hervorragende Eishersteller führen Varianten, darunter die alte *Gelateria Baroncini* (Via Celso, 3r; seit 1946) oder *Da Roberto* (Via Mariti, 3r). Die Bedeutung, die der Eiscreme in Florenz seit Hunderten von Jahren zukommt, wird von zahlreichen traditionellen Eisherstellern bestätigt. Zu ihnen zählen die *Gelateria Alpina* (Viale Strozzi, 12r; seit 1929) und die *Gelateria Veneta* (Piazza Beccaria, 7r; seit 1925). Last but not least sei noch auf die absolut einzigartige *Gelateria Vivoli* (Via Isola delle Stinche, 7r) verwiesen, die es seit 1930 gibt und in der man nicht nur das berühmte Eis genießen, sondern auch außen eine *buchetta* und innen ein Fresko des Ponte Vecchio von Luigi Felai, Schüler von Piero Annigoni, bewundern kann.

DAS FLACHRELIEF
DER LOSEN HUFE

Das Ereignis, das zum Bau der Kirche führte

Chiesa di Orsanmichele – Via dell'Arte della Lana, 9
Täglich außer Montag 10 bis 17 Uhr

Rechts der Hintertür der Kirche von Orsanmichele ist auf einem klei-nen Flachrelief das entscheidende Ereignis dargestellt, das zum Bau dieser Kirche im 8. Jh. geführt haben soll. Die von Nanni di Banco, von dem auch einige Statuen außen am Gebäude stammen, dargestellte Szene ist ungewöhnlich und hat nichts Biblisches oder Edles an sich. Sie zeigt einen Hufschmied, ein Pferd und einen losen Huf, der sich von selbst wieder ansetzt. Das Flachrelief ist die bildhafte Zusammenfassung einer komplizierten Geschichte. Nach seinem Tod erschien der junge Miche-le im Traum mehrmals seinem Vater, um ihn zu bitten, auf den an das Haus angrenzenden Feldern eine Kapelle zu errichten. In der Zwischenzeit wurden auf unerklärliche Weise die Pferde gestriegelt und der Stall aus-gemistet. Bis zu dem Tage, an dem eines der Pferde ein Hufeisen verlor. Bei Ankunft des Hufschmieds löste sich zur großen Überraschung aller Augenzeugen der gesamte Huf, heftete sich jedoch wie von Geisterhand wieder an das Bein an. Angesichts eines solchen Wunders wurde alsbald die Kirche von Orsanmichele errichtet, deren Name sich von San Michele in Orto („im Garten") ableitet, denn der Ort, an dem die Kirche errichtet wurde, war damals für seine Gärten bekannt. Die erste Kirche diente dann

zunächst auch als Getreidespeicher von Arnolfo di Cambio. Der Aufbau des überdachten Marktes mit seiner ungewöhnlichen quadratischen Form, den zwei Hauptschiffen mit einem Innenpfeiler, der für den Weizen als Silo diente, blieb erhalten. Noch heute ist ein langer, rechtwinkliger Spalt zu erkennen, durch den über eine steinerne Rinne das Korn geschüttet wurde.

IN DER UMGEBUNG
Der Sitzungssaal der Accademia delle Arti del Disegno (28)

Via Orsanmichele, 4
Geöffnet zu den Öffnungszeiten des Sekretariats sowie anlässlich der häufig stattfindenden Vorträge
055 219642 – aadfi.it

Zwei Schritte von Orsanmichele entfernt verfügt die *Accademia delle Arti del Disegno* im Palazzo dei Beccai – eine der ältesten Akademien der Welt (gegründet 1563 von Cosimo I. und Giorgio Vasari) – über eine kleine Pinakothek, in der die Porträts der verschiedenen Präsidenten der Akademie sowie einige Meisterwerke, wie das im gotischen Stil ausgeführte Gemälde *Die Jungfrau mit den Heiligen* von Mariotto di Nardo und *Der Tabernakel von Boldrone* von Pontormo, zu sehen sind. Zudem ist die Akademie im Besitz der *Jungfrau mit dem Buch*, die ebenfalls Pontormo zugeschrieben wird. In diesem mysteriösen Gemälde sind in Wahrheit nicht nur eines, sondern zwei Bücher zu sehen: Eines hält die Jungfrau geöffnet in ihrer rechten Hand, ein weiteres liegt in den Armen einer rätselhaften Person, die rechts im Hintergrund steht.

DAS FRESKO DER HEILIGEN ANNA

Die Heilige Anna – die vergessene Schutzpatronin von Florenz

Chiesa di Orsanmichele
Via dell'Arte della Lana, 9
Erdgeschoss: Dienstag bis Sonntag 10 bis 17 Uhr;
Skulpturenmuseum (1. Etage): Montag 10 bis 17 Uhr; Eintritt frei

Unter den vielen Schätzen der Kirche von Orsanmichele befindet sich ein einzigartiges Gemälde. Auf einer vorgehängten Wand des Oratoriums hat Mariotto di Nardo Ende des 14. Jhs. ein Fresko ausgeführt, auf dem die Hl. Anna die Stadt Florenz in Händen hält. Viele Heilige sind als Märtyrer oder in ehrfürchtiger Pose dargestellt, nur wenige jedoch mit weit geöffneten Armen, um eine ganze Stadt gegen ihre Brust zu drücken. Diese Haltung verweist auf eine besondere Beziehung zwischen der Heiligen und der Stadt. Wen auch immer man hier fragt, wer der Patron von Florenz sei, wird antworten: der Hl. Johannes der Täufer, dem zu Ehren die berühmten Johannisfeuer am 24. Juni abgehalten werden. Kaum jemand weiß heute noch, dass Florenz auch eine Patronin hat, nämlich eben jene Hl. Anna, die in der Kirche von Orsanmichele, einem Gebäude, das als Kirche und Stadtspeicher von einzigartiger Bedeutung für das Wohlergehen der Gemeinschaft war, Florenz umarmt. Im Jahr 1522 wurde Francesco di Sangallo mit der Ausführung der Skulptur der Hl. Anna neben dem ihr gewidmeten Altar beauftragt. Das jahrhundertelang mit viel Pomp zum Zeichen der Florentiner Freiheit am 26. Juli gefeierte Fest der Hl. Anna wurde später von den Medici, die die Heilige als Beschützerin ihres Hauses wählten, für sich beansprucht. Die Gegenreformation begnügte sich damit, die Rolle Annas als Marias Mutter hervorzuheben. Vor nicht allzu langer Zeit beschloss die Stadtverwaltung schließlich, die Feierlichkeiten, die unter anderem eine Prozession vor der Kirche von Orsanmichele am 26. Juli umfassen, wieder aufleben zu lassen. Im Vergleich zu den Feuerwerken zu Ehren des Hl. Johannes des Täufers, dem im Übrigen bedeutende Kirchen wie die Autobahnkirche von Giovanni Michelucci sowie einige historische Bruderschaften gewidmet sind, nehmen sich die Feierlichkeiten noch recht zurückhaltend aus. Doch die Hl. Anna hat ein einzigartiges Privileg: dasjenige, auf dem Fresko von Mariotto Florenz zu umarmen.

Wie wurde die Hl. Anna zur Patronin von Florenz?

Die Hl. Anna wurde zur Schutzheiligen von Florenz, als es der Stadt am 26. Juli 1343, dem Gedenktag der Hl. Anna, gelang, sich vom Joch des „Ausländers" Walter VI. von Brienne, Herzog von Athen, zu befreien.

DER TRESOR IM
NAPAPIJRI-GESCHÄFT

Der Safe der Händler

Via Porta Rossa, 3r/Ecke Via Calimaruzza
Das Personal begleitet Sie auf Anfrage zum Safe

Das Bekleidungsgeschäft Napapijri in der Via Porta Rossa verbirgt in seinen Räumen einen kleinen vergessenen Schatz: einen schönen, eingemauerten Tresor, der von der Zwischenwand aus gut sichtbar ist. Dieses kunsthandwerkliche Wunderwerk wurde nach Meinung von Experten zwischen dem 15. und 16. Jh. gefertigt und ist eine der seltenen Antiquitäten, wie man sie nur in einer Stadt wie Florenz an Orten findet, an denen man sie nicht erwartet. In diesem Falle handelt es sich genauer gesagt um eine Reihe von Wunderwerken: In der steinernen Wand befindet sich eine Nische, in der sich eine kleine Holztür verbirgt, die nur die erste Sicherung dieses wahren Meisterwerks der Schließkunst der damaligen Zeit darstellt (die Schlüssel sind im Original erhalten). Interessanterweise handelt es sich bei dem Gehäuse, in das die Wertgegenstände zur Aufbewahrung gelegt wurden, nicht um ein Metall- oder Holzgehäuse, sondern um in die Wand eingelassene Schiefertafeln. In demselben Geschäft kann man Kapitelle mit eingemeißelten Adlern bewundern, die in ihren Klauen Stoffballen (*torsello*) halten, die darauf verweisen, dass sich hier einst die *Arte di Calimala*, die 1182 ge-

gründete und 1770 durch Großherzog Peter Leopold I. geschlossene, reiche Florentiner Gilde der Stoffveredler und Stoffhändler befand. Der Tresor enthielt vermutlich wertvolle Dokumente dieser Vereinigung.

Woher kommt der Name Calimala?

Die Herkunft dieses ungewöhnlichen Begriffs ist unklar. Die Vermutungen reichen vom lateinischen *calle Maia* („Hauptstraße" in römischer Zeit) über das griechische *kalos malos* („schöner Stoff") bis hin zu *callis malus* („verrufene Straße", aufgrund der Lager, in denen das Tuch behandelt wurde). Laut Straßenschild lautet der Name der Straße übrigens nicht *Via di Calimala*, sondern einfach *Calimala*.

DIE WAAGE DER FARMACIA DEL CINGHIALE

Eine luxuriöse Waage

Piazza del Mercato Nuovo, 4r
055 214221
9 bis 13 Uhr und 15:30 bis 20 Uhr

Das Wildschwein der Loggia del Porcellino (s. S. 76) hat seinen Namen einer weiteren historischen Apotheke an der Piazza del Mercato Novo in Florenz gegeben. Dort führte 1752 der für seine Zeit fortschrittliche Girolamo Niccolò Branchi della Torre einer Reihe von Gelehrten und Neugierigen einige chemische Experimente vor, die das Ende der Alchemie und den Beginn der modernen Chemiewissenschaft kennzeichneten. Sein Ruf war so bedeutend, dass der Großherzog ihn für die Eröffnung der ersten auf Basis wissenschaftlicher Kriterien arbeitenden chemischen Hochschule der Moderne verpflichtete. Die von Dichtern und Künstlern frequentierte Apotheke hat seitdem bis in unsere heutige Zeit eine ganze Reihe ausgeklügelter und streng natürlicher Rezepturen für Körperprodukte wie Cremes, Parfums, Öle und Essenzen entwickelt.

Die Räume der Apotheke mit ihrer bewegten Geschichte wurden leider bei den schweren Überschwemmungen im November 1966 beschädigt. Viele der wertvollen alten Möbelstücke konnten jedoch gerettet werden und lohnen den Umweg: Sehenswert ist beispielsweise eine Waage der besonderen Art, auf der man sein Körpergewicht nach Vorbild römischer Personenwaagen ganz bequem im Sitzen kontrollieren kann. Ein Zugeständnis an Müßiggänger und Übergewichtige.

DIE DECKE DER HEMEROTHEK IN DER BIBLIOTHEK DES PALAGIO DI PARTE GUELFA

Ein verkanntes Wunderwerk

Piazzetta di Parte Guelfa
Montag bis Freitag 9 bis 22 Uhr, Samstag 9 bis 13 Uhr
Montag 9 bis 14 Uhr ausschließlich für Nutzer!
055 2616029 oder 055 2616030
bibliotecapalagio@comune.fi.it
biblioteche.comune.fi.it/biblioteca_palagio_di_parte_guelfa

Der Bücherbestand der Bibliothek des Palagio di Parte Guelfa mit seinen rund 35.000 Bänden ist in der ehemaligen Kirche Santa Maria di San Biagio untergebracht. Diese besteht aus zwei Räumen: dem Lesesaal und der Hemerothek. Vor allem Letztere lohnt einen Besuch. Sie befindet sich in der Kapelle von San Bartolomeo, die 1345 auf Initiative des Domherren Federigo di Bartolo Bardi errichtet wurde. Das Dekor dieses Raumes, das der Schule von Giotto zugeschrieben wird, ist zwar unvollständig, jedoch sehr aussagekräftig. An der Decke sind – vor einem eleganten Hintergrund aus goldenen Lilien auf blauem Grund (ein Motiv, das an vielen Orten in Florenz zu finden ist, vermutlich zur Erinnerung an die alte Verbindung der Stadt mit dem französischen Herrscherhaus und insbesondere Ludwig dem Heiligen) angeordnet – um die Wappen des Florenz der Guelfen herum die Wappen der als *arti* bezeichneten Florentiner Gilden dargestellt. In der Mitte befindet sich das Wappen des Papstes. Der aktuelle Name der Bibliothek leitet sich von ihrer Lage gleich neben dem Palagio di Parte Guelfa, dem früheren Palazzo und Sitz der politischen Faktion der Guelfen im 13. Jh., ab. Das Gebäude wurde im Laufe der folgenden Jahrhunderte nach Plänen von Brunelleschi vergrößert und ist heute Sitz des *Calcio Storico* (auch Calcio Fiorentino genanntes traditionelles Spiel, das an eine Mischung aus Fußball und Rugby erinnert) und des Festzugs der Republik Florenz und wird auch für Ausstellungen genutzt. Dokumente aus dem Jahr 1308 belegen die Existenz dieser kleinen Kirche, deren Name sich von ihrer Lage neben der Porta di Santa Maria ableitet, einem der Haupttore der Stadt aus der Zeit der Karolinger (9. Jh.). Später wurde sie umgebaut und zum Versammlungsort für die Hauptmänner der papsttreuen „schwarzen" Guelfen, die gegen Ende des 13. Jh. zum Nachteil der kaisertreuen Ghibellinen die Geschicke der Stadt in die Hand genommen hatten. Nach dem Bau des Palagio verlor die Kirche ihren Status als Versammlungsort, behielt jedoch ihre religiöse Funktion bei. Im 15. Jh. wurde sie dem Hl. Blasius (San Biagio) geweiht, bevor sie profaniert und zunächst als Zwischenlager für die Umzugswagen des *palio* und zur Aufbewahrung der für den traditionellen „Wagenknall" (*Scoppio del Carro*) benötigten Feuersteine genutzt wurde. Ab 1785 wurde sie zum Sitz der Florentiner Feuerwehr innerhalb des alten jüdischen Viertels – einer Reihe von Straßen, die dem Bau der Piazza della Repubblica zum Opfer fielen, als Florenz von 1865 bis 1870 Hauptstadt des Königreichs Italien wurde. 1944 wurde sie zudem zum Sitz des Gabinetto Scientifico Letterario G. P. Vieusseux (s. S. 46/47). Aus architektonischer Sicht ist die Kirche die letzte in Florenz, die über einen doppelten Aufgang zum Hauptportal verfügt. Die Bibliothek wurde 1907 von der Vereinigung Pro Cultura als *biblioteca circolante per gli operai* (Fahrbibliothek für Arbeiter) eingerichtet und später zur Bibliothek der Volkshochschule. In den 1970er-Jahren wurde sie von der Stadt Florenz zurückerworben und um verschiedene Bestände erweitert und erhielt ihren heutigen Namen.

DAS RAD DES CARROCCIO

*Eine Erinnerung an den mittelalterlichen
Florentiner Carroccio*

Loggia del Porcellino, Piazza del Mercato Nuovo

Auf der Loggia del Porcellino befindet sich ein Detail, das zwischen dem Treiben der Marktleute kaum zu sehen ist. Ein Besuch empfiehlt sich daher vor 11 oder nach 20 Uhr. Am Boden ist ein Rad mit sechs Speichen dargestellt, das an den Florentiner *Carroccio* erinnert, der hier einst stand: ein großer, mit dem Banner der Stadt verzierter Triumphwagen, um den herum sich die Soldaten im Mittelalter versammelten, bevor sie in den Kampf zogen. Auf diesem Rad erhielten insolvente Schuldner – in einer Handelsstadt wie Florenz ein schweres Vergehen – eine Tracht Prügel. Ihr Gesäß wurde dreimal auf das Rad geschlagen, woraus sich der Begriff *sculo* (Pechsträhne) und der Ausdruck *restare col culo a terra* (am Arsch sein) ableiten. Achten Sie auf die kleine Tür an einer der Säulen an der Ecke. Durch sie gelangt

man in ein Zwischengeschoss unterhalb der Decke der Loggia. Dieses ist von unten nicht zu erahnen und verbirgt einen großen Raum, der noch heute für Sitzungen und zu privaten Anlässen genutzt wird.

Das Ritual der „Fontana del Porcellino"

Das traditionelle Ritual für alle, die vor dem berühmten „*Porcellino*" stehen, sieht folgendes Prozedere vor: 1. feststellen, dass der Name *porcellino* nicht passend ist, da es sich nicht um ein Ferkel, sondern um ein ausgewachsenes Wildschwein handelt, 2. mit der Hand die Nase der Skulptur berühren, wie es – der polierten Schnauze nach zu urteilen – Tausende Menschen vor einem getan haben, 3. sich etwas wünschen, 4. dem Schwein eine Münze ins Maul legen, 5. in den Brunnen fallen lassen und 6. – wenn die Münze auf dem Gitter liegen bleibt – sich freuen, dass einem das Glück hold ist. Ein seltsames Opfer für eine eigenartige Statue, die das Wildschwein im Grunde genommen weniger feiert, als die „Kopie": Denn die Skulptur aus dem 17. Jh. von Pietro Tacca ist eine Nachbildung des Originals im Palazzo Pitti, das seinerseits wiederum eine Nachbildung einer griechischen Skulptur in den Uffizien ist.

DIE GEDENKTAFEL FÜR GIUSEPPE LACHERI

Der Ruhm eines Straßenhändlers

Piazza del Mercato Nuovo, Ecke Capaccio (Loggia del Porcellino)

Die Geschichte von Florenz hat sowohl in den Straßen als auch in der Sprache ihre Spuren hinterlassen. Der Name Giuseppe Lacheri (bzw. Làcheri, die Betonung liegt auf der ersten Silbe) hat beide beeinflusst: Nicht weit von der Loggia del Porcellino erinnert an der Piazza del Mercato Nuovo eine Tafel an diesen Florentiner, der einen der Märkte im Florenz des 19. Jhs. lange Jahre entscheidend mitprägte. Giuseppe Lacheri war weder mächtig noch gebildet.

Die Erinnerung an ihn ist in der Bevölkerung dennoch derart präsent, dass man auch heute noch Sätze hören kann wie: *„E gli ha ragione i' Lachera"* („Lachera hat Recht!"), um die Einwände eines Gesprächspartners, den man nicht zu überzeugen vermag, abzuwiegeln. Seinen großen Ruf erwarb sich dieser einfache Florentiner Händler von San Lorenzo an seinem Stand, an dem er seinen Kunden und Kollegen allzeit mit gesundem Menschenverstand, schlagfertig und wortgewandt gegenübertrat. Seine Offenheit spiegelt gut die Volksidentität wider, die im Florentiner Alltag eine so große Rolle spielt, sein Charakter das Temperament einer Stadt, in der man sprichwörtlich kein Blatt vor den Mund nimmt. In dieser Hinsicht gewinnt der Text der Tafel an Bedeutung: „An diesem Platz wurde Giuseppe Lacheri (1811–1864), genannt „Il Lachera", unterhaltsamer Straßenhändler, für seine sarkastische und authentische Florentiner Redensart berühmt, derer sich selbst Collodi erinnerte." Carlo Lorenzini alias Carlo Collodi – Autor von *Pinocchio* – verfasste ein kurzes Porträt dieses Händlers: „Lachera war der Inbegriff der bissigen und raffinierten Posse, verborgen unter dem Äußeren eines Verkäufers von gekochten Birnen oder Rosinenbrötchen, je nach Saison." Die Florentiner erinnern noch heute gerne an ihren berühmten Händler, von dem kein Bild überliefert ist.

Die Tafel wurde erst 2005 angebracht, was zeigt, dass in Florenz und insbesondere am Dreh- und Angelpunkt der Stadt – der Loggia del Porcellino – bestimmte Befindlichkeiten ebenso lange überdauern wie das kollektive Gedächtnis und sich nicht nur an den Mauern, sondern auch in den Ansichten der Einwohner festsetzen.

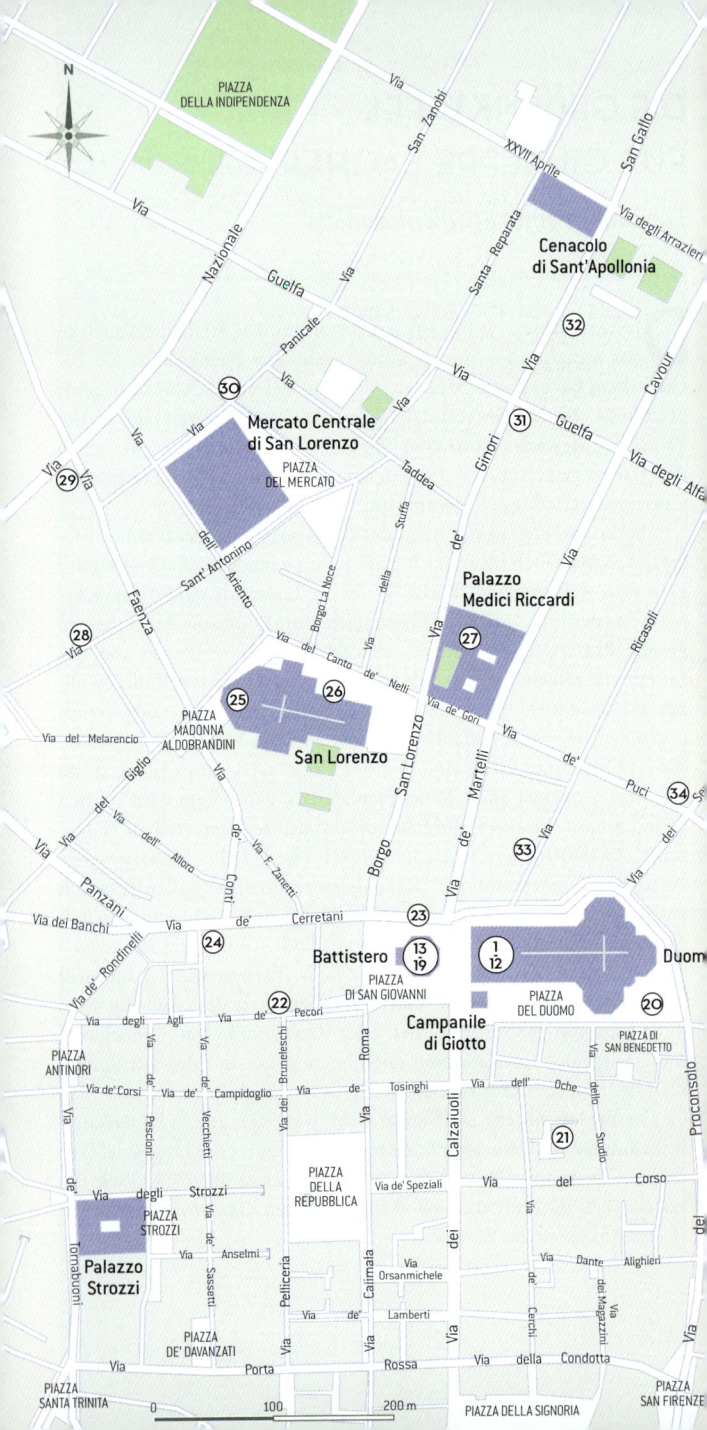

Duomo / San Lorenzo

BEOBACHTUNG DER VORBEIZIEHENDEN SONNE IN DER KATHEDRALE

Ein außergewöhnliches astronomisches Phänomen

Kathedrale Santa Maria del Fiore, Piazza del Duomo
Eingang über die Porta dei Canonici (Südseite der Kathedrale)
Am Eingang Bescheid geben, dass man die Meridiana besichtigen möchte
Öffnungszeiten der Kathedrale: Montag bis Mittwoch 10 bis 17 Uhr,
Donnerstag 10 bis 15:30 Uhr, Samstag 10 bis 16:45 Uhr, Sonn- und Feiertage
13:30 bis 16:45 Uhr
Beobachtung der Sonne mit Erläuterungen von Astronomen: ca. 4 Mal/Jahr im Juni
operaduomo.firenze.it

Normalerweise ist die Kreuzkapelle (*della Croce*) in der Kathedrale Santa Maria del Fiore liturgischen Aufgaben vorbehalten und die Inschriften auf dem Boden sind verdeckt. Viermal im Jahr jedoch – rund um die Sommersonnenwende am 21. Juni – findet hier ein außergewöhnliches Schauspiel statt, das niemanden, der eine Leidenschaft für wissenschaftliche Kuriositäten hegt, kalt lässt.

Seit 1996 gestatten die religiösen Entscheidungsträger – mit wissenschaftlicher Unterstützung durch das Komitee zur Popularisierung der Astronomie – Gruppen von 150 Personen (bei unserer Besichtigung waren es 250) den Zutritt, um zu beobachten, wie auf einmal ein Lichtkreis erscheint, der sich zusehends fortbewegt, bis er exakt auf einen Marmorkreis am Boden fällt, dessen Position 1475 von Paolo dal Pozzo Toscanelli (1397–1482) berechnet wurde. In der Renaissance erhielten Astronomen die Erlaubnis, die günstige innere Aufteilung der Kathedrale und die außergewöhnliche Höhe der Kuppel für ihre Messungen zu nutzen, die ansonsten nicht möglich gewesen wären. Toscanelli, der Brunelleschi bei den Berechnungen für die Kuppel behilflich gewesen war, gelang es im Jahre 1475, die Befestigung einer Bronzetafel (*bronzina*) mit einem etwa 5 cm großen Loch unterhalb der Fenster des Kuppelaufsatzes (der sog. Laterne) zu erwirken. Die Sonnenstrahlen fielen durch diese Öffnung auf den Boden der Kreuzkapelle. Eine noch heute erkennbare Marmorscheibe zeigt die Stelle, an welcher der Sonnenstrahl exakt zur Sommersonnenwende auf den Boden trifft. Im Jahre 1510 wurde um den Kreis von Toscanelli herum (der aus Respekt vor dessen Werk erhalten blieb) ein größerer Kreis angelegt, der dem Durchmesser des einfallenden Lichtkegels besser entspricht. Die Konstruktion bot neben der beschriebenen Funktion weitere Möglichkeiten, sich mit drängenden astronomischen Fragen der Zeit, wie der des Kalenders und dessen Reform, auseinanderzusetzen. Und auch Phänomene wie Sonnenflecken, die Entwicklung von Sonnen- und Mondfinsternissen und der Venusdurchgang wurden von Toscanelli an dieser Stelle untersucht.

Der lateinische Begriff „*bissextilis*" („zweimal der sechste [Tag]"), von dem sich in den romanischen Sprachen das Wort für Schaltjahr ableitet (it. *anno bisestile*), rührt daher, dass ein zusätzlicher Tag zwischen dem 24. und 25. Februar eingefügt wurde. Der 24. Februar war der sechste Tag vor den Märzkalenden, woraus sich die Bezeichnung „*bis sextus*" für den eingeschobenen Tag entwickelte.

Nähere Informationen zur Funktionsweise von Mittagsweisern auf den nächsten Seiten.

DER MITTAGSWEISER VON XIMENES

Der höchste Mittagsweiser der Welt

Kathedrale Santa Maria del Fiore, Piazza del Duomo
Öffnungszeiten der Kathedrale: Montag bis Mittwoch 10 bis 17 Uhr,
Donnerstag 10 bis 15:30 Uhr, Samstag 10 bis 16:45 Uhr, Sonn- und Feiertage
13:30 bis 16:45 Uhr; Eintritt frei

Mittagsweiser befanden sich oft in Kathedralen, denn die Astronomen brauchten hohe Räume, damit der Eintrittspunkt des Lichts so weit wie möglich vom Boden entfernt lag. Es galt: je größer die Entfernung, umso präziser die Berechnungen. Die Kathedralen waren also angesichts ihrer Größe der ideale Aufstellungsort für astronomische Instrumente. Zudem ermöglichten die Berechnungen der Astronomen der katholischen Kirche die Berechnung des Datums für das Osterfest. Und so nutzte Leonardo Ximenes (1716–1786) im Jahr 1754, rund 300 Jahre nach Toscanelli (s. vorige Doppelseite), dessen „gnomisches Loch", um die Schwankungen der Neigung der Erdachse in Bezug zur Ekliptik zu berechnen. Sein Vorschlag, die architektonischen Gegebenheiten der Kathedrale zu nutzen, stieß bei den zivilen und religiösen Autoritäten unmittelbar auf Interesse.

Im Jahr 1755 erwirkte er, dass auf dem Boden der Kreuzkapelle ein marmorner Meridian eingelassen wurde (der die zwei bereits vorhandenen Kreise kreuzt). Anhand der Einteilung dieser Linie lässt sich direkt der Winkel des Sonnenbildes ablesen. Die Berechnungen von Ximenes ergaben schließlich, dass die Neigung der Erdachse um etwas mehr als 30 Sekunden pro Jahrhundert schwankt. Heutige Astronomen beziffern die Abweichung auf 47 Sekunden ...

Ximenes bestand darauf, dass die durchgeführten Beobachtungen „absolut" waren, um „exportierbar" zu sein. Dies bedeutete, dass er alle Maße seiner Instrumente kennen musste, wie beispielsweise die Höhe des Gnomons über dem Boden. Neben dem (nicht für Besucher zugänglichen) Hauptaltar befindet sich eine elliptische Bodenfliese, die den rechtwinklig zur Achse des gnomischen Lochs liegenden Punkt anzeigt. In diesen Stein sind zwei alte Maßeinheiten – ein Florentiner *braccio* (58,36 cm) und ein Pariser *pied de roi* (Königsfuß; 32,48 cm) – eingezeichnet. Die Probleme, mit denen Ximenes bei seinen hochpräzisen Messungen konfrontiert war, waren jedoch beträchtlich. Um beispielsweise die Höhe der Vertikalen vom gnomischen Loch bis zum Boden (etwas weniger als 90 m) zu ermitteln, verwendete er eine Kupferkette. Als diese aufgehängt war und vom Gnomon bis zum Boden reichte, dehnten sich die einzelnen Glieder proportional zum jeweils auf sie wirkenden Gewicht. Je höher ein Glied hing, umso stärker verlängerte es sich. Die Kette wies so in der Horizontalen nicht mehr dieselbe Länge auf. Ximenes beschloss daher, die Höhe mit dem von ihm gewählten Maß, der *Toise de Paris* (1,95 m), zu messen. Um jedoch einen Einfluss der thermischen Expansion seines stählernen Maßes auf seine Berechnungen auszuschließen, mussten die verschiedenen Messungen am selben Tag und zur gleichen Stunde ausgeführt werden, da die Temperaturbedingungen in der Kathedrale variieren – je nachdem, ob man sich oben an der Laterne oder unten am Boden befindet ... Die Abweichung betrug letztlich nur zwei Hunderttausendstel und war damit für die damalige Zeit bemerkenswert präzise.

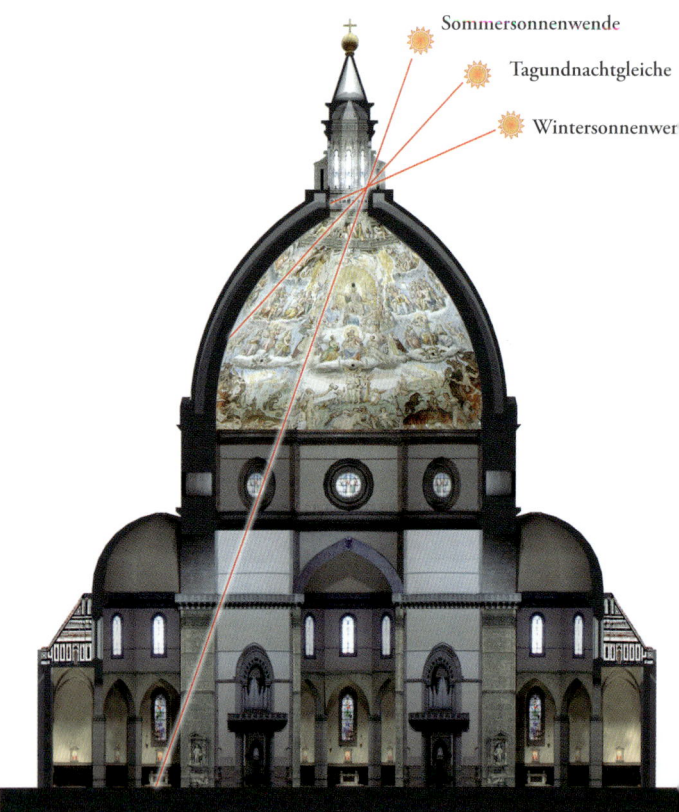

Sommersonnenwende

Tagundnachtgleiche

Wintersonnenwen[de]

Wie funktioniert ein Mittagsweiser?

Ein Mittagsweiser besteht aus einem kleinen Loch für den Sonneneinfall, das sich an einem weit vom Boden entfernten Punkt und einer exakt an der Nord-Süd-Achse ausgerichteten Linie befinden muss. Das Loch wird auch gnomisches Loch (gr. *gnomon* = Zeiger) genannt, da das Sonnenlicht auf der erwähnten Linie exakt die Rolle des Schattens bei einer traditionellen Sonnenuhr übernimmt. Damit das Ganze richtig funktioniere, musste sich das Loch möglichst weit oben befinden (daher das Interesse an Kathedralen, s. Seite 87) und ein Tausendstel der Höhe messen, auf der es angebracht war. Zudem musste es seinen Platz auf der Südseite haben, damit der mittägliche Sonnenstrahl hindurchscheinen konnte, der sich in der nördlichen Hemisphäre im Süden befindet. Die Meridianlinie musste schließlich an dem Punkt beginnen, der sich exakt senkrecht unter dem Loch befand, was sich jedoch vor einigen Jahrhunderten nicht immer ganz einfach berechnen ließ. Die Länge der Linie hing von der Höhe des Lochs ab. Daher fügte man, wenn das Gebäude nicht lang genug war, um die Linie vollständig auf dem Boden darzustellen (so bspw. in Saint-Sulpice in Paris), am Ende des Meridians noch einen Obelisken ein. Im Sommer trifft der Sonnenstrahl die Linie an einem Punkt, der sich näher an der Südwand und somit am Anfang des Meridians befindet, da die Sonne zu dieser Jahreszeit höher am Himmel steht. Die tiefstehende Wintersonne hingegen berührt den Meridian am äußersten Ende. Der Mittagsweiser funktioniert nach dem Prinzip, dass die Sonne am Mittag der Sonnenzeit an ihrem höchsten Punkt angekommen ist und ihre Strahlen vertikal auf eine Senkrechte zur Nord-Süd-Achse fallen. Da die Meridianlinie auf dieser Achse liegt, ist es genau 12 Uhr mittags, wenn der Strahl auf die Linie trifft. So ist es außerdem möglich, über die Markierung des Sonnenstrahls auf der Linie das Kalenderdatum eines Jahres zu bestimmen: Der erste Punkt auf der Linie wird nur während der Sommersonnenwende angestrahlt, der letzte Punkt ausschließlich zur Wintersonnenwende. Nach einiger Zeit wurden an manchen Meridianlinien die aus Erfahrung und Beobachtung gewonnenen Kalendertage des Jahres mithilfe von Inschriften festgelegt. Über den Verlauf des Sonnenstrahls auf der Meridianlinie konnten somit die unterschiedlichen Kalendertage des Jahres bestimmt werden. Dies galt auch für Ostern und stellte die große historische, wissenschaftliche und religiöse Herausforderung an Mittagsweiser dar. Außerdem ließen sich jetzt auch die verschiedenen Zeitspannen der Tierkreiszeichen festlegen, weshalb man neben den Meridianlinien häufig entsprechende Darstellungen findet.

Weshalb folgte auf den 4. Oktober 1582 direkt der 15.?

Die Zeitrechnung zur Zeit der ersten Mittagsweiser

Das Problem der Zeitrechnung und der Kalender resultiert daraus, dass sich die Zeit, die die Erde für die Umrundung der Sonne benötigt, nicht in einer exakten Anzahl von Tagen festlegen lässt: Die Umlaufzeit beträgt weder 365 noch 366 Tage, sondern genau 365 Tage, 5 Stunden, 48 Minuten und 45 Sekunden. Sosigenes aus Alexandria schätzte die Dauer zur Zeit Julius Caesars auf 365 Tage und 6 Stunden. Um die Verschiebung der 6 Stunden aufzufangen, entschloss er sich, alle 4 Jahre einen Tag einzuschieben. Das Schaltjahr war geboren und mit ihm der Julianische Kalender. 325 wurde beim Konzil von Nicäa die Rolle der katholischen Kirche in Bezug auf die Zeitrechnung eingeführt (Konstantin, der das Konzil einberufen hatte, war der erste römische Kaiser, der den katholischen Glauben annahm). Die katholische Kirche verfügte über eine Liturgie, die sich aus festen Feiertagen (u. a. Weihnachten) und aus beweglichen Feiertagen (u. a. Ostern) zusammensetzte. Um den Tag dieses bedeutenden Festes zu fixieren, entschied sich die Kirche, Ostern auf den Sonntag zu legen, der auf den Vollmond nach der Frühlings-Tagundnachtgleiche folgte. Im Jahr 325 fiel diese auf den 21. März, weshalb dieses Datum als Tag der Tagundnachtgleiche festgelegt wurde. Im Laufe der Jahre stellte man jedoch fest, dass die Tagundnachtgleiche (die einer bestimmten Position der Sterne entsprach) nicht mehr auf den 21. März fiel. Die 11 Minuten und 15 Sekunden Unterschied zwischen der tatsächlichen Umlaufzeit der Erde um die Sonne und der willkürlich festgelegten Dauer verursachten eine immer größer werdende Kluft zwischen der wahren Tagundnachtgleiche und dem 21. März. Im 16. Jh. betrug der Unterschied bereits 10 Tage, woraufhin sich Papst Gregor XIII. entschied, einzugreifen. Es wurden schlicht und einfach 10 Tage im Kalender ausgelassen und so ließ man auf den 4. Oktober 1582 direkt den 15. folgen. Außerdem wurde anhand von Berechnungen festgelegt (insbesondere vom kalabrischen Astronom Luigi Giglio), dass alle 100 Jahre ein Schaltjahr ausgelassen werden sollte. Die Ausnahme war jedes 400. Jahr, sodass man alle 400 Jahre 97 anstatt 100 Schalttage zählen und die Verschiebung wieder aufholen konnte. Die Jahre 1700, 1800 und 1900 waren so keine Schaltjahre, 2000 hingegen schon. 2100 wiederum wird keines sein ... Der Gregorianische Kalender war geboren. Die Kirche begann von da an, die Konstruktion der großen Mittagsweiser in den Kirchen voranzutreiben, um den Kalender verbindlich zu etablieren und auch die Protestanten, die immer noch den Julianischen Kalender nutzten, zu überzeugen.

Die höchsten Mittagsweiser der Welt

In Italien und Frankreich wurden zwischen dem 15. und dem 18. Jh. um die 70 Mittagsweiser konstruiert, aber nur 10 von ihnen haben ein Gnomon, das höher als 10 m ist.

Die Höhe des gnomonischen Lochs war das wesentliche Element für die Genauigkeit der Messungen. Der Mittagsweiser von Santa Maria del Fiore in Florenz ist mit großem Abstand der höchste (siehe nachfolgende Auflistung):

S. Maria del Fiore (Florenz)	90,11 m
S. Petronio (Bologna)	27,07 m
St. Sulpice (Paris)	26 m
Kloster San Nicolo l'Arena (Catania, Sizilien)	23,92 m
Duomo (Mailand)	23,82 m
S. Maria degli Angeli (Rom)	20,34 m
S. Giorgio (Modica, Sizilien)	14,18 m
Nationalmuseum (Neapel)	14 m
Duomo (Palermo)	11,78 m

Kathedralen: idealer Ort für Mittagsweiser

Die Astronomen benötigten weitläufige Räume, in denen sich der Punkt des Sonneneintritts so weit wie möglich vom Boden entfernt befand, um die Genauigkeit der Mittagsweiser zu optimieren: Je länger der Sonnenstrahl war, desto genauer waren auch die Berechnungen. Aufgrund ihrer Höhe entpuppten sich die Kathedralen schnell als idealer Ort für diese wissenschaftlichen Instrumente. Davon abgesehen hegte die Kirche mit als erste großes Interesse an den Mittagsweisern, da sich mit ihrer Hilfe das exakte Datum des Ostertages festlegen ließ.

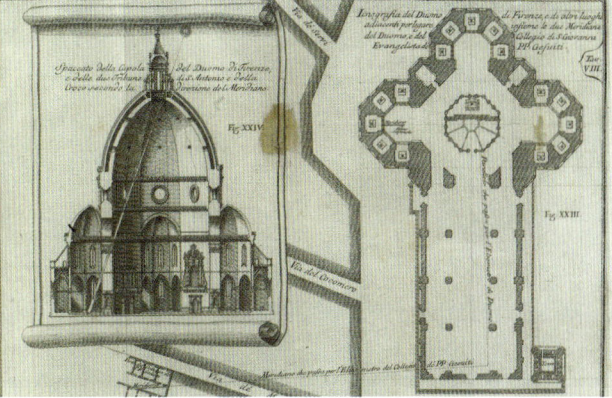

DIE UHR VON PAOLO UCCELLO ③

Ein Künstler im Dienste der Zeitmessung

Kathedrale Santa Maria del Fiore – Piazza del Duomo
Montag bis Mittwoch 10 bis 17 Uhr, Donnerstag 10 bis 15:30 Uhr, Samstag 10
bis 16:45 Uhr, Sonn und Feiertage 13:30 bis 16:45 Uhr
Eintritt frei

Auch wenn ihre Namen nicht unmittelbar mit der Geschichte der Uhrmacherei verbunden sind, so haben einige große Florentiner

Künstler doch eine wichtige Rolle bei der Entwicklung der Zeitmessung gespielt – in einer Stadt, die jene Uhrmacher hervorgebracht hat, die Florenz über Jahrhunderte hinweg zu einer der Hauptstädte dieser Branche gemacht haben. So war etwa Filippo Brunelleschi nicht nur Architekt: Zu seinen Werken zählt auch die Turmuhr des Palazzo dei Vicari in Scarperia, die noch heute bewundert werden kann. Leonardo da Vinci fertigte selbst keine Uhren, doch er studierte sie akribisch. Und Galileo Galilei wiederum entdeckte den Isochronismus kleiner Pendelausschläge.

Der Name Paolo Uccello ist mit einer großen Uhr verbunden, die sich im Duomo oberhalb des Hauptportals auf der Innenseite der Fassade befindet. Der ursprüngliche Mechanismus, der im Laufe der Jahrhunderte mehrmals verändert wurde (der heutige stammt aus dem Jahr 1761), wurde 1443 von Angelo Niccolai degli Orologi entwickelt, einem Enkel von Niccolò di Berardo, dem Erbauer der ersten, heute nicht mehr vorhandenen Uhr des Palazzo Vecchio. Seine Werkstatt befand sich in einer Straße, die heute zurecht Via dell'Oriuolo (Uhr) heißt.

Paolo Uccello verzeichnete die 24 Stunden des Tages auf seiner Uhr im Duomo wie damals üblich von unten beginnend gegen den Uhrzeigersinn. Die erste Stunde war die Stunde nach dem Sonnenuntergang; die vierundzwanzigste entsprach dem abendlichen Ave Maria. Durch den Beginn unten im Kreis stand die Sonne im Zenit, wenn der Zeiger oben am Ziffernblatt angekommen war. Die Uhr des Duomo gab so auch ohne Glockenklang zur vollen Stunde den Takt des Lebens in Florenz vor. Sie verfügt über nur einen Zeiger, der ebenfalls von Paolo Uccello stammt und aufgrund seiner sternförmigen Ausgestaltung den Anschein erweckt, als handele es sich um drei Zeiger. 1750 wurde das Ziffernblatt beschädigt, um es dem neuen 12-Stunden-System anzupassen, das mit Einführung der napoleonischen Maßeinheiten zur geltenden Norm wurde. Dank dieses neuen Systems mussten fortan nicht mehr 24 Glockenschläge gezählt werden, was regelmäßig zu Fehlern führte. 1968 wurde die Uhr einer sorgfältigen Restaurierung unterzogen und die ursprüngliche Aufteilung in 24 Stunden wiederhergestellt. Die Freskos der Evangelisten von Uccello in den vier Ecken der Uhr sind bis heute erhalten.

DER SELTSAME GANG DES PFERDES ④
VON SIR JOHN HAWKWOOD

Ein Pferd, das beide Hufe einer Seite zugleich nach vorn setzt und doch nicht umfällt

*Kathedrale Santa Maria del Fiore, Piazza del Duomo
Montag bis Samstag 10:15 bis 16:45 Uhr*

John Hawkwood (um 1320–1394) war ein englischer Söldner, der im 100-jährigen Krieg in Diensten Edwards III. stand und seine Laufbahn danach als Giovanni Acuto in Italien fortsetzte. Hier kämpfte er, vor allem während der Auseinandersetzungen mit Pisa, abwechselnd für und gegen Florenz. Später war er der Stadt im Gegenzug für beträchtliche Bezüge bis an sein Lebensende treu ergeben. Nach seinem Tod beschlossen die Stadtoberen, ihm zu Ehren ein Denkmal nach Vorbild der

IOANNES·ACVTVS·EQVES·BRITANNICVS·DVX·AETATIS

Reiterstatue Mark Aurels auf dem Kapitol zu errichten. Aus ungeklärten, nicht zuletzt vermutlich finanziellen Gründen änderten sie jedoch ihre Meinung und gaben 1436 Paolo Uccello den Auftrag, ein Wandgemälde anzufertigen, auf dem die Statue zu sehen sein sollte, die es nie gab.

So stehen wir heute nicht nur vor dem ungewöhnlichen Umstand, dass die Stadt einen gott- und gesetzlosen Söldner ehrte (und in ihrer Basilika bestattet hielt, bis Richard II. von England die Rückführung des Leichnams erwirkte), der für seine Grausamkeit und Habgier bekannt war und gegen den sich neben Petrarca und Boccaccio auch die heilige Katharina von Siena erhoben hatte, sondern zugleich vor der Frage, wie es zu der erwähnten bildlichen Darstellung einer Reiterstatue kam.

Das Gemälde in der dritten Kapelle an der Nordwand des Duomo ist nahezu vollständig monochrom gehalten. Uccello verwendete bei seiner Arbeit Grünerde, um den Anschein von Bronze zu erwecken. Die insgesamt eher düstere Darstellung veranlasste zu der Vorstellung, es handele sich um eine Allegorie des Todes. Ebenso erstaunlich ist der Umgang mit den Blickwinkeln. Unter der Reiterstatue, die perspektivisch auf Augenhöhe dargestellt zu sein scheint, hat der Maler ein Grabmal mit Sockel, Konsole und Sarkophag dargestellt, auf das der Blick von deutlich weiter unten zu fallen scheint. Ein außergewöhnlicher Kunstgriff von Uccello, der die Kunst der Perspektive meisterhaft beherrschte.

Vasari verweist auf eine weitere Besonderheit der Darstellung, auf der das Pferd des *Condottiere* (Söldnerführers) beide Beine der rechten Körperseite zugleich nach vorne setzt, eine Gangart, die es eigentlich zu Fall bringen müsste. Alexandre Dumas befasst sich in *Ein Jahr in Florenz* mit diesem Problem: „Dreieinhalb Jahrhunderte diskutierten die Gelehrten über die Unmöglichkeit dieses Gangs, der, so sagten sie, in der gesamten Tierwelt allein beim Bären zu finden sei. Erst vor wenigen Jahren begab es sich, dass ein Mitglied des Jockey-Clubs beim Anblick des Freskos von Paolo Uccello ausrief: ‚Seht nur! Es geht im Pass!' Dieser Ausruf führte zur Einigung der Gelehrten."

Der Passgang bei Vierbeinern

Als Passgang wird bei Vierbeinern eine Gangart zwischen Schritt und Trab verstanden, bei der abwechselnd jeweils beide Beine einer Seite nach vorne bewegt werden. Es ist die natürliche Gangart von Bären, Kamelen, Giraffen oder Elefanten. Bei Pferden ist der gemäß den Regeln des Dressurreitens unerwünschte Passgang jedoch eher ungewöhnlich. Sie setzen die Hufe normalerweise diagonal versetzt auf, also vorne rechts und hinten links bzw. vorne links und hinten rechts.

DENKMAL ZU EHREN DES BISCHOFS ANTONIO VON ORSO

Die Geheimlehre der Fedeli d'Amore

Gegenfassade der Kathedrale Santa Maria del Fiore, Piazza del Duomo
Montag bis Samstag 10:15 bis 16:45 Uhr

Auf der Innenseite der Fassade befindet sich unter der liturgischen Uhr von Paolo Uccello das Grabmal des Bischofs Antonio d'Orso, der in den Chroniken stets für seinen Mut bei der Verteidigung der Stadt gegen die Truppen Heinrichs VII. von Luxemburg gerühmt wird.

Das Grabmonument geht zurück auf Tino di Camaino, der es nach dem ikonographischen Entwurf von Francesco da Barberino, Jurist und Testamentsvollstrecker des illustren Prälaten sowie Dichter, Stilnovist und Mitglied der Fedeli d'Amore, ausführte. Die Statue des Bischofs, der ungewöhnlich wie auf einem Thron sitzend dargestellt ist, die Hände übereinandergelegt, den Kopf nach links geneigt, die Augen durch den ewigen Schlaf des Todes geschlossen, ruht auf einem Sarkophag, der seinerseits auf einer Konsole mit durch drei Arkaden verbundenen Rundbögen aufliegt. Die Reliefs an den Arkaden sind interessant, denn der Komposition wohnt eine tiefe Symbolik inne, die an die Geheimlehre der Fedeli d'Amore erinnert. Die eng mit dem Templerorden verbundene Geheimbruderschaft der Fedeli d'Amore fand in einer poe-

tischen Sprache Ausdruck, die allein Eingeweihte zu entschlüsseln imstande waren, dem *Dolce Stil Novo* oder Stilnovismus, dessen bekanntester Vertreter Dante Alighieri war. Der Schlüssel zum Verständnis der Dichtung der Stilnovisten bestand in einer Reihe von Begriffen: „Leben" bezeichnete die Wahrheit ihrer Lehre und im Gegensatz dazu stand „Tod" für die verdorbene und irregeführte römische Kirche. Die von ihnen besungene „Liebe" galt der göttlichen Weisheit.

Jeder Dichter hatte seine eigene Muse, an die er sich voll Liebe wandte. Diese Frauen waren meist sehr schön, jedoch unerreichbar, da verheiratet oder einem anderen versprochen. Auf materieller Ebene rief die Frau beim Liebenden durch ihre Schönheit edle Gefühle hervor. Der Schönheit kam dabei eine göttliche Funktion zu, denn sie erhebt zu Gott, während die Frau auf allegorischer Ebene für die göttliche Weisheit stand.

Die Kirche als Leugnerin der göttlichen Weisheit führte einen unerbittlichen Kampf gegen die Bruderschaft. Viele ihrer Anhänger wurden verbannt, verfolgt oder, wie Cecco d'Ascoli, auf dem Scheiterhaufen verbrannt. In die göttliche Weisheit, mit anderen Worten die Bruderschaft, eingeweiht zu werden, kam der Wiedergeburt in einem neuen Leben gleich, sie zu verlieren dem Tod. Die Fedeli kämpften gegen die vereinnahmende Politik des Klerus und für eine Erneuerung der Kirche und ihre Rückkehr zur Reinheit der Lehre.

Die klare Verurteilung der Korruption von Vertretern der spirituellen Macht, die dabei zwischen den Zeilen zu lesen ist, scheint im Widerspruch zu diesem Monument in der Kathedrale zu stehen.

Im zentralen Bogenfeld findet sich eine Allegorie des Todes, der auf einem Drachen steht und in einer erstaunlichen Ikonographie mit drei Köpfen und einem Bogen in jeder Hand dargestellt ist, bereit, Pfeile nach links und rechts abzuschießen. Die Darstellung des Todes entspricht in jeder Hinsicht dem Bild, das Francesco da Barberino in seinem Lied *Se più non raggia il sol* ("Wenn die Sonne nicht mehr scheint") zeichnete, welches in der für die Fedeli d'Amore schwierigen Zeit der Verfolgung der ihnen nahestehenden Templer entstand.

Auf dem rechten Seitenfeld sind sechs Figuren zu sehen, bei denen es sich, angesichts ihrer geschlossenen Augen und verschränkten Hände, um verstorbene Monarchen und Prälaten zu handeln scheint. Gezeigt werden damit jene, die ohne Verstand und guten Willen sind, während die sechs Figuren auf der gegenüberliegenden Seite die verschiedenen Stadien illustrieren, die der Mensch auf dem Weg zur göttlichen Weisheit durchläuft. Ihre Kopfbedeckungen, Krone oder Tiara, verweisen auf den erreichten spirituellen Grad. Eine Figur unten im Vordergrund trägt eine phrygische Mütze, Zeichen des Eingeweihten, und legt zum Ausdruck des guten Willens und der Liebe desjenigen, der die letzten Initiationsgrade erreicht hat, die rechte Hand auf ihr Herz. Die komplexe Gesamtkomposition verweist im Grunde darauf, dass „wer dem Tode entsagt hat, sich also von der korrumpierten Kirche abgewandt hat, in einem neuen Leben wiedergeboren wird."

Mehr Informationen über die Fedeli d'Amore auf S. 58.

DIE SEILWINDE VON DER BAUSTELLE DES DUOMO

Relikte von der Baustelle der Kathedrale

Kathedrale Santa Maria del Fiore
Piazza del Duomo
Montag bis Mittwoch 10 bis 17 Uhr, Donnerstag 10 bis 15:30 Uhr,
Samstag 10 bis 16:45 Uhr, Sonn- und Feiertage 13:30 bis 16:45 Uhr
Besichtigung der Kuppel: Montag bis Freitag 8:30 bis 19 Uhr, Samstag
8:30 bis 17:40 Uhr. Am ersten Samstag des Monats 8:30 bis 16 Uhr.
An Sonn- und Feiertagen geschlossen. Letzte Ticketausgabe 40 Minuten
vor Schließung
Hinweis: 463 Stufen, die zu Fuß erklommen werden müssen!

Der Bau einer Kathedrale ist für eine Stadt eine Frage der Ehre. Sie ist Spiegel des Lebens der Gemeinschaft, aber auch Ort voller Spannungen sowie größerer und kleinerer historischer Ereignisse. Dies gilt umso mehr, wenn diese mehrere Jahrhunderte andauern wie im Falle von Santa Maria del Fiore. Die Steine, aus denen die Mauern des Duomo errichtet wurden, und ihre Umgebung erzählen unzählige Geschichten, die zu einem Teil der Florentiner Identität geworden sind. Nach unendlichem Hin und Her und langen Jahren, in denen die Kathedrale ohne Dach geblieben war, entwarf Filippo Brunelleschi zwischen 1420 und 1436 seine einzigartige Kuppel. Angesichts der außerordentlichen Dimensionen musste sowohl bei der Planung der Kuppel als auch bei der Beförderung Tausender Tonnen von Baumaterial in schwindelerregende Höhen auf eine Reihe innovativer Techniken zurückgegriffen werden.

Für Brunelleschi war dies die Gelegenheit, sein Genie ein weiteres Mal unter Beweis zu stellen. Er selbst entwarf die Hebevorrichtungen, deren Leistung durch ausgefeilte Zahnradkonstruktionen vervielfacht wurde. Seine Kenntnisse der Mechanik verdankte er dem Uhrmacherhandwerk, in dessen Geheimnisse er im Rahmen seiner Ausbildung zum Goldschmied eingewiesen worden war. Zehn Jahre später erwiesen sich seine Gerätschaften beim Hinaufhieven der Laterne auf die Kuppel – ein Vorgang, dem der junge Leonardo da Vinci damals beiwohnte – erneut als nützlich. (Siehe hierzu auch den Artikel über den Absturz der Laterne auf S. 119.)

Brunelleschi erfand sogar ein System, mit dessen Hilfe in luftiger Höhe Tische aufgestellt werden konnten, um dadurch wertvolle Zeit zu sparen, da die Arbeiter zur Pause nicht erst hinabsteigen mussten. Die Kuppel wurde 35,5 m über dem Tambour der Kathedrale in 90 m Höhe errichtet (107 m inkl. Laterne). Ihr Gewicht wird auf rund 37.000 Tonnen geschätzt. Heute gibt es nur noch wenige Indizien, die auf diese gigantische Baustelle verweisen, wie die zwei kleinen hölzernen Seilwinden unter den Mittelgewölben zweier der vier als *tribune morte* bezeichneten Chorarme unterhalb der *oculi*.

Außerhalb der Kathedrale sind am Fuße des Tambours gegenüber dem Sitz der Misericordia am Eingang zur Via de' Calzaiuoli in einer Nische ebenfalls Reste einer Winde zu erkennen. Diese benötigte Brunelleschi, um das vorhandene Bauwerk zu stützen, auf das die Kuppel „aufgesetzt" werden sollte.

DIE MANDELTÜR
VON SANTA MARIA DELLA PACE

Ein Füllhorn der hermetischen Wissenschaft

Kathedrale Santa Maria del Fiore, Piazza del Duomo
Montag bis Samstag 10:15 bis 16:45 Uhr

n der Kathedrale von Florenz, in der die Gotik in bewundernswerter Weise Ausdruck gefunden hat, treffen sakrale und weltliche Kunst in einem engen Geflecht aufeinander, dessen Wurzeln in der alten Mysterienwissenschaft liegen. Von Ende des 12. Jhs., nach der Rückkehr der ersten Tempelritter aus dem Heiligen Land, bis an die Schwelle des 16. Jhs. zeugen die gotischen Kathedralen in ihrer Glanzzeit in Europa von einer initiatorischen Ordnung und einer weisheitlichen Sprache, die Einfluss nicht nur auf die Struktur, sondern auf die gesamte Ausgestaltung nahmen. Selbst der für gotische Kathedralen typische Grundriss in Form eines lateinischen Kreuzes verweist auf die Kunst der Alchemie: Das Kreuz ist das Symbol des alchemistischen Schmelztiegels, in dem die Transformation der Materie vollzogen wird. Die große Rosette an der Fassade ist eine Anspielung auf das alchemistische Feuer, auch bezeichnet als „Radfeuer“, das stet ist und erhellt, aber nicht verbrennt. Die Kathedrale weist uns einen spirituellen Weg, der mit Blick auf die Transmutation unseres inneren Wesens Teil der Orchestrierung des gesamten Universums ist. Die Verwirklichung dieses Ziels erfolgt in mehreren Schritten, die sich ganz allegorisch auf die der alchemistischen Kunst eigenen Vorgänge beschränken. Diese „Königliche Kunst“ ist es, auf die die zwischen dem Stein und dem Marmor der Kathedrale von Florenz wie überhaupt aller gotischen Kathedralen verborgenen Symbole verweisen. Die in die Eingangsportale eingearbeiteten Reliefs lesen sich wie ein bedeutungsschweres steinernes Buch: die Tür – analog zu kosmischen Portalen – als Durchgang von der profanen in die göttliche Welt, auch zu erkennen in den plastischen Abbildern der Pfeiler und des architektonischen Rahmens.

Durch Schlingpflanzen miteinander verbundene, reliefartige Figuren zieren das Marmorportal der *Porta della Mandorla*, der Mandeltür, in einer klar heidnisch inspirierten Syntax. Links an den Fensterholmen erblicken wir Apollon mit der Laute und Herkules mit seiner nach unten gerichteten Keule. Rechts sind eine geflügelte Amorette und Venus mit dem Füllhorn zu sehen. Venus und Cupido feiern die Macht der Liebe, die für das Werk der alchemistischen Transformation unabdingbar ist, symbolisiert durch das Füllhorn der Göttin. Eine in der Rückansicht gezeigte nackte männliche Gestalt mit einer Schlange in der einen und einem Spiegel in der anderen Hand verweist auf die alchemistische Tugend der Weisheit. Der Spiegel steht für die Materie des alchemistischen Werks, die Schlange ist, angesichts ihrer Häutung, ein Hinweis auf die Transformation der Materie. An den Streben finden sich weitere symbolträchtige Reliefs, insbesondere ganz links, wo Herkules in vier unterschiedlichen Haltungen zu sehen ist: mit erhobener Keule, mit der Hydra von Lerna, mit Anthea und mit dem erymanthischen Eber. Herkules repräsentiert den Mann, der am Ende eines schwierigen Wegs der Reinigung und des Wachstums seine göttliche Natur wiedererlangt hat.

Die Himmelfahrt Mariens in dem gewagten spitzbogenförmigen Tympanon steht in der Alchemie für die Verflüchtigung der Materie. Die Figur der Jungfrau ist in ein Relief in Form einer Mandel eingeschlossen, des Symbols der Ewigkeit. Die Mandel wird auch als *vescica piscis* bezeichnet, da ihre Form an die Schwimmblase (*vescica*) von Fischen (*piscis*) erinnert. Dieses bereits in der Antike bekannte Symbol breitete sich in der Anfangszeit des Christentums stark aus, da der Fisch aufgrund des Umstands, dass die Frühlings-Tagundnachtgleiche astronomisch im Zei-

chen Fische erfolgte, mit Jesus assoziiert wurde. Ganz am linken Rand des Giebeldreiecks schickt sich ein Bär an, eine Eiche zu erklimmen. In der Sprache der Alchemie ist die Eiche Ausgangsmaterial des Werks, während der Bär als Symbol der schöpferischen Kraft für den Anfang steht. Die Darstellung verweist somit auf den Beginn des alchemistischen Werks, das allegorisch mit der Himmelfahrt Mariens endet, mit anderen Worten, auf die unberührte Erde, die, in einem Prozess der Transformation spirituell geworden, den ewigen Gaben des Himmels unterliegt.

DER STIER VON DER PORTA DELLA MANDORLA

Die Tür des „cornuto"

Kathedrale Santa Maria del Fiore
Piazza del Duomo

Der Zugang zu der gigantischen Kuppel von Brunelleschi erfolgt nach dem Erklimmen der 463 Stufen des innenliegenden, steilen und zum Teil sehr engen Aufgangs über die Porta della Mandorla. Diese Tür ist mit verschiedenen Skulpturen verziert, darunter ein Stierkopf mit mächtigen Hörnern, die er auf das Fenster des ihm linkerhand gegenüberliegenden Hauses zu richten scheint. Der Stier soll von einem spaßigen Baumeister als Hinweis auf einen Mann, der für seine Eifersucht in Bezug auf seine schöne junge Frau bekannt war, so positioniert worden sein.

DER ALBTRAUM DES LÖWEN ⑨

Der tödliche Löwe

Kathedrale Santa Maria del Fiore
Piazza del Duomo

Die Porta de Balla oder dei Cornacchini auf der linken Seite der Kathedrale wird von zwei Säulen gesäumt, die auf einem Löwen bzw. einer Löwin ruhen. Sie verdankt ihren Namen einer tragischen Geschichte.

Im 15. Jh. hatte Anselmo, ein Nachbar der Familie Cornacchini, einen furchtbaren Albtraum: Er wurde von einem Löwen gefressen, der dem Löwen einer dieser Säulen aufs Haar glich. Um die bösen Geister zu vertreiben, ging er am nächsten Morgen zu dem Löwen hin und steckte seine Hand in dessen weit geöffnetes Maul. Darin hatte sich jedoch leider ein Skorpion niedergelassen, der den armen Anselmo stach. Er starb noch am selben Tag.

DER GOTTESLÄSTERLICHE ENGEL DES DUOMO

Grüße vom Engel der Sodomiten

Erster Engel rechts am ersten Portal auf der rechten Seite des Duomo
Kathedrale Santa Maria del Fiore
Piazza del Duomo

Schauen Sie sich den ersten Engel rechts am ersten Portal auf der rechten Seite des Duomo genau an. Alle Portale verbergen, wie bei den Eingängen zu einer Kathedrale üblich, eine Botschaft.

Unter den zahlreichen – friedlichen oder einflussreichen – Engeln des Duomo von Florenz befindet sich einer, der mit seiner brüskierenden Geste zumindest befremdlich ist. Manche (insbesondere David Leavitt in *Florence, a Delicate Case* – nur auf Englisch) sehen darin eine codierte und doch glasklare Botschaft: den Engel der Sodomiten, der den Betrachter grüßt.

Aufzeichnungen über Sodomie finden sich in Florenz seit langem, wie zum Beispiel der Sündenfall von Brunetto Latini, väterlicher Freund Dantes, den der Poet nicht ohne Emotionen im Höllenkreis der Sodomiten beschreibt. Auch darüber hinaus liefert die Literatur zahlreiche weitere Beweise über die Verbreitung dieser Praxis, die an den Ufern des Arno seit Menschengedenken existierte.

Die Symbolik, mit der die Architektur hier jedoch aufwartet – ein Engel, der an einem der Portale des Duomo eine als Beleidigung verschleierte Erektion zeigt –, ist von geradezu unverfrorener Blasphemie, wenngleich die Geste unter den zahlreichen Darstellungen an der Fassade häufig übersehen wird.

Das abgebrochene Projekt von Baccio d'Agnolo

„Das sieht aus wie ein Grillenkäfig!", rief Michelangelo aus, als er den marmornen Laufgang, der um eine der acht Seiten des Kuppeltambours führt, von unten bis oben betrachtete. Baccio d'Agnolo, Architekt des Laufgangs, ließ sich davon derart entmutigen, dass er davon Abstand nahm, sein Werk zu vollenden. Vielleicht war er auch selbst nicht so recht überzeugt von dieser Art „Gürtel", der die Basis der Kuppel wie ein Ring aufnehmen sollte. Der Rundgang, der so entstanden wäre, wäre sicher spektakulär gewesen, hätte jedoch womöglich den luftigen Anschein der Kuppel „erdrosselt". Zudem hatte Baumeister Brunelleschi das Gewicht eines solchen offenen Ganges und die damit verbundenen Auswirkungen auf die Gesamtstruktur nicht berücksichtigt. Und so wurde dieses zehn Jahre zuvor begonnene, komplexe Vorhaben im Jahr 1516 schließlich zur großen Zufriedenheit von Michelangelo und der darüber wenig betrübten Stadt abgebrochen. Das von Baccio d'Agnolo fertiggestellte Teilstück des Ganges blieb in schwindelerregender Höhe als einsamer Zeuge aus Zeiten der Errichtung der Kathedrale zurück und erzählt dem Betrachter von den Zweifeln, Möglichkeiten und Diskussionen, die sich jahrhundertelang um das Symbol von Florenz rankten.

DAS VERBORGENE SELBSTBILDNIS VON GIUSEPPE CASSIOLI

Wegen Lieferverzugs von einer Schlange gewürgt

Rechtes Portal des Duomo
Kathedrale Santa Maria del Fiore
Piazza del Duomo

Die Renaissance hat kein Monopol auf Anekdoten rund um den Duomo. Standesgemäß für eine Kathedrale von dieser Größenordnung zogen sich die Bauarbeiten für Santa Maria del Fiore nach Dutzenden Unterbrechungen, Debatten und Wiederaufnahmen der Arbeiten bis Ende des 19. Jhs. hin. Die Fassade wurde sogar erst am 12. Mai 1887 eingeweiht – sechshundert Jahre nach der Grundsteinlegung. Was nun noch fehlte, waren die Türen.

Es dauerte ein weiteres Jahrzehnt, bis der Duomo das linke Portal von Augusto Passaglia erhielt, und zwei weitere Jahre, bis 1899 das rechte Portal, ein Werk der Gebrüder Amos und Giuseppe Cassioli, seinen Platz fand.

Nachdem Kritik an einer derartigen Verspätung laut geworden war, beschloss Giuseppe Cassioli nicht ohne Ironie, in die Bronzereliefs des Portals ein Selbstbildnis einzuarbeiten, auf dem er von einer Schlange gewürgt wird. Dieses Selbstbildnis befindet sich im rechten Teil des Portals etwa auf Augenhöhe.

Bis zur endgültigen Fertigstellung der Arbeiten an der Fassade dauerte es jedoch noch bis 1903, als das Hauptportal von Augusto Passaglia in Anwesenheit von König Vittorio Emanuele III. eingeweiht wurde.

IN DER UMGEBUNG

Die Geschichte der Familie Bischeri ⑫

Auf der Südseite der Kathedrale befindet sich neben dem Campanile auf Augenhöhe rechts des Besucherausgangs eine in Marmor gehauene Inschrift, die die Geburt eines Mitglieds der Familie Bischeri verkündet. Der Name Bischeri, der in der Toskana zu einem Synonym für Dummheit geworden ist, verdankt dies der Geschichte dieser Familie. Für den Bau der Kathedrale mussten die Behörden der Republik Florenz zahlreiche Bürger enteignen, deren Häuser sich auf dem für dieses Bauvorhaben ausgewählten Grund und Boden befanden. Sie boten den betroffenen Familien stattliche Beträge für ihre Grundstücke, doch die Familie Bischeri lehnte das Geld ab und beharrte auf ihrem Eigentum. Ihre Häuser sollen daraufhin unter mysteriösen Umständen abgebrannt sein. Für den Aufkauf ihrer Grundstücke erhielten sie nur mehr lächerliche Beträge. Einer anderen These nach soll den Florentiner Behörden der Geduldsfaden gerissen und die Familie ohne Entschädigung vertrieben worden sein. Die Geschichte sprach sich herum und das Wort „*bischero*" ging als Bezeichnung für einen Dummkopf in den Sprachgebrauch ein, weshalb die Familie ihren Namen in Guadagni änderte. Eine Tafel mit der Aufschrift „*Canto dei Bischeri*" an der Ecke Piazza del Duomo/Via dell'Oriuolo erinnert an den Ort, an dem die Familie lebte.

DIE SONNENWENDTAFEL DES BAPTISTERIUMS

Relikte des Mittagsweisers des Baptisteriums

Battistero San Giovanni
Piazza San Giovanni
Täglich 12:15 bis 19 Uhr außer an Sonn- und Feiertagen 8:30 bis 14 Uhr
Neujahr, Ostersonntag, 8. September und 25. Dezember geschlossen

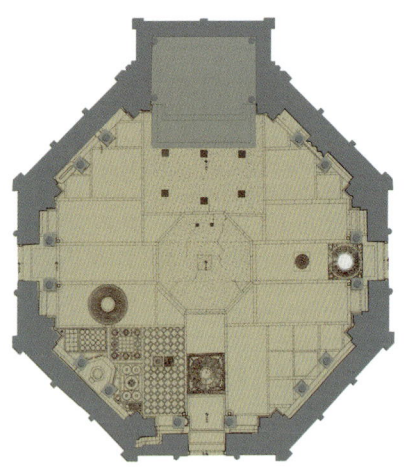

Das am wenigsten bekannte astronomische Instrument der verschiedenen Baudenkmäler von Florenz ist gleichzeitig das älteste. Es befindet sich in der Taufkirche (*Battistero*) des Duomo auf den Bodenfliesen, die sich vom nördlichen bis zum östlichen Eingang erstrecken, und besteht aus einer großen, mit den zwölf Sternzeichen verzierten Marmorplatte. In der Mitte der runden Platte befindet sich eine Sonne, die ein Palindrom – eine Zeichenkette, die vorwärts wie rückwärts gelesen identisch ist – in lateinischer Sprache umgibt. Das Bodenmosaik ist das Einzige, was von der Sonnenuhr, die vor dem Jahr 1000 im Baptisterium existierte, noch übrig ist. Das um das 4. bis 5. Jh. errichtete Bauwerk wurde um das 7. Jh. christianisiert und diente fortan als Kathedrale; im Jahre 1128 wurde es offiziell zum Baptisterium. In der Kuppel befand sich in einer Bronzeplatte, die heute verschwunden ist, jedoch der Chronik von Filippo Villani (1325–1407) zufolge innen an der Laterne angebracht war, ein Loch, durch das die Sonne je nach Monat auf die Tierkreiszeichen am Rande der Wände des Baptisteriums fiel. Im 13. Jh. wurde der marmorne Fußbodenbelag laut Villani durch einen identischen Belag erneuert, ohne dass dabei jedoch auf die ursprüngliche Position geachtet wurde – mit der Folge, dass die Sonnenuhr nicht mehr funktionierte. Der wahre Grund war jedoch, dass sie aufgrund des Zyklus der Präzession* veraltet war. Das

Loch in der Kuppel wurde verschlossen; die Sonnenuhr diente fortan nur noch rein dekorativen Zwecken und die große Marmortafel ist heute nichts weiter als eine „erloschene Maschine". Dennoch gebührt ihr besondere Aufmerksamkeit, handelt es sich doch um den ältesten steinernen Beweis für die jahrhundertealte Florentiner Leidenschaft für die Sterne. Die Eleganz der Zeichnungen und Formen macht sie zudem zu einem herausragenden Beispiel für die Verbindung von Wissenschaft und Kunst.

* Als Zyklus der Präzession wird die langsame Richtungsänderung der Erdachse bezeichnet. Die Rotationsachse der Erde beschreibt folglich einen Konus; ein kompletter Zyklus dauert etwa 25.800 Jahre.

Kabbalistische Formeln im Baptisterium

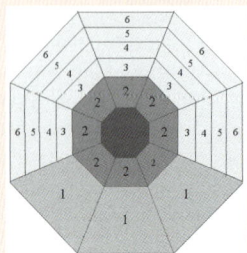

Das Johannes dem Täufer geweihte Baptisterium San Giovanni weist traditionelle Formen der heiligen Geometrie der Architekten des Altertums und der Bauleute im alten Rom (*collegiam fabrorum*) auf, Wegbereiter der romanischen und gotischen Kunst.

Der Grundriss ist ein Achteck mit einem Durchmesser von 25,60 m. Mittelalterliche Taufbecken wurden ebenfalls häufig auf einem achteckigen Sockel oder auf einem Rondell mit acht Pfeilern errichtet. Für den Hl. Ambrosius symbolisierte diese Form die Auferstehung: Das Achteck stand für das Ewige Leben, das der Neophyt durch Eintauchen in das Wasser des Taufbeckens erlangt. Der christliche Taufritus umfasst das Eintauchen in und das Auftauchen aus dem Wasser. Mit dem Eintauchen des Täuflings, das heutzutage auf das Benetzen der Stirn mit Wasser reduziert ist, geht dieser in das Wasser, er geht symbolisch in den Tod: Reinigung durch das reinigende Wasser, Rückkehr des Täuflings zur Quelle des Lebens. Das Auftauchen aus dem Wasser bringt den Menschen im Zustand der Gnade ans Licht; er ist gereinigt, mit der göttlichen Quelle eines neuen Lebens versöhnt.

Die mittelalterlichen Taufbecken im Zentrum des Baptisteriums waren mit den Tierkreiszeichen sowie geometrischen orientalischen Motiven dekoriert und sollen von Dantes *Göttlicher Komödie* inspiriert worden sein. 1576 wurden sie im Auftrag von Francesco I. de' Medici von Bernardo Buontalenti umgestaltet und erhielten ihre heutige Form. Das achteckige Baptisterium steht für den achten Tag (*octava dies*), den Tag der Auferstehung Christi. Um das gesamte spirituelle Universum abzubilden, wurde die Kuppel des Baptisteriums ab 1270 mit Mosaiken vor goldenem Hintergrund ausgestaltet. Sie ist in acht Abschnitte unterteilt, die in jeweils sechs weitere Abschnitte aufgeteilt sind und so eine perfekte kabbalistische Anordnung schaffen: Durch Multiplikation ergibt sich die Zahl 48 (6 x 8), bei der es sich nach Rabanus Maurus (780–856) um die Anzahl der biblischen Propheten handelte, die Zugang zu den göttlichen Priesterämtern und spirituellen Offenbarungen hatten. Am Scheitelpunkt der Kuppel befinden sich Darstellungen der Engelschöre sowie des Jüngsten Gerichts.

Über allem thront Jesus: zu seinen Füßen die Auferstehung der Toten, zu seiner Rechten jene, die von den biblischen Patriarchen in das Himmelreich aufgenommen werden, zu seiner Linken die Hölle mit ihren Dämonen und Sündern. Um auch symbolisch das göttliche Heil erlangen zu können, wurden drei vergoldete Bronzetüren angefertigt: das Südportal von Andrea Pisano (fertiggestellt 1336), das Nordportal von Lorenzo Ghiberti (fertiggestellt 1422) und das Ostportal, mit dessen Ausarbeitung ebenfalls Ghiberti 1425 begann.

Die drei nach Regeln der Kabbala entworfenen Portale stehen für die Dreifaltigkeit, das Alte und das Neue Testament. Das Südportal umfasst 28 Quadrate, in die ein Vierpass (*compasso gótico*) eingelassen ist, und zeigt in sieben vertikalen und vier horizontalen Reihen Szenen aus dem Leben Johannes des Täufers und Darstellungen der göttlichen Tugenden. Die zwanzig oberen Bildnisse erzählen, beginnend von links (1–10) und weiter auf der rechten Seite (11–20), aus dem Leben Johannes des Täufers; die Bildnisse 21–23 zeigen die drei theologischen Tugenden (Hoffnung, Glaube, Barmherzigkeit), die Bildnisse 25–28 die vier Kardinaltugenden (Stärke, Mäßigung, Gerechtigkeit, Klugheit).

Aus Gründen der Symmetrie wurde in einem achten Feld die Demut hinzugefügt. Das Nordportal umfasst ebenfalls 28 Tafeln, die Szenen aus dem Alten Testament und – in den letzten beiden Reihen – acht Heilige zeigen: die Evangelisten Hl. Johannes, Hl. Matthäus, Hl. Lukas und Hl. Markus sowie die Kirchenväter Hl. Ambrosius, Hl. Hieronymus, Hl. Gregorius und Hl. Augustinus. In der Kabbala steht die Zahl 28 für die Reflexion. Wie der Mond in seinem 28 Tage andauernden Zyklus die Sonne reflektiert, geht es hier um die Reflexion des Demütigen, der die Portale betrachtet, um die Bedeutung der Figuren zu erfassen, die dargestellten Tugenden zu begreifen und so auf den Weg zur Perfektion des Paradieses zu gelangen.

Das Ostportal umfasst 10 Quadrate mit Szenen aus dem Alten Testament. Michelangelo bezeichnete das Portal als Paradiespforte, als die es noch heute bekannt ist. Die kabbalistische Bedeutung der Zahl 10 verweist auf die Heilige Schrift des Judentums, aus der hervorgeht, dass Gott die Welt mithilfe von 10 schöpferischen Mächten (den *Sephiroth*) schuf. Zehn war auch die Zahl des von Gott zuerst erschaffenen Königreichs, des Paradieses, mit den beiden ersten Menschen. Nach dem Sündenfall gab Gott dem Menschen die zehn Gebote.

DAS GRAB DES GEGENPAPSTES JOHANNES XXIII.

Papst oder Gegenpapst?

Battistero San Giovanni
Piazza San Giovanni
Montag bis Samstag 12:15 bis 19 Uhr; Sonntag und am ersten Samstag
im Monat 8:30 bis 14 Uhr; Gründonnerstag, Karfreitag, Karsamstag
und Ostermontag sowie am 25. April und 1. Mai 8:30 bis 19 Uhr;
Neujahr, Ostersonntag, 8. September und 25. Dezember geschlossen
www.operaduomo.firenze.it

Rechts von der Apsis des Baptisteriums befindet sich zwischen zwei
Säulen mit Skulpturen und Flachreliefs von Donatello und Michelozzo das Grab von Papst Johannes XXIII. Doch war er wirklich
Papst? Die sind doch eigentlich im Vatikan bestattet ... Johannes XXIII.
Baldassare Cossa, wurde im Jahr 1410 auf dem Konzil von Pisa zum
Papst gewählt, das er mitorganisiert und vor allem finanziert hatte; er
starb am 22. Dezember 1419 in Florenz. Nach seiner Absetzung er-

annte der frühere Gegenpapst Johannes XXIII. (s. u.) den römischen apst Martin V. an, der ihn versöhnungsbereit zum Kardinalbischof rnannte. Nach seinem Tod wurde er im Baptisterium beigesetzt und galt lange Zeit als legitimes Kirchenoberhaupt. Dies geht aus den Päpstichen Jahrbüchern (*Annuari Pontifici*) bis 1947 sowie den Mosaiken des Petersdoms in Rom hervor, wo er als Pontifex Maximus abgebildet ist. Angelo Giuseppe Roncalli teilte diese Ansicht jedoch nicht, denn er beschloss 1958 bei seiner Papstwahl, Baldassare Cossa nicht als Papst anzuerkennen und selbst den Namen Johannes XXIII. anzunehmen, was unter Historikern heftige Debatten hervorrief. Interessanterweise galt der Vorgänger von Cossa, der 1410 verstorbene Gegenpapst Alexander V., offenbar durchaus als legitimer Papst: der erste Papst Alexander, der auf ihn folgte, blieb als Alexander VI. zahlenmäßig in der Reihe. Dies war dem Gegenpapst Johannes XXIII., wie oben gesehen, nicht vergönnt. Was blieb, ist sein imposantes Grab im Baptisterium.

Gegenpapst: eine Frage der Legitimation

Die Wahl von Gegenpäpsten, die von abtrünnigen Konklaven gewählt und von der katholischen Orthodoxie nicht anerkannt wurden, zeugt von den innerkirchlichen Konflikten und der Rolle der Politik bei der Wahl des Pontifex Maximus. Einige wenige Fälle sind bis heute unklar – wie jener von Gegenpapst Johannes XXIII., der mit allem Pomp in einem der bedeutendsten katholischen Gotteshäuser beigesetzt wurde, was sicher nicht der Fall gewesen wäre, wäre er als Ketzer verpönt gewesen. Der erste Gegenpapst der Kirchengeschichte, Hippolyt von Rom, regierte von 217 bis 235. Zahlreiche Gegenpäpste wurden nur für kurze Zeit und nur aufgrund von Unstimmigkeiten bei der Wahl ernannt. Ab 1378 nahm jedoch mit den Gegenpäpsten von Avignon ein systematisch parallel fortgeführtes Papsttum seinen Anfang. Als letzter Gegenpapst starb um 1437 Benedikt XIV., der einer These zufolge (die auch in dem historischen Roman *Der Ring des Fischers* von Jean Raspail aufgegriffen wird) einige Kardinäle mit der geheimen Ernennung weiterer Gegenpäpste beauftragt haben soll, um das „avignonesische Papsttum" bis zum letzten Gegenpapst Benedikt XVI. (1470–1499) fortzuführen. In der Zwischenzeit war jedoch mit Felix V. (1439–1449) ein weiterer Gegenpapst ernannt worden, was dazu führte, dass eine Zeitlang sogar drei Anwärter gleichzeitig Anspruch auf den Heiligen Stuhl erhoben. Nach 1499 wurden keine Gegenpäpste mehr gewählt. Das Gegenpapsttum leistete jedoch vermutlich einen nicht unerheblichen Beitrag zur Entstehung der Reformationsbewegung.

DAS VERBORGENE
SELBSTBILDNIS VON GHIBERTI

Die Signatur des Urhebers der „Paradiespforte"

Porta del Paradiso, Battistero San Giovanni, Piazza San Giovanni

An den Türen des Baptisteriums, deren Gewicht legendär ist (laut Galile wackelte schon beim leisesten Schließen das ganze Gebäude), verbergen sich mehrere Porträts. Das Ostportal des Baptisteriums – ein Meisterwerk

von Lorenzo Ghiberti dem Michelangelo der Namen „Paradiespforte" verlieh – weist ein Selbstporträt des Künstlers auf: glatzköpfig und mit schelmischem Blick. Man findet es im fünften Register des Rahmens (die Register werden nacheinander von oben nach unten und von links nach rechts und anschließend unten weiter gelesen). Auf gleicher Höhe befindet sich am rechten Torflügel ein weiteres Bildnis: es zeigt Bartoluccio, den Adoptivvater und Lehrmeister von Lorenzo, dem er auf diese Weise die Ehre erwies.

Die wiederverwerteten Steine

Wie auch bei anderen Kathedralen, zum Beispiel jener von Pisa, wurden für den Bau des Baptisteriums von Florenz zahlreiche, zum Teil bereits beschlagene Steine verschiedener Herkunft verwendet. Dies erklärt das inhaltlich schwer einzuordnende Fries links des Nordportals des Baptisteriums knapp über dem Boden, das eine Meeresszene und einige Personen zeigt. Es handelt sich dabei vermutlich um eine Platte eines römischen Sarkophags. Ein anderer wiederverwerteter Stein ist oben rechts des Ostportals gegenüber dem Duomo zu sehen: in die Wand ist eine Inschrift eingelassen, die keinen erkennbaren Bezug zur Kathedrale aufweist.

DIE ÜBERRESTE DER SÄULEN VON SANTA REPARATA

⑯

Spuren des Fundaments der alten Kathedrale

Zwischen dem Baptisterium und dem Duomo kann man auf dem Straßenpflaster bei genauem Hinsehen fünf Steine erkennen, die sich von den übrigen durch ihren etwas graueren Farbton unterscheiden. Es handelt sich dabei um Spuren der Säulen der Kathedrale von Santa Reparata, an deren Standort 1296 mit dem Bau von Santa Maria del Fiore begonnen wurde. Reste der alten Kirche können in der Krypta unterhalb des Duomo besichtigt werden.

DIE ULME VON DER SÄULE
DES HEILIGEN ZENOBIUS

Zum Gedenken an einen wundersamen Leichnam

Piazza del Duomo
Gegenüber dem linken Portal der Kathedrale Santa Maria del Fiore

Es bleibt zu hoffen, dass die für sich gesehen eher unscheinbare Säule des Hl. Zenobius mit ihrem Eisenkreuz auf der Spitze durch ein Fahrverbot auf der Piazza del Duomo endlich vom Gestank des dichten Verkehrs erlöst und wieder eine zentrale Rolle in Florenz spielen wird. Ihre Höhe und vor allem ihr Standort zwischen Baptisterium und Duomo lassen erahnen, dass ihr einst besondere Bedeutung zukam. Der Hl. Zenobius war im 4. Jh. der erste Bischof von Florenz (337–417). Ihm werden zahlreiche Wunder zugeschrieben, wie die Auferweckung des Sohnes einer französischen Pilgerin, derer mit einer Gedenktafel an der Fassade des Palazzi Valori e Altoviti gedacht wird. Als sein Leichnam von San Lorenzo nach Santa Reparata verbracht wurde, wo sich heute die Kathedrale in den Himmel erhebt, berührte dieser eine abgestorbene Ulme: Die trockenen Äste des Baumes schlugen aus und schon bald war die Rede von einem posthumen Wunder. Diese Begebenheit soll sich am 26. Januar 429 zugetragen haben.

Ein Datum für die Errichtung der Säule zum Gedenken an das Wunder ist indes nicht überliefert. Bekannt ist hingegen, dass die Säule durch das Hochwasser von 1333 davongetragen, kurz danach jedoch wieder aufgebaut wur-

de. Trotz des Epigraphs und der Abbildung einer Ulme auf der Säule ist die Legende des Hl. Zenobius in Florenz heute kaum noch bekannt. Was Sie nicht daran hindern soll, dieses Denkmal, das von einem bedeutenden Ereignis für die Florentiner Identität zeugt, genauer unter die Lupe zu nehmen.

Was geschah mit dem Holz der Wunder-Ulme?

Das Holz der durch ein Wunder wieder zum Leben erweckten Ulme wurde zu einer wertvollen Reliquie. Es wurde für das Kreuz der Kirche San Giovanni e dei Cavalieri in der Via San Gallo und für ein Gemälde des Bigallo-Meisters genutzt, das die Geschichte des Heiligen erzählt. Gemeinsam mit dem Hl. Antonius wurde er zum Schutzpatron der Diözese Florenz ernannt.

SPUREN ALTER MASSEINHEITEN IM BAPTISTERIUM

Der Fuß von König Liutprand

Piazza del Duomo

Vor Einführung des Meters wurde als Maßeinheit häufig die Fuß- oder Armlänge von Herrschern verwendet. Um diese bekannt zu geben, wurde ein auf Steine und Tafeln übertragenes Normalmaß dieser Längeneinheiten an gut sichtbaren Orten in der Stadt aufgestellt. Einige dieser Normalmaße sind noch heute zu sehen – in Form von in Stein gemeißelten Rechtecken an den Säulen beiderseits des Südportals des Baptisteriums.

An der linken Säule sind zwei ineinander verschachtelte Rechtecke mit bis heute ungeklärter Bedeutung zu erkennen. Das einfache größere Rechteck an der rechten Säule indes zeigt einen lombardischen Fuß. Diese von König Liutprand (vmtl. 690–744) eingeführte Änderung der Maßeinheit von 38 auf 51,5 cm war Teil der unzähligen Vorschriften, durch die die Apenninenhalbinsel unter lombardischer Herrschaft geeint werden sollte. Liutprand soll mit 1,73 m für die damalige Zeit außerordentlich groß gewesen sein. Sein rechter Fuß soll 25,4 cm, sein linker Fuß 26,1 cm lang gewesen sein, woraus sich durch Addition der Wert 51,5 cm ergibt. Als sein Leichnam in Pavia (San Pietro in Ciel d'Oro) – seiner Hauptstadt, in der er beigesetzt worden war – aufgefunden wurde, wurden diese präzisen Zahlen widerlegt. Die Körpergröße des Königs lag augenscheinlich doch innerhalb des für damalige Verhältnisse üblichen Rahmens. Eintausend Jahre später war der Fuß von Liutprand in manchen italienischen Städten nach wie vor eine gängige Maßeinheit.

Was war vor dem metrischen System?

Bis zum 28. Juli 1861, dem Tag, an dem Italien das metrische System einführte, nutzte jede Provinz und manchmal sogar jede Stadt ihre eigenen Maßeinheiten, die oft von der Länge eines Arms, eines Fußes oder einer Hand des jeweiligen Herrschers abgeleitet wurden. Auf Märkten wurden diese Einheiten öffentlich angezeigt, damit Verkäufer und Kunden sich an einer zuverlässigen Umrechnungseinheit orientieren konnten. Einige dieser alten Standardmaße sind heute noch sichtbar, etwa in Volterra oder Barga. In Florenz waren der Arm (58,4 cm; *braccio fiorentino*) und der Stock (2,92 m; *canna agrimensoria*) die gängigsten Längenmaße. Der Florentiner Fuß (32,48 cm) entsprach dem Pariser Fuß, der aufgrund der Reputation der Bauherren der gotischen Kathedralen in Frankreich für das öffentliche Bauwesen in ganz Europa zur Referenz geworden war.

DIE GEBROCHENEN PISANER SÄULEN

Ein Geschenk aus Pisa

An der Hauptfassade des Baptisteriums stehen links und rechts des Portals zwei gebrochene Säulen aus Porphyr, die irgendwie fehl am Platz wirken. Sie sind ein Geschenk der Stadt Pisa an die Stadt Florenz zum Dank für deren Unterstützung im Kampf gegen Lucca im Jahre 1117.

Leider wurden sie beim Transport beschädigt; doch man beschloss, sie dennoch aufzustellen, um die Pisaner angesichts der angespannten Beziehungen zwischen Pisa und Florenz wohlwollend zu stimmen.

DER ABSTURZ DER LATERNE VON DER KUPPEL DES DUOMO

Der Ort des Aufpralls

Hinter dem Duomo befindet sich zwischen den grauen Pflastersteinen eine runde Platte aus weißem Marmor. Keine Inschrift weist darauf hin, dass diese zum Gedenken an den Absturz der Laterne von der Kuppel am 17. Februar 1600 dort in den Boden eingelassen wurde. Das Ereignis war ein nicht unerheblicher Zwischenfall: Ein Blitzeinschlag beförderte zwei Tonnen Material sowie die achtzehn Zentner schwere, vergoldete Bronzekugel samt Kreuz auf den Boden. Zwar wurde wie durch ein Wunder niemand verletzt, doch der Lärm war in der ganzen Stadt zu hören und Teile der Laterne wurden bis in die Via de' Servi geschleudert. Die Laterne, ein Werk von Verrocchio, wurde 1468 mittels einer eigens zu diesem Zwecke von Leonardo da Vinci entwickelten Maschine (s. S. 95) auf die Kathedrale aufgesetzt. Großherzog Ferdinand ließ die Schäden zügig beheben: Die Laterne wurde restauriert und zwei Jahre später wieder an ihren ursprünglichen Ort verbracht – samt Kugel und Kreuz. Neben der Ingenieurskunst setzte der Großherzog im geheimen Einverständnis mit dem Erzbischof auf göttlichen Beistand: Er ließ in die Querstrebe des Kreuzes zwei kleine Bleibehälter mit kostbaren Reliquien und einige lateinische Inschriften zum Schutz vor einem erneuten Blitzschlag einfügen. Um zu verhindern, dass sich ein ähnlicher Unfall wiederholt, ist die Laterne heute durch einen Blitzableiter geschützt.

DER TORRE DELLA PAGLIAZZA

21

*Ein kleines Privatmuseum in einem
einzigartigen Rundturm*

Hotel Brunelleschi
Piazza Elisabetta, 3
Kostenlose Führungen nach vorheriger Reservierung im Hotel unter 055 27370
oder info@hotelbrunelleschi.it

Florenz besitzt viele Türme: Nahezu alle von ihnen sind bewohnt oder theoretisch bewohnbar und nicht selten in andere Gebäude integriert. Doch nur einer von ihnen, an einem kleinen, etwas abseits gelegenen Platz, wenige Schritte vom Duomo entfernt, weist einen runden Grundriss auf. Es handelt sich dabei um einen byzantinischen Turm, der auf jene Zeit zurückgeht, da griechische Soldaten Florenz gegen die Goten verteidigten und die Mauern der Stadt mit dem Bau dieses Turms über einer alten römischen Therme befestigten.

Anderen Quellen zufolge soll der Turm einige Jahrzehnte später von den Lombarden errichtet worden sein. Die wahren Gründe für seinen Bau liegen letztlich irgendwo verborgen in seiner wechselhaften Geschichte: So war der Turm lange Zeit ein Frauengefängnis (it. *Pagliuzza* = „Stroh", ein Verweis auf die Strohmatten in den Zellen), später wurde er zum Glockenturm der Kirche San Michele alle Trombe, bevor er kaum noch sichtbar in ein Wohn- und Lagergebäude integriert wurde. Zuletzt hat sich in dem Turm ein Hotel niedergelassen, das ihn jedoch nicht nur dem Geschmack der Zeit angepasst, sondern ihn im Zuge der fantastischen Renovierung durch Italo Gamberini des ihn verbergenden Gebäudes entledigt hat, sodass er heute in seiner ursprünglichen runden Form und im Kontext der (ebenfalls durch eine prachtvolle nächtliche Beleuchtung aufgewerteten) Piazza wieder voll zur Geltung kommt. Bei den Renovierungsarbeiten trat das römische Fundament des Turmes zutage; der mittelalterliche Stil des Bauwerks wurde in der Folge elegant hervorgehoben. Schließlich eröffnete in dem Turm ein kleines Museum, das neben den Hotelgästen auch anderen Besuchern offensteht. Die Besichtigung bietet Zugang zum Keller des Gebäudes mit seinen Gewölbedecken und Sichtsteinmauern. Das Museum zeigt neben Relikten der alten Thermen eine schöne Sammlung mit Keramik und Fragmenten aus römischer Zeit (1. Jh.) sowie Handwerkskunst aus späteren Epochen: Die Keramik aus Montelupo aus dem 17. Jh. ist absolut sehenswert. Alle archäologischen Objekte der Ausstellung wurden bei den Ausgrabungen und Renovierungsarbeiten gefunden. So ist dieses einzigartige Museum von hohem kunsthistorischem Wert und bildet schön die Schichten im Leben eines Florentiner Gebäudes in beeindruckender Weise ab.

DAS MUSEUM
DER CASA DEL TESSUTO

22

Via dei Pecori, 20–24r – 055 215961

Zwei Brüder mit den klangvollen Namen Romolo und Romano Romoli, direkte Nachfahren des Gründers Egisto, der die Casa del Tessuto (Haus des Stoffs) 1929 eröffnete, haben dieses große Geschäft im Stadtzentrum zu einem Ort gemacht, an dem immer etwas los ist: Hier findet man nicht nur die besten Stoffe im Überfluss, sondern auch eine Schule, an der junge Modedesigner und Studenten aus der ganzen Welt auf den Spuren der alten Florentiner Textiltradition zweimal wöchentlich ihre Kenntnisse in Sachen Faltenwurf oder Zuschneidetechnik vertiefen. Die Kurse und Veranstaltungen zur Stadtgeschichte stehen allen Interessierten offen, und mit ein bisschen Glück begegnet man berühmten Persönlichkeiten: Neben Schauspielern und Schriftstellern wurden auch der Kaiser von Japan oder die Königinnen von Dänemark und der Niederlande bereits zwischen den Baumwoll-, Seiden- und Leinenstoffen gesichtet. Mit ihrem kleinen Museum zur Geschichte des Stoffs hütet die Casa einen wahren Schatz.

DAS SCHMIEDEEISERNE WAPPEN DER ROSENKREUZER

Der geheime Treffpunkt der Rosenkreuzer

Restaurant Buca San Giovanni
Piazza San Giovanni, 8
055 287612

Die Räume dieser typischen Florentiner *buca* – ein in einem Keller liegendes Restaurant – waren früher Teil der Sakristei des Baptisteriums und wurden von der Oberaufsicht der Schönen Künste (Soprintendenza Archeologia, Belle arti e paesaggio) von Florenz unter Denkmalschutz gestellt. Manche Möbel stammen aus dem Mittelalter oder der Renaissance, wie der zur Restaurantbar umfunktionierte Altar, die Wappen an den Wänden oder das der Schule von Giotto zugeschriebene Fresko im Hauptraum. Eine mysteriöse Atmosphäre umgibt einen in diesen geschichtsträchtigen unterirdischen Räumen und so überrascht es kaum, dass die Anhänger der Rosenkreuzer sich diesen Ort in der ersten Hälfte des 20. Jhs. für ihre geheimen Treffen ausgesucht haben. In diesen Mauern ging die Bruderschaft ihren Riten nach, davon zeugt nicht zuletzt ein Gitter, das Laien vermutlich nicht unbedingt direkt ins Auge fällt, Eingeweihte jedoch mit dem schmiedeeisernen Wappen der Rosenkreuzer sofort erkennen.

Die Rosenkreuzer

Der Name des esoterischen Ordens der Rosenkreuzer geht auf den deutschen Gelehrten Christian Rosenkreutz zurück, der um 1460 lebte. Dieser gründete seinen Orden mit 12 Anhängern mit starken mystischen Neigungen, die sich in religiösen und wissenschaftlichen Studien den drängenden Fragen der damaligen Zeit widmeten. Sie ließen sich in Südeuropa nieder und knüpften dort kulturelle und spirituelle Kontakte zu den islamischen Zentren der mystischen Sufis, mit denen sie lange Zeit enge Verbindungen unterhielten und somit ein spirituelles Band zwischen Orient und Okzident schufen. Der Legende nach sollen den Rosenkreuzern ihre Kenntnisse der Hermetik und Alchemie übermenschliche Kräfte verliehen haben. Sie sollen in der Lage gewesen sein, den Stein der Weisen herzustellen und direkt mit Gott, Jesus, den Heiligen und den Engeln zu sprechen. Ihnen wurden übernatürliche Kräfte nachgesagt und der Ruf der Thaumaturgie haftet ihnen bis heute an. Die Grenzen zwischen Wirklichkeit und Imagination sind verschwommen: Die Bewegung der Rosenkreuzer entwickelte sich nach ihrer Gründung im 15. Jh. schnell zu einem Geheimbund; neue Mitglieder wurden nur im Todesfalle aufgenommen, um die Anzahl der Mitglieder nach dem Vorbild Jesu mit seinen 12 Jüngern konstant bei 1+12 zu halten. Im Jahre 1614 erschien mit der *Fama Fraternitatis* ein Werk, das

Christian Rosenkreutz zugeschrieben wurde, obwohl es in Wahrheit von dem Theologen Johannes Valentinus Andreae (1586–1654) verfasst worden war, dem vermeintlichen Großmeister und Sprecher des Ordens der Rosenkreuzer. Der Text berichtet von den Ursprüngen, der Geschichte und der Aufgabe der Rosenkreuzer, deren Ziel es war, das primitive Christentum zu überwinden und die Kirche im Wege der Befreiung von ihren säkularen Lastern zu reformieren. Im Jahre 1761 gingen die Rosenkreuzer mit Schaffung des streng christlichen 18. Hochgrades „Ritter vom Rosenkreuz" oder „Ritter vom Pelikan" in dem neu aufkommenden Bund der Freimaurer auf.

DAS GESICHT AN DER KIRCHE SANTA MARIA MAGGIORE

Der versteinerte Kopf eines Priesters?

Chiesa Santa Maria Maggiore
Via de' Cerretani, 1

Er ist noch immer da, als wäre nichts gewesen – hoch oben an der Kirche Santa Maria Maggiore in der Via de' Cerretani, an einem Fenster, das keines ist. Er lehnt sich aus der Mauer heraus und versteckt sich nicht, doch um ihn zu sehen, muss man den Blick weit nach oben wenden und den Kopf aus dem Jahr 1327 suchen, dem Jahr, in dem der Astrologe Francesco Stabili – besser bekannt als Cecco d'Ascoli – wegen Gottlosigkeit auf dem Scheiterhaufen verbrannt wurde. Vor der Hinrichtung des Verurteilten gab ein Priester vor, den Pakt des Astrologen mit dem Teufel zu kennen: Dieser habe Francesco versprochen, dass er dem Tode entkomme, wenn er einen Schluck Wasser trinke. „Gebt ihm nichts zu trinken!", rief der Priester deshalb und erlegte dem Unglücklichen damit zusätzliche Qualen auf. Stabili soll darauf geantwortet haben: „Dein Kopf wird auf ewig an diesem Ort verbleiben ...", woraufhin sich der Kopf des Priesters an der Stelle versteinert haben soll, an der er noch heute aus der Wand ragt. Über die Jahrhunderte gab er Anlass zu den unglaublichsten Legenden, allen voran jene der Gemüsehändlerin, die vom Lande eine Glocke mit in die Stadt gebracht haben soll, mit der alle, die nicht in der Stadt lebten, auf die baldige Schließung der Stadttore hingewiesen werden sollten. Einer anderen Version nach soll die Glocke dazu gedient haben, die Tore für Zuspätkommende erneut zu öffnen. Wie auch immer: Die Menschen beschlossen, das Antlitz der Spenderin an der Kirche zu verewigen. Anderen Quellen zufolge solle es sich bei der Skulptur um nichts weiter als das in Stein gemeißelte Gesicht einer Frau handeln, die von einem zum Tode Verurteilten mit einem Fluch belegt wurde, weil sie sich über ihn lustig gemacht hatte. Mag sich jeder seine eigene Geschichte zu dem Gesicht ausdenken. Letztlich ist die Anekdote nur der Beweis dafür, dass hinter den Mauern einer Stadt wie Florenz jede Legende entstehen kann, denn diese Mauern haben eine Seele.

Das Geheimversteck der *Mona Lisa*

Der Name des Hotels *La Gioconda* in der Via Panzani 2 kommt nicht von ungefähr: Hier versteckte im Jahr 1913 ein italienischer Nationalist unter dem Bett von Zimmer 20 das berühmteste Gemälde der Welt, die *Mona Lisa* von Leonardo da Vinci, die er aus dem Louvre gestohlen hatte, um sie in ihre Heimat zurückzubringen (und um sie gewinnbringend zu verkaufen). Nachdem das Gemälde unter dem Bett gefunden worden war, wurde es an seinen rechtmäßigen Eigentümer, den französischen Staat, zurückgegeben – im Gegensatz zu anderen Kunstschätzen, die Napoleon sich auf seinen Feldzügen angeeignet hatte. Von der *Mona Lisa* bleibt in Florenz daher nur der Name eines Hotels, das ursprünglich „Tripoli" hieß, nach dieser Episode jedoch umgetauft wurde.

DAS HERMETISCHE GRAB
DES LORENZO DE' MEDICI

Eine verborgene Botschaft

Medici-Kapelle, P110 – Basilica di San Lorenzo
Piazza San Lorenzo, 9
055 214042 (Opera Medicea Laurenziana)
Werktags 10 bis 17 Uhr
Behindertengerechter Zugang

Nur wenige Besucher des Grabmals von Lorenzo di Piero de' Medici (1492–1519), Herzog von Urbino, in der Medici-Kapelle der Basilica di San Lorenzo sind sich bewusst, dass sie vor dem Enkel des größten Mäzens der okkulten Wissenschaften in Florenz, Lorenzo des Prächtigen („il Magnifico"), stehen und dass das von Michelangelo gestaltete Grabensemble selbst eine verborgene Botschaft enthält. Michelangelo begann mit seiner Arbeit im Jahre 1519. Als er im Jahre 1534 nach Rom ging, hinterließ er den ursprünglichen Entwurf unvollendet. Der Künstler widmete sich in seiner Jugend intensiv dem Studium der Alchemie. Deren Symbolik war ihm vertraut und findet sich so auf dem hier beschriebenen Grab wieder: In den allegorischen Figuren von Tag und Nacht – Morgenrot und Abenddämmerung – die den Anfang und das Ende des Großen Werks, des Opus magnum der Alchemie, markieren und folglich die Rückkehr zum ursprünglichen Zustand des Androgynen, der perfekten Synthese aus Mann und Frau.

Interessanterweise bilden die drei auf dem Grab angeordneten Statuen von Lorenzo, Mann und Frau ein perfektes Dreieck, das für die Perfektion

des hier anwesenden Körpers (Lorenzo de' Medici), die Perfektion der abwesenden Seele (Abenddämmerung) und die Perfektion des freien Geistes (Morgenrot) steht. Sie verkörpern die universellen Perioden von Arbeit und Erholung, die das ganze Leben über die existenziellen Zyklen des Seins bestimmen, was im Hinduismus *manvantara* und *pralaya* heißt und hier durch den Tag und die Nacht symbolisiert wird.

In der traditionellen Symbolik, die sich nach jüdischem Denken auf den *Tag* bezieht, dauert die Schöpfung sechs Tage. Der siebte Tag steht für das Ewige Leben. Im *Vierten Buch Esra*, auch bezeichnet als *Auferstehung Jesajas*, unternimmt die von der Knechtschaft des Körpers befreite Seele eine Reise, die den sechs Tagen der Schöpfung entspricht und dem siebten, an dem Gott ruht; die Seele durchläuft so *sieben Himmelreiche*. Sie erfährt jeden Tag über die Schöpfung Gottes die Erschaffung ihres Ichs: der Tag als eine Stufe des spirituellen Aufstiegs.

Eine weitere rabbinische Auslegung begreift den siebten Tag nicht als den Tag, an dem sich der Herr von seiner Schöpfung erholt – Gott kennt keine Müdigkeit –, sondern als den Moment, in dem Gott aus freien Stücken beschließt, die Welt und die Verantwortung für das Universum dem Menschen zu überlassen, damit er sich darum kümmert und sich als würdig erweist, eines Tages seinen Schöpfer zu empfangen, der zu ihm kommt, um unter seinen Geschöpfen zu leben. Der siebte Tag steht damit für die einer sich selbst überlassenen Menschheit vorbehaltene Zeit des Handelns, für die Zeit der Verantwortung und Kultur im Gegensatz zur Natur, die an sechs Tagen erschaffen und dem Menschen geschenkt wurde, um selbst zu handeln, und im Gegensatz zum achten Tag – dem Tag der Erneuerung –, an dem der Schöpfer und seine Geschöpfe im Universum in perfekter Harmonie vereint sein werden. Die traditionelle Symbolik der *Nacht* verweist auf die Zeit des Entstehens der Möglichkeiten der Existenz, die am Tage wie Manifestationen des Lebens erblühen werden. In die Nacht eintreten bedeutet, in die Unschärfe, die Unbestimmtheit, die Präexistenz zurückzukehren. Wie jedes Symbol weist die Nacht zwei Aspekte auf: die Finsternis, in der das kommende Leben gärt, und die Vorbereitung auf den Tag, aus dem das Licht des Lebens erwächst. In der theologischen Mystik ist die Nacht auch Ausdruck des *Verschwindens aller differenzierbaren, analytischen, ausdrückbaren Kenntnisse* und des Verlusts aller physikalischen Beweise und sensorischen Grundlagen. Anders formuliert: In ihrer Eigenschaft der Dunkelheit oder Subjektivität dient die Nacht der Reinigung des Geistes, da *Leere* und *Sachlichkeit* einer Reinigung und Neubelebung der Erinnerung entsprechen. Die *Trockenheit* bezieht sich auf die Reinigung der Begierden und Gefühlsneigungen sowie der höchsten Bestrebungen; der Schlaf läutert und sorgt für neue Kraft. Die Nacht ist die nicht manifestierte Zeit und der Tag ist der manifestierte Raum. Über ihnen sinniert der Genius (*Lorenzo de' Medici*) über die Geheimnisse einer erhabenen Seele ...

DIE DECKE DER ALTEN SAKRISTEI

Gemalte Sterne, verewigtes Datum

Basilica di San Lorenzo
Piazza San Lorenzo
Täglich 10 bis 17 Uhr
055 214042 (Opera Medicea Laurenziana)
Behindertengerechter Zugang

Die Kuppel der alten Sakristei von San Lorenzo ist mit einem Fresko ausgestaltet, das einen Sternenhimmel und – im Gewölbe – einen ganz besonderen Nachthimmel zeigt. Dieselbe astrale Konfiguration findet sich im Inneren der Kuppel der Pazzi-Kapelle in der Kirche Santa Croce (s. S. 216), was umso bemerkenswerter ist, als es sich nicht um denselben Auftraggeber (dort die Familie Pazzi, hier in San Lorenzo die Medici) und um zwei verschiedene Standorte handelt. Beide Fresken sind absolut identisch, was den Forschern lange Zeit Rätsel aufgab. Bis kürzlich im Zuge von Sanierungsarbeiten und eingehenden Untersuchungen ermittelt werden konnte, um welche Nacht es sich genau handelt. Die feine Darstellung dieser legendären und im positiven Sinne schicksalsträchtigen Nacht versinnbildlicht den Besuch von René I. d'Anjou, der am 4. Juli 1442 in Florenz empfangen und als siegreicher Anführer eines erneuten Kreuzzugs gegen die Ungläubigen erwartet wurde. Neben seinen unzähligen Titeln (u. a. König von Sizilien, König von Ungarn, Herzog von Bar, Anjou und Lothringen) besaß der Sohn der spanischen Königin Jolanthe von Aragón und Schwager des französischen Königs Karl VII. aus dem Hause der Angeviner einen weitaus bedeutenderen Titel: den des Königs von Jerusalem. Das Heilige Land war damals Anziehungspunkt für viele namhafte Florentiner Familien, im Überseehandel bewanderte Bankiers der Kirche und Guelfen wie die Angeviner. Der „gefrorene" Himmel des Freskos, den die Florentiner vor knapp sechshundert Jahren betrachteten, diente jedoch nicht nur dem Gedenken. Seine Funktion war rein „hermetisch". Er sollte die himmlische Energie Jerusalems, dessen König René d'Anjou war, anziehen und sie im Gewölbe der Sakristei heraufbeschwören. Der Erhalt dieser Energie legitimierte so die Bestimmung der Stadt Florenz, die das Erbe des alten Jerusalems in der Absicht einforderte, gleichzeitig ihre irdische Macht zu legitimieren. Damit dies gelingen konnte, war das Werk eines Malers nicht ausreichend (das Fresko wird Giuliano d'Arrigo, genannt Pesello, zugeschrieben). Es musste ein Astronom konsultiert werden, eine Ruhmgestalt der Florentiner Wissenschaft: Paolo dal Pozzo Toscanelli (1397–1482), Astrologe von Cosimo de' Medici und Freund von Filippo Brunelleschi, dem Architekten der beiden fraglichen Kuppeln. Diese Verbindung zwischen Kunst und Wissenschaft sagt viel über den religiösen Eifer des 15. Jhs. aus und erklärt zumindest ansatzweise die Hintergründe dieser beiden astronomischen Fresken, denn ihre Bedeutung geht weit über die künstlerische Wahrnehmung hinaus. Sie verdeutlichen, welche wahrsagerische Kraft der Astronomie und der Architektur zugeschrieben wurde: Die Sterne sollten den „Weg" zeigen, die Gewölbedecke der Kuppel diente dazu, Meditationskammern zu schaffen, in denen alle kosmischen Kräfte eingeschlossen wurden, die in der Lage waren, das Geschehen auf Erden zu beeinflussen.

VERBORGENE SYMBOLIK DER
KAPELLE DER HEILIGEN DREI KÖNIGE

Eine initiatorische Prozession

Palazzo Medici Riccardi, Via Cavour, 3
Donnerstag bis Dienstag 9 bis 19 Uhr

Die Kapelle der Heiligen Drei Könige (*La Cappella dei Magi*) im
ersten Stock des Palazzo Medici Riccardi, der ersten Florentiner

Wohnstätte der Medici, ist mit ihren eleganten Fresken von Benozzo Gozzoli schlicht überwältigend. Der prächtige Bilderzyklus zeigt den *Zug der Heiligen Drei Könige* und erstreckt sich in einem visuellen Kontinuum über die Wände. In einer fein gezeichneten Landschaft am Rande eines zackigen Bergkamms bewegt sich die erlauchte Prozession auf einem in den Fels geschlagenen, gewundenen Pfad von links kommend auf der Ostwand nach oben und rechts an der Westwand wieder hinab. Gozzoli bildet, inspiriert vom traditionellen Ritt der Könige, der 1439 anlässlich des Konzils von Florenz stattfand, die gesamte Familie Medici ab: im Vordergrund Lorenzo de' Medici mit den Zügen des jungen Caspar, gefolgt

von Cosimo dem Alten und dessen Söhnen Piero, Giovanni und Carlo. In der Menschenmenge sind mehrere Teilnehmer des Konzils zu erkennen, unter ihnen der große Eingeweihte Georgios Gemistos Plethon (s. S. 27). Der alljährliche Dreikönigsritt hat seinen Ursprung in der Bruderschaft der Könige bzw. des Sterns, deren Sitz sich im Kloster San Marco befand.

Die effektvolle Darstellung von Gozzoli verweist auf das symbolische Thema der Initiationsreise und zeigt sich zuvorderst in den Allegorien der drei Könige. Ihre Darstellung erinnert an die drei Lebensabschnitte des Menschen: Caspar, gezeigt als junger Mann, steht am Anfang des Weges, im Osten. Balthasar im Süden steht für die Reife, während Melchior, der den Zug an der Westwand anführt, das Alter repräsentiert. Die Geschenke der Könige – Gold, Weihrauch und Myrrhe – spielen auf die drei zentralen Merkmale von Königtum (Gold), Priestertum (Weihrauch) und Prophetentum (Myrrhe) – an, drei Merkmale, die in einer einzigartigen Synthese des Menschen zusammengeführt werden, der im Laufe eines

schwierigen Weges der Erkenntnis seine innere Integrität wiedererlangt. Das Altarbild in der nördlichen Apsis, Kopie eines Originals von Filippo Lippi (das sich in Berlin befindet), bildet die Synthese und Vollendung des Weges ab. Es zeigt die Jungfrau in Anbetung des Kindes, Symbol einer neuen Wiedergeburt. Die Rosen, die das Kind und das Gemälde umgeben, sind ein klarer Verweis auf die alchemistische Rose als Allegorie für die Vollendung des Opus magnum, die spirituelle Regeneration.

Der symbolische Komplex scheint seinen Widerhall in dem kunstvollen Marmorboden zu finden, der reich mit Jaspis gestaltet ist und dessen farbenprächtige Motive eine Art Siegel mit der Macht und den Merkmalen eines Talismans darzustellen scheinen.

Weitere Informationen über die verborgene Symbolik der Heiligen Drei Könige auf der nächsten Doppelseite.

Die verborgene Symbolik der Heiligen Drei Könige

Die Heiligen Drei Könige kommen in der Bibel im Matthäusevangelium (2, 1–12) vor; ihre Namen, ihre Anzahl und die Tatsache, dass sie Könige waren, werden dort nicht erwähnt. Das Armenische Kindheitsevangelium, eine apokryphe Schrift aus dem 5. oder 6. Jh., nennt ihre Namen: Melchior, Balthasar und Caspar werden als König der Perser, König der Hindus und König der Araber vorgestellt. Mit ihren Geschenken würdigen sie den als König (Gold), Priester (Weihrauch) und Prophet (Myrrhe) von Gott geborenen Jesus.

Die Kirche ehrt sie am 6. Januar, dem Fest der Erscheinung des Herrn (Epiphanie), das ursprünglich als Einziges die Niederkunft des Herrn auf die Welt feierte. Erst 354 legte Papst Liberius im Kampf gegen heidnische Kulte, allen voran den Mithras-Kult (Näheres dazu im Reiseführer *Verborgenes Rom* im selben Verlag), die Geburt Jesu auf den 25. Dezember, den Geburtstag des römischen Gottes Mithras und, nach damaliger Kalenderrechnung, den Tag der Wintersonnenwende.

Im antiken Griechenland wurde am 6. Januar, zwölf Tage nach dem 25. Dezember, das Fest der epiphanen Götter (gr. *epipháneia* = Erscheinung) gefeiert, die sich an jenem Tage den Menschen zeigten. Der Tradition nach stand Melchior – Nachfahre von Japhet aus

der Familie Noahs – für die europäischen Ethnien. Balthasar repräsentierte die afrikanischen Ethnien und soll Nachkomme von Ham aus der Familie Noahs gewesen sein. Caspar schließlich symbolisierte die asiatischen Ethnien und soll Nachkomme von Sem gewesen sein, der ebenfalls aus dem Stamm des Patriarchen Noah stammte. Die Initialen JHS (Japhet, Ham, Sem) der Söhne Noahs verweisen auf Jesus, der oft ebenso bezeichnet wird: JHS – *Jesus Hominum Salvator* (Jesus, der Retter der Menschen).

Einigen Quellen zufolge soll es sich bei dem Stern über Bethlehem, dem die Heiligen Drei Könige folgten, um zur Krippe im Stall zu gelangen, um eine besondere Konstellation der Planeten Jupiter, Merkur (oder Hermes) und Saturn gehandelt haben, die ein Dreieck mit der Sonne im Zentrum bildeten, wodurch das Licht von JHS (J für Jupiter, H für Merkur bzw. Hermes und S für Saturn) auf Erden Gestalt angenommen habe.

DIE „PLAKATE" DES PALAZZO VIVIANI

Auf Ruhm und Ehre Galileis

Via Sant'Antonino, 11

In der Nähe des Marktes von San Lorenzo, nur zwei Schritte vom Bahnhof Santa Maria Novella entfernt, erhebt sich vor dem Besucher in der engen und beliebten Via di Sant'Antonino wie aus dem Nichts die Fassade des Palazzo Viviani. Dieser wird auch Palazzo dei Cartelloni genannt, da der berühmte Mathematiker des 17. Jhs. ihn mit großen „Plakaten" (*cartelloni*) dekorieren ließ – zwei seitlich, ein kleineres oben in der Mitte. Die von Viviani selbst formulierten Inschriften dieser Plakate beschreiben und feiern die Erfindungen und astronomischen Entdeckungen von Galileo Galilei – das Teleskop, die Galileischen Monde, Sonnenflecken, die Schwere fester

Körper, die Flugbahn von Projektilen, die Bestimmung der Längengrade über dem Meer. Diese sind ebenso auf den Flachreliefs oberhalb des Eingangsportals zu sehen, wo sich auch eine Büste des großen Astronomen aus der Hand des Bildhauers Giovan Battista Foggini befindet. Doch damit nicht genug: Mithilfe der *cartelloni* wollte Vincenzo Viviani seinem Meister ein moralisches Denkmal setzen und seine Aufrichtigkeit und Redlichkeit hervorheben. Die Inschriften sind damit auch ein politisches Manifest: Der als Ketzer verrufene Galilei erhielt kein Grabmal und war noch lange Zeit nach seinem Tode Ziel verächtlicher Kritik von Seiten des Klerus.

Weiteres Kuriosum: Der Palazzo Viviani bzw. Palazzo dei Cartelloni soll just an der Stelle errichtet worden sein, wo einst das Haus der Familie del Giocondo stand, die Leonardo da Vinci den Auftrag für dessen berühmte Mona Lisa gab, die im Italienischen unter dem Namen *La Gioconda* bekannt ist.

SAN JACOPO IN CAMPO CORBOLINI: KIRCHE DER TEMPLER

Ein echter verborgener Schatz

Via Faenza, 43
Sitz der Lorenzo de' Medici School
Zur Besichtigung am Eingang der Hochschule um Erlaubnis fragen

Am Ende der Via Faenza, praktisch an der Ecke zur Via Nazionale, verbirgt sich hinter einem Eisengitter ein echter Schatz: Nach dem Verbot und der Exkommunizierung der Mitglieder des Templerordens ging die von ihnen 1206 gegründete Kirche von San Jacopo in Campo Corbolini in den Besitz des Malteserordens über.

Wer am Eingang freundlich um Erlaubnis bittet, kann diese Kirche, die heute Teil der Lorenzo de' Medici School ist, besichtigen. Nach Jahrzehnten der Verwahrlosung wurde die Kirche jüngst umfassend saniert und erstrahlt heute wieder in ihrem früheren Glanz. Alle Kunstwerke, die zu ihrer Ausgestaltung in Auftrag gegeben worden waren, befinden sich an dem ihnen ursprünglich zugedachten Platz. Dieser Fall ist einzigartig und bietet eine seltene Gelegenheit, eine Kirche zu besichtigen, die komplett mit eigens für sie entworfener Einrichtung und Ausstattung versehen ist. Betritt man die Kirche durch den Seiteneingang, stößt man zunächst auf ein herrliches Kreuz im Stile Brunelleschis mit einem aus Holz geschnitzten Jesus, der dem Besucher entgegenlächelt. Bleiben Sie vor der Gegenfassade stehen, vor dem großen Retabel von Ridolfo del Ghirlandaio, dem Fresko von Taddeo Gaddi, dem im Stile Donatellos gestalteten Kruzifix des Hauptaltars und vor den Fresken der Hauptkapelle und lassen Sie sich anschließend von der Perfektion des Kleides der ersten Frau auf der rechten Seite auf der großen Enthaup-

tung Johannes des Täufers von Filippo Paladini verführen (erste Kapelle links des Hauptaltars).

Wenn Sie sich nun in das Florenz des 15. Jhs. und die Geschichte der Templer zurückversetzt fühlen, bereiten Sie sich auf den Anblick einer der schönsten in Florenz erhaltenen Skulpturen vor: rechts des Hauptaltars befindet sich unten das Grabmal von Luigi Tornabuoni. Von wem die Skulptur stammt, ist nicht bekannt, das Talent des Künstlers ist jedoch unvergleichlich.

DAS GROSSE HINWEIS-„R"

Wegweiser zu den nächsten Luftschutzbunkern

Ecke Via Panicale/Via Chiara
Am Eingang zu den Arkaden der Piazza del Mercato centrale

An den Mauern einiger Gebäude in Florenz befindet sich ein großes „R". Diese scheinbar unverständlichen Zeichen sind einer der
letzten Hinweise auf den Zweiten Weltkrieg in Florenz. Denn das große
weiße „R" und der weiße Pfeil auf schwarzem Hintergrund wiesen den
Menschen während des Krieges den Weg zum nächstgelegenen Luft-
schutzbunker. In San Lorenzo gibt es zwei dieser Hinweise: zwischen
der Via Panicale und der Via Chiara sowie auf der anderen Seite der
Piazza del Mercato centrale. Tatsächlich befand sich nicht weit von hier
in der Basilica di San Lorenzo ein Zufluchtsort zum Schutz vor dem
Bombenhagel. Heute würden es die „R"s verdienen, als Mahnmal erhalten zu werden, bevor sie unwiederbringlich verloren sind.

An die Bombardierung von Florenz erinnert nur eine Gedenktafel.
Sie befindet sich in der Via Mannelli an der Ecke der Via Fra' Paolo
Sarpi, gleich neben dem Bahnhof Campo di Marte. Auf ihr sind
die Namen der 215 Opfer des Bombardements vom 25. September
1943 verzeichnet, dem schlimmsten, das die Stadt traf.

„CANTO ALLE MACINE"

Spuren des Mugnone im historischen Stadtzentrum

Via Guelfa, Ecke Via de' Ginori

An der Ecke Via Guelfa/Via de' Ginori befindet sich eine interessante Gedenktafel mit der Inschrift: CANTO ALLE MACINE. An dieser Ecke (*canto*) stand einst eine Wassermühle (it. *macina* = Mühlstein), von der, wie auch von dem Wasserlauf, an dem sie stand (dem Mugnone), heute nichts mehr zu sehen ist. Dieser Zufluss des Arno verlief einst durch die Innenstadt entlang einer Linie von der Piazza della Libertà über die Via de' Ginori bis zur Via San Gallo. So erklärt sich auch die Position des Hauses von Calandrino gleich neben dem Canto alla macina: Boccaccio beschreibt dies in seinem Dekameron (achter Tag, dritte Geschichte, Vers 50), als Calandrino in der Überzeugung, den Stein gefunden zu haben, der ihn unsichtbar macht, vom San-Gallo-Tor nach Hause geht. In der Via San Gallo ist es heute jedoch der Mugnone, der unsichtbar geworden ist, nachdem sein Verlauf bei jeder Erweiterung der Stadtmauern geändert wurde. Zu Zeiten des Baus des vierten Befestigungsrings um Florenz 1078 verlief der Mugnone entlang der Piazza San Marco, der Via Cerretani und der Via Rondinelli, deren spitzer Winkel den Fluss des Wassers begünstigte, das sich an dieser Stelle in einem Sumpf staute – daher der Name der heutigen Via Panzani (it. *pantano* = Morast) – und anschließend über die Via Tornabuoni in den Arno mündete. 1175 wurde der Mugnone zur Via San Gallo und weiter zur Via de' Fossi (ein Hinweis auf den Wassergraben der alten Stadtmauern) umgeleitet, um schließlich zwischen der Ponte alla Carraia und der Kirche Ognissanti in den Arno zu fließen. Zwischen 1284 und 1333 wurde der Verlauf erneut geändert und führte das Gewässer entlang der Viale Spartaco Lavagnini und Viale Strozzi, wo noch heute die Brücke der alten Porta Faenza zu erkennen ist, die im 16. Jh. in die Fortezza da Basso eingegliedert wurde. Heute fließt der Mugnone weiter westlich an der Viale Milton und der Viale Redi. Nahe der Ponte all'Indiano mündet er in den Arno.

DIE LOK IM WAPPEN DER FAMILIE FENZI

Erinnerung an die erste Eisenbahnstrecke der Toskana zwischen Florenz und dem Hafen von Livorno

Palazzo Fenzi
Via San Gallo, 10

In den Wappen der Florentiner Palazzi finden sich nach den üblichen Regeln der Heraldik häufig Lilien, die Kugeln der Medici, Waffen, Tiere oder Türme. Der Palazzo Fenzi besitzt in dieser Hinsicht etwas Einzigartiges: Oberhalb des großen Eingangsportals, durch das man das heutige Gebäude der Universität Florenz betritt, zeigt das in Stein gemeißelte Familiensymbol ein seltsames Motiv.

Zwei imposante Statuen unheimlicher und sarkastischer Satyrn stützen den Balkon oberhalb des Portals. Zwischen ihnen befindet sich das Wappen der Fenzi, umgeben von anderen Phantasiegeschöpfen und zwei Greifen, obenauf die Florentiner Lilie.

Dieser Aufbau ist an und für sich für die Außengestaltung toskanischer Palazzi nicht untypisch. Erstaunlich ist jedoch die Darstellung in der Mitte: links eine exakte Reproduktion der Kuppel des Duomo von Brunelleschi, rechts ein großer Leuchtturm, der von Experten als der alte Leuchtturm von Livorno erkannt wurde, und in der Mitte eine große Lokomotive auf Schienen.

Gezeigt wird hier die Grundlage des wirtschaftlichen Erfolgs des Ingenieurs Fenzi, dem Konstrukteur der ersten Eisenbahnlinie der Toskana, die zu Ehren von Großherzog Leopold II. den Namen Leopolda trug und ab 1844 Florenz mit dem Hafen von Livorno verband. Heute ist diese Art steinerne „Postkarte" ein durchaus passendes Symbol für den Eingang zur Geografischen Fakultät der Universität Florenz.

Die Fassade des schönen Palazzo mit ihren unterschiedlichen Fensterstilen – kniende Fenster (*finestre inginocchiate*) im Erdgeschoss, mit Tympanon im ersten und mit Architrav im zweiten Stock – und den mit ihren vielen Details naturecht anmutenden Bronzeschildkröten, auf denen die Gitter der Fenster im Erdgeschoss ruhen, lohnt ebenfalls die nähere Betrachtung.

Fenzi war auch am Bau der Tranvia del Chianti beteiligt, einer Eisenbahnstrecke, die mit einer Dampflok Florenz mit den wichtigsten Ortschaften des Chianti wie San Casciano in Val di Pesa oder Greve in Chianti verband. Sie wurde im Jahr 1890 eingeweiht und war 45 Jahre lang, bis zum 31. Juli 1935, in Betrieb.

DAS SCHILD MIT DER BOMBE

Das Symbol der berühmten Accademia degli Infuocati

Teatro Niccolini
Via Ricasoli, 5

Nur wenige Schritte von der Piazza del Duomo entfernt, auf der rechten Seite der Via Ricasoli, befindet sich ein kleines Gittertor mit zwei Laternen obenauf. Es handelt sich hier um den eleganten Eingang des seit vielen Jahren geschlossenen *Teatro Niccolini*, das früher nach dem damaligen Namen der Straße *Teatro del Cocomero* hieß. Unter diesem Namen kannte es auch Stendhal, der in *Reise in Italien* 1817 schreibt: „Ich eilte ins Theater Hohomero – so spricht man hier das Wort Cocomero aus."

Im Zentrum der Fassade ist oberhalb einer Nische am Eingang des Theaters ein ungewöhnliches Schild angebracht. Betrachtet man dieses genauer, so sieht man hier nicht etwa – wie viele Florentiner aufgrund des alten Namens des Theaters glauben – eine Wassermelone (it. *cocomero* = Wassermelone), sondern eine Kanonenkugel. Diese war das Symbol der berühmten *Accademia degli Infuocati*, die 1652 in der Folge eines Streits mit der *Accademia degli Immobili* gegründet wurde, die – nach ersten Schritten im *Teatro del Cocomero* – in das *Teatro della Pergola* umzog. Leider ist außer dem Eingang und der Bombe derzeit keine weitere Besichtigung möglich. Finanzielle Schwierigkeiten zwangen das ruhmreiche *Teatro Niccolini* – das frühere *Teatro del Cocomero* und anschließender Sitz des *Granteatro* von Carlo Cecchi – in den 1980er-Jahren, seine Türen zu schließen. Das (in Privatbesitz befindliche) Gebäude wurde daraufhin noch von Zeit zu Zeit für Veranstaltungen (Modenschauen, Empfänge) genutzt, was der schlechte Zustand, in dem es sich heute befindet, jedoch kaum noch zulässt.

Sollten Sie die Gelegenheit zu einer Besichtigung erhalten, verpassen Sie sie nicht: Steigen Sie die prunkvolle Treppe mit ihrem großen Spiegel hinauf und betreten Sie den großen, weißen, stuckverzierten Saal mit seinem leicht abfallenden Parkett, den drei Rängen und dem großen Kronleuchter. Nun herrscht Stille. Andere „Bomben" wie Immobilienspekulationen oder fehlende Kultursubventionen haben weit mehr Schaden angerichtet als jene, die an der Fassade zu sehen ist und uns in einer Zeit, in der das Thema der inneren Sicherheit immer stärker an Bedeutung gewinnt, als Symbol etwas unpassend erscheint.

DAS ZUGEMAUERTE FENSTER DES PALAZZO PUCCI

*Ein fehlgeschlagenes Attentat gegen
Cosimo I. de' Medici*

Via dei Pucci, Ecke Via dei Servi

Zugemauerte Fenster überraschen in Florenz wie andernorts eigentlich niemanden. Jenes an der Ecke Via Pucci und Via dei Servi bildet da eine Ausnahme: Es wurde zugemauert, um weiteres Unheil abzuwenden und diente der Bevölkerung als Warnung. Es befindet sich im Erdgeschoss des Palazzo Pucci, dem Sitz einer Familie, die traditionell eng mit den Medici verbunden war und in Florenz bedeutende Positionen innehatte, bis Pandolfo de' Pucci aufgrund seines als unmoralisch eingestuften Verhaltens vom Hofe Cosimo I. entfernt wurde. Pandolfo verübelte Cosimo dies sehr und bereitete 1560 ein Attentat auf den

Großherzog vor. Zwei Mörder sollten ihm an jenem Fenster an der Ecke des Palazzo Pucci auflauern, an dem Cosimo regelmäßig auf dem Weg zur Messe in der Basilica della Santissima Annunziata vorbeiging. Doch das Komplott wurde aufgedeckt, bevor die Verschwörer ihren Plan umsetzen konnten. Der Gerechtigkeit wurde unmittelbar Genüge getan: Pandolfo, seine Komplizen und andere Patrizier aus Florenz – darunter an dem Plan beteiligte Mitglieder der Familie Ridolfi – wurden an einem Fenster des Gefängnisses von Bargello gehängt. Doch damit nicht genug: Nachdem Cosimo dem Anschlag, von dem er sich anscheinend nie richtig erholte, entkommen war, wollte er auch den Palazzo Pucci bestrafen und ließ das Fenster, durch das er getötet werden sollte, zumauern. Der Großherzog schlug dadurch zwei Fliegen mit einer Klappe: Ohne seinen Weg zur Basilica della Santissima Annunziata zu ändern, erhielt er jedes Mal, wenn er unter dem Fenster entlangging, den Beweis dafür, dass von dort keine Bedrohung mehr für ihn ausging. Gleichzeitig gelang es ihm, seine Autorität durch das weithin sichtbare Symbol eines verschlossenen Fensters und die Demütigung der Familie Pucci über die Zeit der Medici hinaus nachhaltig zu festigen. Bis heute hat niemand gewagt, das Fenster wieder zu öffnen.

Die „finestrelle" von Florenz

Wer mit offenen Augen durch die Stadt geht, sieht an den Fassaden einiger Stadtpalais kleine Fenster. Es handelt sich dabei nicht etwa um Luft- oder Lichteinlässe für Abstellräume oder Dielen, sondern um die berühmten *finestrelle* von Florenz, die einzig dazu dienten, es Kindern zu ermöglichen, gut geschützt das Geschehen auf der Straße zu beobachten, ohne wie bei normalen Fenstern Gefahr zu laufen, hinauszufallen. Die *finestrelle* lagen unterhalb der Fenster „für Erwachsene" und zeichneten sich durch ihre kleine Größe und ihre sehr enge Vergitterung aus. Beim Flanieren durch die Straßen der Altstadt begegnen einem mehrere dieser Fenster, so beispielsweise hinter dem Palazzo Vecchio, in der Via del Corno, neben der Kirche Santa Croce, im Borgo Santa Croce (dem Haus, in dem sich die Werkstatt von Vasari befand) oder im Stadtteil Oltrarno im Borgo San Frediano.

Santa Maria Novella

DIE ASTROLOGISCHEN BLUMEN AN DER FASSADE VON SANTA MARIA NOVELLA

Wahre astrale Talismane

Basilika Santa Maria Novella, Piazza di Santa Maria Novella

Die Fassade der Kirche Santa Maria Novella, errichtet in der zweiten Hälfte des 15. Jhs. in Ergänzung der Fassade aus dem 14. Jh., verbirgt unter ihrer eleganten Harmonie das hermetische Wissen, das sich

innerhalb der Florentiner neuplatonischen Akademie (Accademia neoplatonica) entwickelte.

Mit dem Bau der Fassadenwand wurde Ende des 13. Jhs. begonnen. Im 14. Jh. kamen Gruften, Türen sowie die zentrale Rosette hinzu. Den Auftrag zur Fertigstellung der Fassade erhielt der Architekt, Musiker, Astrologe und vor allem große Kenner der Hermetik Leon Battista Alberti.

Alberti, der in Padua gemeinsam mit Pietro d'Abano Astrologie studiert hatte, war von der Möglichkeit überzeugt, durch die Architektur eine positive Verbindung zwischen den Planeten und dem Schicksal des Menschen zu etablieren. Unter Verweis auf die Thesen von Pythagoras und Platon war Alberti der Auffassung, die bauliche Raumaufteilung

müsse analog zu den Gesetzen des Kosmos mathematisch zueinander definiert werden. Tatsächlich steht schon im Alten Testament geschrieben, das Universum sei „nach Maß, Zahl und Gewicht", also nach präzisen mathematischen Verhältnissen, geordnet worden, die auch in der Musik eine Rolle spielten. Pythagoras erkannte die Verbindung zwischen Musik und Mathematik als Erster. Seiner Vorstellung nach existierten zwischen den Umlaufbahnen der Planeten des Sonnensystems, die in ihren Bewegungen musikähnliche Harmonien erzeugten – daher die Bezeichnung „Sphärenmusik" – numerische Beziehungen. Platon entwickelte die Gedanken von Pythagoras weiter und stellte fest, dass die kosmische Ordnung und Harmonie wie in der Musik auch im Verhältnis zwischen bestimmten Zahlen enthalten war. Demnach unterlag der Kosmos den Gesetzen der Musik, insbesondere der diatonischen Tonleiter. Diese natürliche Tonleiter wird auch als „Oktavengesetz" bezeichnet, da sie aus sieben Stufen bzw. sieben Intervallen besteht, die die sieben Noten voneinander trennen: Die Rückkehr zur Anfangsnote definiert eine höhere Oktave. Gemäß diesem Gesetz oder diesen präzisen Proportionalitätsbeziehungen sei das Universum erschaffen worden.

Der Ton definiert sich dann im Wesentlichen als eine Zahl in Bewegung. Doch Töne sind Vibrationen und zugleich Farben, die in Musiknoten übertragbar sind. Gleiches gilt umgekehrt: Die diatonische Tonleiter entspricht in Wahrheit den Farben des Sonnenspektrums. Das ganze Universum schwingt in schnelleren oder langsameren Frequenzen. Die Musik lässt sich so als System organisierter Schwingungen betrachten. Selbst der Mensch ist in seiner Innerlichkeit eine musikalische Oktave, die im Einklang mit der schöpferischen Oktave schwingen kann. Marsilio Ficino maß der Musik in seinem Werk *De vita coelitus comparanda* nicht nur eine thaumaturgische – Wunder bewirkende –, sondern auch, durch das Einwirken ihrer Schwingungen auf die Seele des Menschen, die dadurch in den Himmel erhoben werde, eine reinigende Funktion bei. Ficino selbst behandelte seine körperlichen und geistigen Gebrechen, indem er auf seiner Lyra selbst komponierte astrologische Musik spielte.

Für das Leben im Einklang mit der himmlischen Harmonie kamen im Tempelbau seit der Antike dieselben mathematischen Proportionen zum Einsatz wie in der musikalischen Tonleiter. In der Renaissance wurde dieses harmonische Prinzip durch die Anerkennung der neuplatonischen Philosophie als Grundlage von Mikro- und Makrokosmos sowie von Körper und Geist wiederentdeckt und man begann, die Bedeutung musikalischer Proportionen für Kunst und Architektur zu begreifen.

Um eine fruchtbare Verbindung mit der Schöpfung herzustellen, wandte Alberti die harmonischen Proportionen auf seine Bauwerke an und entwarf die Fassade von Santa Maria Novella gemäß denselben musikalischen Beziehungen, die auch der kosmischen Ordnung zugrunde liegen.

Die Fassade ist in drei Register unterteilt: Das obere Register repräsentiert den Himmel, das zweite den Sternenhimmel (die Sphärenoktave) und das dritte die Erde. Am Giebel prangt eine große hermetische Sonne als universelles Lebensprinzip: Die zwölf flammenden Strahlen suchen die Vorstellung der Rotation gemäß der These zu vermitteln, nach der im Universum alles schwingt. Das umgebende Dreieck verweist auf die Dreifaltigkeit. Wie schon bei Dante steht die Sonne metaphorisch für die Dreifaltigkeit, von der das Licht des Wissens ausgeht. Das zweite Register setzt sich aus einer großen zentralen Rosette und 16 rechteckigen, nach dem goldenen Schnitt angeordneten Tafeln zusammen, die als Inkrustation in einer Art eleganter Steinblume gearbeitete geometrische Motive zeigen.

Die komplexe, vielfältige Geometrie verweist auf die Bilder der heiligen Geometrie sowie die astrologischen Diagramme, die *flores*, die stellaren Blumen aus der *Astrologischen Blütenlese* des Albumasar.

Es handelt sich hier um wahre astrale Talismane, mit der Kraft, die Tugenden des Himmels aufzugreifen und nach außen zu projizieren. Die astrologische Wissenschaft der Talismane, die Fähigkeit, himmlische Einflüsse durch präzise grafische Darstellungen abzubilden, geht auf althergebrachtes Wissen zurück, mit dem Alberti bestens vertraut war.

Im Zentrum des unteren Registers befindet sich das große Portal, eingefasst von zwei lang gestreckten Säulen. Auf dem marmornen Rahmen sind Blumenbouquets zu sehen, die aus enghalsigen Amphoren aufzublühen scheinen. Diese wiederum erinnern an den alchemistischen Athanor. Das symbolische Dekor unterstreicht die Bedeutung des Portals, das in einer Art Durchgangsritus von der profanen und irdischen Welt in die heilige und ewige Welt im Inneren der Kirche führt.

DIE ARMILLARSPHÄRE
DER BASILIKA S. M. NOVELLA

Ursprung des gregorianischen Kalenders

Basilika Santa Maria Novella
Piazza di Santa Maria Novella

In die Fassade der Basilika Santa Maria Novella sind zwei astronomische Instrumente des Dominikanermönchs, Astronomen und Kartographen Ignazio Danti eingelassen. Auf der rechten Seite des Eingangs befindet sich ein Gnomon* aus Marmor, links davon eine Armillarsphäre aus Bronze (s. unten). Mithilfe dieser Instrumente berechnete Frater Ignazio Danti die Abweichung zwischen dem Sonnenjahr und dem von Julius Cäsar 45 v. Chr. eingeführten julianischen Kalender, der bis ins 16. Jh.

wirksam blieb. Nachdem er Papst Gregor XIII. von der Richtigkeit seiner Berechnungen überzeugt hatte, wurde der gelehrte Dominikaner neben Christophorus Clavius in eine Reformkommission berufen, welche die Verordnung des neuen, sogenannten gregorianischen Kalenders erwirkte. Die im alten Kalender entstandene Abweichung wurde durch Auslassen von zehn Kalenderdaten zwischen dem 4. und 15. Oktober 1582 korrigiert.

Der julianische Kalender

Der julianische Kalender wurde – wie der Name sagt – unter Julius Cäsar eingeführt und galt bis zur Reform von 1582 unter Papst Gregor XIII. Der nach diesem benannte gregorianische Kalender sah eine Reform der Schalttage vor, um ein Hinterherhinken des Kalenders gegenüber den Jahreszeiten zu verhindern (und eine genaue Bestimmung des Osterfestes zu ermöglichen). Einschneidendstes Ereignis in dem Zusammenhang war die Streichung von 10 Tagen bei Einführung des Kalenders im Jahr 1582. So kommt es, dass die Hl. Teresa von Avila in der Nacht vom 4. auf den 15. Oktober 1582 starb ...

Das Werk von Ignazio Danti wurde 2016 mit Fertigstellung der Mittagsweiser am Boden der Kirche vollendet. Jedes Jahr am 22. September können zur Herbst-Tagundnachtgleiche zwei kleine Sonnenscheiben beobachtet werden, die durch ein Loch im Glasmosaik der Krönung Mariens sowie eine Öffnung in der Fassade ins Innere der Kirche fallen. Danti hatte sein astronomisches Werk aufgrund von Differenzen mit dem neuen Großherzog Francesco I. nicht vollenden können. Die Richtigkeit seiner Berechnungen wurde jedoch 441 Jahre später bestätigt.

Die erste digitale Uhr Italiens

Die Bahnhofsuhr von Santa Maria Novella wird noch heute mit einem Mechanismus aus dem Jahr 1935 betrieben. Es handelt sich um die erste öffentliche Uhr mit digitaler Anzeige in Italien.

* Ein Gnomon ist ein astronomisches Instrument in Form eines senkrechten Stabes, dessen Schatten auf eine ebene Fläche fällt.

DIE GIRAFFE DER CAPPELLA TORNABUONI

Der „camelopardo": ein Geschenk eines ägyptischen Sultans aus dem Jahr 1487

Basilika Santa Maria Novella
Piazza di Santa Maria Novella
Montag bis Donnerstag 9 bis 17:30 Uhr, Freitag 11 bis 17:30 Uhr, Samstag 9 bis 17 Uhr; an Sonn- und kirchlichen Feiertagen 13 bis 17 Uhr

Wie es bei Herrschern seinerzeit Mode war, liebten die Medici es, anlässlich öffentlicher Veranstaltungen oder zur Unterhaltung bedeutender Gäste exotische Tiere zu zeigen.

Das frühere Wahrzeichen von Florenz, der *Marzocco*, war ein Löwe – begründet durch die römischen Siedler, die Florentia gründeten. Seit Beginn der Herrschaft der Medici wurden in einem Zwinger na-

he des Palazzo Vecchio in der heutigen Via de' Leoni Löwen gehalten, um – und sei es nur symbolisch – die Macht und Stärke von Florenz zu demonstrieren.

Im Jahr 1487 wurde die faunistische Sammlung der Medici um ein interessantes neues Tier erweitert. Qait-Bey, Sultan von Ägypten, schenkte Lorenzo de' Medici anlässlich eines Staatsbesuchs in Florenz einen *camelopardo* – eine Giraffe, die als „sieben Arm" hoch und mit „Füßen wie ein Ochse" beschrieben wurde und so friedliebend gewesen sein soll, dass sie Äpfel aus den Händen von Kindern fraß, ohne diese dabei zu verletzen.

Ein solches Tier war nicht zum ersten Mal an den Ufern des Arno zu sehen – bereits 1459 soll anlässlich einer exotischen Jagd eine Giraffe in Florenz gesehen worden sein. Der *camelopardo* des Sultans rief bei den Florentinern jedoch ganz besonderes Interesse und eine noch nie dagewesene Neugier hervor: Das Tier musste mehrmals durch die Straßen und bis in die abgeschiedensten Klöster geführt werden.

Die Giraffe wurde so berühmt, dass Ghirlandaio sie auf seiner *Anbetung der Könige* in der Tornabuoni-Kapelle der Basilika Santa Maria Novella verewigte (gleiches tat Andrea del Sarto in seinem unvollendeten *Tributo a Cesare* in Poggio a Caiano).

Das nicht an den strengen Florentiner Winter gewöhnte Tier verstarb leider am 2. Januar 1488.

MUSEO DELL'OFFICINA PROFUMO-FARMACEUTICA DI SANTA MARIA NOVELLA

Das Museum des Tempels der Körperpflege

Via della Scala, 16 – 055 216276
Führungen können gebucht werden unter: visiteofficina@smnovella.com
Museum: Montag bis Freitag 10:30 bis 17:30 Uhr (auf Anfrage)
Apotheke: 9:30 bis 19:30 Uhr (außer zu Weihnachten und zwei
Wochen Mitte August) – Eintritt frei

Die berühmte historische Apotheke von Santa Maria Novella umfasst ein kleines, kaum bekanntes Museum, das auf Anfrage besichtigt

werden kann und Zutritt zu der mit Fresken von Mariotto di Nardo ausgestalteten Sakristei bietet.

Besonderes Highlight des Museums ist die Fachbibliothek mit alten Rezeptsammlungen und botanischen Abhandlungen sowie prachtvoll illustrierten Bänden, die verdeutlichen, wie harmonisch Wissenschaft und Kunst einander einst ergänzten.

Die Sammlung der anderen Räume umfasst alte Mörser, medizinische Porzellangefäße und Glasbehälter, in denen Düfte gemischt und aufbewahrt wurden, in allen erdenklichen Formen. Ebenfalls sehenswert sind die Vorrichtungen zur handwerklichen Herstellung von Kräuteressenzen. Jedes Objekt verweist auf einen anderen Aspekt der Geschichte der pharmazeutischen Wissenschaft: wahre Kunstwerke, deren Glanz sich im Geschäft – eine der ältesten Apotheken der Welt – fortsetzt. Die Apotheke wurde 1221 von Dominikanermönchen, die nach Florenz gekommen waren, eröffnet, verkaufte ihre Erzeugnisse jedoch erst ab 1621 direkt an die Öffentlichkeit. Nach einer Reihe von Wechselfällen im 19. Jh. – Umbau einiger Räume, darunter der Verkaufsraum, im neoklassischen Stil, Beschlagnahme durch den Staat, Verstaatlichung im Jahr 1866 – wurde sie schließlich an private Eigentümer verkauft. Heute befindet sich die Produktion in den hauseigenen Labors der Via Reginaldo Giuliani. Hier werden unter Einsatz natürlicher Essenzen und traditioneller Techniken noch immer hochwertige Erzeugnisse mit wohlklingenden Namen hergestellt, die den geneigten Besucher in frühere Zeiten entführen.

IN DER UMGEBUNG
Die Zusammenkunft zweier Heiliger ⑤
Arkaden der Leopoldine – Piazza di Santa Maria Novella

Am Ende der großen Bögen der *Leopoldine*, heute Sitz des Museo Novecento, befindet sich eine mehrfarbige Lünette aus verglastem Terrakotta von Andrea della Robbia, die zwei sich umarmende Männer zeigt, bei denen es sich um keine Geringeren als den Hl. Franz von Assisi und den Hl. Dominikus handelt. Der Legende nach sollen sich die beiden Heiligen 1221, dem Todesjahr von Dominikus, auf der Piazza getroffen haben. Wie es scheint, besuchten sie sich in ihren jeweiligen Ordenssitzen:

Die Dominikaner besaßen damals bereits die Basilika Santa Maria Novella, die Franziskaner das Krankenhaus von San Paolo. Unabhängig vom historischen Wahrheitsgehalt dieser Zusammenkunft ist die Lünette ein Zeichen der Brüderlichkeit, die zwischen den beiden Orden herrschte.

DIE NACHBILDUNG DES HEILIGEN ⑥ GRABES VON JERUSALEM

Das Herz des christlichen Jerusalem in Florenz

Rucellai-Kapelle
Zugang über einen Raum des Museo Marino Marini
Piazza San Pancrazio
Täglich (außer Dienstag, Sonn- und Feiertage) 10 bis 17 Uhr
museomarinomarini.it

Die winzig kleine Kapelle neben der Kirche San Pancrazio, in der sich heute das Museo Marini befindet, beherbergt eine kaum bekannte Nachbildung des Heiligen Grabes von Jerusalem. Die Familie Rucellai, deren Wappen ein Schiff mit zwei gesetzten Segeln zeigt, unterhielt ständige Beziehungen zum Nahen Osten und die in den Orti Oricellari kultivierte Pflanze, mit der Stoffe lila gefärbt werden konnten, stammte ursprünglich aus dem Heiligen Land. Die Beziehungen zu den heiligen Orten des Christentums waren derart intensiv, dass der Wunsch entstand, in Florenz das Herz des bedeutendsten christlichen Heiligtums nachzubilden: das Heilige Grab. In der Kapelle herrscht eine intime, erhabene Atmosphäre, außen jedoch ist nichts von der Feierlichkeit zu erkennen, die sich hinter diesen alten Mauern verbirgt. Die unscheinbare Eingangstür zu diesem Sanktuarium liegt am schmalen Gehweg einer Durchgangsstraße. Die besondere Atmosphäre im Inneren gründet auf der Harmonie dieses kleinen, rechteckigen Tempels voller geheimnisvoller Zeichnungen und verschlüsselter Hinweise, der von Leon Battista Alberti 1467 fertiggestellt wurde. Die geometrische Gestaltung des Fußbodens rollt dem Besucher einen marmornen Teppich aus; die Wände sind mit

geometrischen Symbolen und Figuren bedeckt, in denen der Florentiner Humanismus eine glückliche Verbindung mit dem Orient eingeht. Auf dem Gebälk wird in Stein gehauen eine Passage aus dem Markusevangelium zitiert. Den oberen Teil zieren lilienförmige Zinnen, die Decke ist mit Fresken aus dem 15. Jh. gestaltet. Der winzige Bau gleicht einem Schrein, der eine feierliche Würde ausstrahlt, und allein die Tatsache, dass die Kapelle nur wenige Stunden pro Woche geöffnet ist, verleiht ihr eine geheimnisvolle Aura.

Das Dekor des kleinen Tempels hat auch moderne Architekten wie Alvar Aalto inspiriert, der manche seiner Interieurs nach demselben Schema entwarf.

PRIVATE VERKAUFSTRESEN FÜR WEINLIEBHABER

Wein zusammen mit gesalzenem Brot zu genießen war verboten, um keinen Durst hervorzurufen ...

Via delle Belle Donne, 2
Via del Giglio, 2
Borgo Pinti, 24, 26, 27
Via Isola delle Stinche, 7r

Neben ihrem wohlklingenden Namen ist die Via delle Belle Donne („Straße der schönen Frauen") noch aus einem anderen Grund von Interesse: Gleich an ihrem Eingang – von der Via Tornabuoni kommend – fällt oberhalb eines kleinen (heute verschlossenen) Fensters eine alte Tafel

ins Auge, auf der die Regeln für den Weingenuss verzeichnet sind. Es handelt sich hierbei um eine traditionelle Florentiner *buca da vino* (Weinnische), die noch so gut erhalten ist, dass sogar die genauen Öffnungszeiten der Verkaufsstelle nach Jahreszeit und Wochentag zu erkennen sind (an Feiertagen schloss der „Laden" bereits am frühen Nachmittag).

Wer mit wachem Auge durch die Altstadt geht, findet noch mehr davon, wie zum Beispiel gleich um die Ecke an der Piazza Strozzi. Eine weitere sehenswerte *buca da vino* ist in der Via del Giglio 2 erhalten: Sie ist in Form einer Palasttür in eine Fassade eingelassen, die in Miniatur die rustikalen Bossenquader der Florentiner Palazzi nachbildet.

Oben links an der Tür des Gebäudes sind auf einer Marmortafel ebenfalls die Öffnungszeiten angegeben, die sich leicht von jenen der Via delle Belle Donne unterscheiden – was nicht verwundert, wenn man weiß, dass die Devise der Eigentümer dieses Gebäudes, die Familie Bartolini Salimbeni, gemäß Inschrift an ihrem Palazzo an der Piazza Santa Trinita lautete: *per non dormire* („Für die, die nicht schlafen!"; s. S. 45). Im Haus mit der Nummer 27 am Borgo Pinti befindet sich das Hotel Monna Lisa und auch hier kann man – dieses Mal innen im frei zugänglichen Vorhof des Gebäudes – eine *buchetta* bewundern. Die Nische mit den beiden Auflagen zum Abstellen der Flaschen wurde zwar von den Eigentümern durch eine große Pflanze verdeckt, dennoch kann man sich gut vorstellen, wie dieses florierende kleine Geschäft konkret ablief. Die *buchetta* in der Via Isole delle Stinche hingegen verspricht keinen Weingenuss mehr, sondern lädt heute dazu ein, ein Eis zu essen: Sie ziert die Außenfassade der berühmten Gelateria Vivoli. Die Weinnischen waren vor allem im 17. Jh. nach dem Niedergang der Florentiner Handelsgeschäfte verbreitet. Sie boten Winzerfamilien die Möglichkeit, ihren Absatz zu steigern. Der durch die Behörden streng reglementierte Verkauf erfolgte in einzelnen Flaschen, die – wie heute noch bisweilen zu sehen – mit Stroh umhüllt waren, um sie beim Transport auf dem Karren zu schützen. Wein zusammen mit gesalzenem Brot zu genießen war verboten, um keinen Durst hervorzurufen. Die Weinschänken (*mescite*) wurden so populär, weil der Wein hier zu günstigen Preisen direkt auf der Straße gekauft und die Marge der Wirtshäuser eingespart werden konnte. Den Winzern bot sich dadurch die Gelegenheit zu einem guten Geschäft. Für die Ärmsten der Armen wurde in den *buchette* zum Teil auch Wein in kleinen Krügen sowie Brot ausgegeben, wofür sie nicht gezwungen waren, ihre Identität preiszugeben.

Auch außerhalb von Florenz finden sich *buchette*, zum Beispiel in der Via Buomparenti 6 in Volterra oder in der Via Campana 14 in Colle Val d'Elsa (Näheres dazu im Reiseführer *Secret Tuscany*, der ebenfalls im Jonglez-Verlag erschienen ist).

SPUREN EINES THEATERS IN DER CHIESA BATTISTA

Die Seligsprechung von Stenterello

Borgo Ognissanti
Hl. Messe jeden Sonntag um 10:30 Uhr

Jeden Sonntagmorgen, dem einzigen Tag der Woche, an dem die Baptistenkirche geöffnet ist, bietet sich hier am Borgo Ognissanti – nur wenige Schritte von der Piazza Goldoni entfernt – die erstaunliche Gelegenheit, das umgekehrte Schicksal so vieler profanisierter und in Theater umgewandelter Kirchen (und Gebetshäuser) zu bestaunen. Denn an diesem Ort hat der Altar gewissermaßen Revanche genommen und sein Kreuz dort aufgestellt, wo sich einst eine Bühne befand. Trotzdem macht das Gotteshaus keinen Hehl aus seinem profanen Ursprung: Die Kirche der Florentiner Baptisten weist alle Merkmale eines Theaters auf. Dieser Ort ist jedoch kein x-beliebiger, denn hier wurde kein Geringerer als der berühmte *Stenterello* geboren.

Dieser verschmitzte und treuherzige Charakter aus der Commedia dell'Arte mit seinen verschiedenen Strümpfen und seiner schlaksigen Statur wurde von Luigi Del Buono erfunden und der Welt in dem kleinen (aber zentralen) Teatro Ognissanti – auch bezeichnet als Teatro dei Solleciti – präsentiert. Das 1778 eröffnete Theater wurde nach über einem Jahrhundert 1887 wieder geschlossen, bevor es 1895 von der Baptistenkirche aufgekauft wurde, die damals in der großen britischen Gemeinschaft in Florenz umfassende seelische und finanzielle Unterstützung fand.

Eine jüngst angebrachte Gedenktafel erinnert an die Eröffnung des Theaters, dessen eigentliche Geburtsstunde jedoch auf den 16. Februar 1791 fällt, den Tag, an dem *Hamlet* hier erstmals in Italien aufgeführt wurde.

Ähnlich wie bei profanierten, in Theater umgewandelten Kirchen ist auch hier die ursprüngliche Funktion des Gebäudes klar ersichtlich: Zahlreiche Spuren verweisen auf die Vergangenheit der Kirche und verleihen ihr ein theatralisches Ambiente, das einen in die Zeiten der Aufführungen der Solleciti zurückversetzt.

Was als Erstes ins Auge fällt, ist die Säulenreihe am hinteren Rand des Innenraums. Auf den Säulen ruht heute zwar eine Art Chorgestühl, sie deuten jedoch an, wo sich einst die Logen und Ränge befanden. Betrachtet man anschließend die polygonale Form der Apsis näher, stellt man fest, dass sie sich an die Form des Proszeniums anschmiegt, während der Souffleurkasten heute als Zugang zum Taufbecken dient, das den Platz der früheren Maske einnimmt. Die Apotheose des Stenterello: Am Ort seiner Geburt, wo er sich unzählige Male angekleidet und geschminkt hat, wird heute das Sakrament der Taufe gespendet, an die Stelle seiner Abenteuererzählungen ist das Wort Gottes getreten.

DAS HAUS
VON GIOVANNI MICHELAZZI

Jugendstil in Florenz

Borgo Ognissanti, 26

Die italienische Variante des Jugendstils, „Liberty" genannt, konnte sich in Florenz nie so recht durchsetzen. Mehr noch: Die freien, geschwungenen Formen mit ihren Pflanzenornamenten schienen mit dem guten Geschmack, der strengen Linienführung und eleganten Nüchternheit des Florentiner Stils unvereinbar. Nicht weit von Florenz jedoch, in Borgo San Lorenzo – im Herzen des nördlich der Stadt gelegenen Mugello –, gebar die Familie Chini eine wahre Dynastie von Liberty-Künstlern, die sich der Keramikkunst und damit den sogenannten „niederen Künsten" (*arti minori*) widmete. Während die Architekten vieler europäischer Länder sich mit geschwungenen Balustraden, ovalen Fenstern und windschiefen Türen gegenseitig übertrafen, blieb die Kunst der Chini zurückhaltend, um sich nicht dem Spott der Florentiner, die neue Trends gerne süffisant belächelten, auszusetzen. Dem Architekten Giovanni Michelazzi ist es zu verdanken, dass dennoch einige bemerkenswerte Jugendstil-Gebäude den Weg an den Arno gefunden haben, allen voran das Haus mit der Nummer 26 am Borgo Ognissanti. Dieser schlanke Pavillon mit großen, von stilisierten Skulpturen flankierten Fenstern und einer kleinen Eingangstür, die in einem angenehmen Widerspruch zum traditionellen Kanon steht, weist mehrere vermeintlich extravagante Details auf, die jedoch genau den Kriterien eines neuen ästhetischen Kodex entsprechen und hier in ihrer Einzigartigkeit überraschen. Das Florentiner Bürgertum war von derartigen Innovationen freilich wenig angetan; die wenigen weiteren Jugendstil-Beispiele liegen außerhalb des historischen Stadtzentrums und sind doch nicht weniger bedeutend: der Pavillon der Galleria Carnielo an der Piazza Savonarola und insbesondere die Villa Broggi-Caraceni und die Villa Ravazzini (Hausnr. 99 bzw. 101 in der Via Scipione Ammirato) von Giovanni Michelazzi. Letztere zieren sehenswerte Emaillekacheln von Galileo Chini.

IN DER UMGEBUNG

Der Palazzo Baldovinetti, das Haus auf dem Kopf

Am Borgo Ognissanti 12 steht die *casa alla rovescia* („Haus auf dem Kopf"), der Palazzo Baldovinetti, der seinen Spitznamen seiner eigenwilligen Architektur verdankt. Am besten lassen sich die Balustraden der Fenster und des Balkons sowie die Stützkonsolen der etwas schwerfälligen Fassade von der gegenüberliegenden Straßenseite aus betrachten. Grund für die architektonische Umkehrung soll das Verbot gewesen sein, Häuser in Florenz aufgrund der engen Straßen mit einem Balkon zu versehen (tatsächlich verfügen wenige der alten Häuser in Florenz über einen solchen). Baldovinetti beantragte dennoch eine Genehmigung und seine Beharrlichkeit zahlte sich aus: Alessandro de' Medici erteilte sie ihm 1530 nach dem x-ten Antrag mit dem Ausruf: „Dann bau' halt deinen Balkon, aber wenn schon, dann verkehrt herum!", ohne zu ahnen, dass der Architekt ihn beim Wort nehmen würde ...

DIE GESCHICHTE DES BUCHS IM FRESKO „DER HL. AUGUSTINUS"

Ein kleiner Scherz des großen Botticelli

Kirche Ognissanti – Piazza di Ognissanti
Täglich 7:30 bis 12 Uhr und 16 bis 19 Uhr; Freitagvormittag und z. T. auch
nachmittags geschlossen

Die Florentiner waren schon immer scherzhafte Gesellen. Einige dieser Scherze gehen auf große Persönlichkeiten wie Brunelleschi (Geschichte vom dicken Tischler) oder Machiavelli (Mandragola) zurück. Auch der Maler Sandro Botticelli erlaubte sich einen Spaß: In einer seiner – ansonsten wenig scherzhaften – Heiligendarstellungen ist mehr schlecht als recht ein Witz verborgen. Der *Hl. Augustinus* in der Kirche von Ognissanti zeigt den Bischof von Hippo Regius in andächtiger Meditation in seinem Studierzimmer, umgeben von Objekten wie einer Mitra, einer Armillarsphäre und einem Sonnenkalender. Wo kann der Maler nur in einer solch ernsthaften, dem ernsten Studium gewidmeten Szene einen Scherz untergebracht haben? Betrachten wir das Buch oberhalb des Kopfes von Augustinus etwas genauer: Die geöffneten Seiten sind über und über bedeckt mit geometrischen Formen und einem unleserlichen Text. Nur eine Zeile lässt sich entziffern, Botticelli weist den Betrachter durch ein kleines Kreuz am linken Bildrand darauf hin. Der Text indes ist verwirrend. Er lautet: *Dov'è Frate Martino? È*

scappato. E dov'è andato? È fuor dalla Porta al Prato*. Worauf genau der Maler damit anspielt, ist unklar. Möglicherweise verweist er mit einem Augenzwinkern auf einen der Mönche der Kirche, der sich öfters einmal nach draußen verirrte.

* *Wo ist Bruder Martin? Er ist weggelaufen. Und wohin ist er gegangen? Er ist raus aus der Porta al Prato.*

Neben dem Grab von Botticelli befindet sich in der Kirche von Ognissanti auch die Ruhestätte von Luigi Del Buono, deren Grabstein zwei Tafeln zieren: Eine vom Schauspieler selbst zur Anbetung der Heiligen Jungfrau diktiert und eine zweite, die auf den „Dramaturgen und Schöpfer der Florentiner Maske des Stenterello" verweist.

DAS VERSTECK
DES BRINDELLONE

Ein Holztor von ungewöhnlicher Größe

Stadtteil Il Prato, neben Haus Nr. 48
Von außen ist das Tor immer zu sehen, geöffnet wird es einmal im Jahr
am Ostersonntag. Besichtigung manchmal anlässlich der „Tage der offenen Tür"
der Stadt Florenz (ggf. im Informationsbüro des Rathauses erkundigen)

Auf den ersten Blick fällt einem beim Schlendern durch den Stadtteil *Il Prato* nichts Ungewöhnliches auf. Schaut man jedoch genau hin,

bemerkt man neben dem Haus mit der Nummer 48 eine riesige Holztür, schmal wie eine Gasse, jedoch ebenso hoch wie die beiden angrenzenden Gebäude.

Dieses ungewöhnlich große Flügeltor ist der Eingang zum Depot des von den Florentinern liebevoll *Brindellone* genannten Wagens, der bei der alljährlichen Osterprozession zum Einsatz kommt.

Jeder kennt den traditionellen, jahrhundertealten Wagenknall (*Scoppio del Carro*). Nur die wenigsten kennen jedoch dieses „Versteck", auch wenn sich der eine oder andere vermutlich schon einmal gefragt haben dürfte, wo dieses majestätische dreistöckige Ungetüm das ganze Jahr über aufbewahrt wird. Der berühmte Wagenknall geht auf das „Heilige Feuer" zurück, das im Mittelalter durch Aneinanderreiben von Stücken des Heiligen Grabes, die Gottfried von Bouillon Pazzino de' Pazzi geschenkt hatte, nachdem dieser im ersten Kreuzzug unerschrocken die Stadtmauern von Jerusalem gestürmt hatte, entzündet wurde. Die Tradition war über die Jahre zahlreichen Wechselfällen ausgesetzt, überdauerte letztlich jedoch auch jene Zeit, in der die Familie Pazzi infolge der berühmten Verschwörung gegen Lorenzo de' Medici und dessen Bruder Giuliano in Ungnade gefallen war. Irgendwann beschloss man, das Fest mit einem gigantischen dreistöckigen Triumphwagen zu begehen – mit einem Feuerwerk obenauf, das von der „colombina", einer Rakete in Form einer weißen Taube, entzündet wird (gelingt dies nicht, gilt dies als schlechtes Zeichen, wie 1966, dem Jahr der großen Überschwemmung). Das pyrotechnische Spektakel dauert rund zwanzig Minuten und symbolisiert die Flammen des Heiligen Feuers, das sich in der Stadt ausbreitet. Der Brindellone wird für den „Osterknall" von zwei weißen Kühen bis vor den Duomo gezogen. Den Rest des Jahres verbringt er hier, hinter diesem Tor.

Der historische Festzug beginnt, sobald der Wagen das Depot verlässt. Er wird durch die ganze Stadt eskortiert und anschließend wieder dorthin zurückgebracht. Außerhalb der Osterfeierlichkeiten ist das schwierige Unterfangen der Öffnung des zwischen den beiden Gebäuden verborgenen Tors und des Auszugs des Triumphwagens nur sehr selten zu sehen.

DIE FRESKEN IM PARKHAUS GARAGE NAZIONALE

Die Auto-Fresken im Parkhaus der Künste

Via Nazionale, 21
Täglich 6 bis 24 Uhr; Sonn- und Feiertage 7 bis 13 Uhr und 15 bis 22 Uhr
055 284041; Parkgebühren je nach Fahrzeugkategorie zw. 23 und 33 € pro Tag
bzw. 3,70 bis 5,20 € pro Stunde

Das Parkhaus an der Via Nazionale sorgt in einer Straße mit stets dichtem Verkehr und wenigen Parkplätzen für erleichtertes Aufatmen. Doch unabhängig davon muss man es einfach gesehen haben, denn das prämierte Haus bietet seinen Kunden verschiedene Dienstleistungen und unterscheidet sich von anderen seiner Art in Florenz. Im Jahr 1987 beschloss die Garage Nazionale, die Wände entlang der Auffahrtsrampe von Carlo Capanni mit zwei sehenswerten Freskos, auf denen verschiedene italienische Fahrzeugmodelle dargestellt sind, bemalen zu lassen und so den Alltag parkplatzsuchender Autofahrer ein wenig angenehmer zu gestalten.

Diese Gemälde sind neben den kunstvoll gestalteten Keramiken einiger Tanksäulen ein weiteres Beispiel für die in Florenz nicht unübliche Einbettung von Kunst in einen alltäglichen Kontext, womit die ästhetischen Kodizes der „greifbaren" Schönheit neu erfunden werden.

Stavini – eine Verunstaltung von „sta-tra-i-vini"

Stavini – Viale Fratelli Rosselli, 22–26 r – 055 211488

Das Besondere an diesem Motorradladen, der seit 1940 an der Stelle der Piazza Ognissanti seinen Sitz hatte, wo sich heute die französische Buchhandlung befindet, ist der Name seines Gründers: Roberto Stavini, Sohn von Amadeo, dem ersten und einzigen Mann in Italien mit diesem Familiennamen, den bis heute nur dessen Nachkommen tragen. Dieser Name ist eine Verunstaltung von „Sta-tra-i-vini" („lebt zwischen den Weinen") und damit des Namens, den das verlassene Kind namens Amadeo erhielt, das die Florentiner Winzerfamilie Corsini in San Piero a Sieve aufnahm und das später zu deren Chauffeur avancierte. Sohn Roberto blieb der beruflichen Ausrichtung seines Vaters treu und eröffnete einen Ersatzteilehandel.

Design-Zapfsäulen

Piazza Donatello – Piazza Ferrucci

Nichts ist anonymer als eine Tankstelle. Und doch ist es in Florenz gelungen, selbst diese kleinen Anlagen, denen die unzähligen Autofahrer, die hier kurz Halt machen, kaum Aufmerksamkeit schenken, ein wenig zu verschönern. Wer zuerst die Idee hatte, die Zapfsäulen mit kunstvollen Keramikkacheln zu verkleiden, weiß heute niemand mehr so genau. Doch wie dem auch sei, stilbewussten Autofahrern seien folgende drei Adressen ans Herz gelegt, um ihren Tank zu füllen:
– Tankstelle *Agip* an der Piazza Donatello
– Tankstelle *Esso*, ebenfalls an der Piazza Donatello
– Tankstelle *Api* an der Piazza Ferrucci

An den beiden Tankstellen an der Piazza Donatello wurden die entgegen der Fahrtrichtung angelegten Mauern von Keramikkünstlern dekoriert. An der *Agip*-Tankstelle sind die mit Reise- und Erdölthemen verzierten Kacheln mit dem Namen *B. Lucchesi* signiert. Gezeigt werden der Hl. Christophorus – Schutzpatron der Reisenden – sowie ein kleines Bohrloch neben einer von Bäumen und verschiedenen Monumenten gesäumten Allee, der berühmte feuerspeiende Hund mit sechs Beinen (das Logo von *Agip*), oder eine Öllampe. Die *Esso*-Tankstelle in einigen Metern Entfernung verfügt über ein einzelnes, auf 1954 datiertes Keramikmotiv mit unleserlicher Signatur, das die Verbindung von Wasser und Regen, Fischen und Vögeln, Sonne und Mond zeigt. Die an der Piazza Ferrucci gelegene elegante und moderne Tankstelle aus rotem Backstein hingegen ist auf mehreren Seiten mit Keramik-Kompositionen dekoriert, die mit *Mario Dal Mas fecit 1961* signiert sind und in zeitgenössischem Stil Florentiner Themen aufgreifen.

Santissima Annunziata

DER TABERNAKEL
DES BLUTWUNDERS

*Der Ursprung des Fronleichnamsfests und die
Wunder von Sant'Ambrogio*

*Kirche Sant'Ambrogio – Piazza Sant'Ambrogio
Täglich 8 bis 12 Uhr und 16 bis 19 Uhr*

In der Kirche Sant'Ambrogio erinnert links des Altars eine Kapelle an
das Wunder vom 30. Dezember 1230, von dem auch der Geschichts-
schreiber Giovanni Villani in seiner Chronik berichtet. Die Kirche lag
zu jener Zeit außerhalb der Stadt. Am fraglichen Tag entdeckte der Pfar-

rer Uguccione (oder Ugocione) einige Tropfen Blut in seinem Mess-
kelch – Uguccione dachte sofort an ein Wunder, das schließlich nach
einem Tag der Beobachtung vom Bischof tatsächlich als solches anerkannt wurde. Diesem Ereignis folgte ein weiterer ähnlicher Art, das sich
kurze Zeit später in Bolsena ereignete und die Kirche dazu brachte, im
Jahre 1264 den Feiertag *Corpus Domini* (Fronleichnam) einzuführen.

Ein Jahrhundert später – im Jahre 1340 – begab sich im Zusammenhang mit dem Wunderblut von 1230, das inzwischen Gegenstand einer
rituellen Prozession geworden war, ein weiteres Wunder, mit dessen Hilfe die Pestgefahr von Florenz abgewendet werden konnte. 1595 schließlich ereignete sich ein drittes Wunder, als ein Brand auf dem Altar den
Tabernakel samt Ziborium entzündete, die geweihten Hostien jedoch
verschont blieben. Beim Kontakt mit dem zum Löschen herbeigeholten
Wasser nahmen sie die Form eines Kreises an und wurden fortan als
Reliquie aufbewahrt.

In der Zwischenzeit hatte sich die Kirche Sant'Ambrogio voller Eifer
der Aufgabe gewidmet, auch künstlerisch von den Wunderereignissen
zu berichten. Im 15. Jh. wurden die Reliquien samt dem Marmortaber-
nakel – ein Werk von Mino da Fiesole, auf dem Uguccione zu sehen
ist, wie er das Blut der Äbtissin der Kirche übergibt – vom Hauptaltar
in eine Kapelle auf der linken Seite verlegt. Das zweite Wunder wurde
von Cosimo Rosselli in einem Fresko dargestellt, auf dem die Prozession auf der als Kirchplatz genutzten Piazzetta de Sant'Ambrogio zu
sehen ist (bei einem der Gläubigen handelt es sich um ein Selbstbildnis
Cosimos).

IN DER UMGEBUNG
Das Wappen der „Roten Stadt" ②

Eine weitere Besonderheit von
Sant'Ambrogio befindet sich am
Ausgang der Kirche. Am äußeren
Türpfosten erkennt man in der Fas-
sadenecke das Wappen der „Roten
Stadt" (*Città Rossa*), an der Ecke zur
Via de' Macci die Tafeln des „großen Monarchen der roten Stadt"
aus dem 16. Jh. (an den der Tabernakel von Sant'Ambrogio ebenfalls
erinnert). Es handelt sich dabei um
Zeichen der örtlichen Studenten-
verbindung, die sich ab dem 14. Jh.
in Sant'Ambrogio herausbildete.

DAS TELEKTROFON DES TEATRO DELLA PERGOLA

Das erste Telefon der Welt

Via della Pergola, 12–32
Informationen zu italienischen und englischen Führungen telefonisch unter
055 2264364
www.fondazioneteatrodellapergola.it

Das Teatro della Pergola ist das älteste Theater Italiens. Doch es hat mehr zu bieten als seinen ovalen Saal für eine bessere Akustik und seine Logenreihen: Die Bühne dieses Theaters verbirgt mit dem „Telektrofon" – dem von Antonio Meucci (1808–1889) in seiner Zeit als Techniker des Teatro della Pergola erfundenen ersten Telefonapparates der Welt – ein kleines Wunderwerk der Technik. Meucci erfand diesen völlig neuartigen Mechanismus, um von der Bühne aus leise mit den Bühnenarbeitern oben auf dem Technikerboden des Theaters, von dem die verschiedenen Bühnenbilder herabgelassen wurden, sprechen zu können. Eine Tafel, die nur auf der Bühne zu sehen ist, erinnert an diese Requisite, die Meucci perfektionierte, bevor er sich auf den Weg nach Amerika machte. Er verlegte eine private Telefonleitung, um von dem New Yorker Theater, in dem er arbeitete, mit seiner kranken und ans Haus gefesselten Frau telefonieren zu können. Das Telefon wurde also aus Liebe geboren.

Das Pergola hütet noch weitere Geheimnisse: den komplexen Mechanismus im Untergeschoss, mit dessen Hilfe das Parkett auf Höhe der Bühne gefahren werden konnte, um einen einzigen großen Ballsaal zu schaffen; die Fachbibliothek; einen Abschnitt einer von Ateliers, in denen Künstler ein- und ausgingen und die in die neben der Bühne liegenden Räume integriert wurden, gesäumten öffentlichen Straße aus dem 18. Jh.; der kleine Salon aus dem 19. Jh. und das prachtvolle neoklassizistische Foyer; ein Brunnen und einige Becken, in denen die Bühnenkostüme gewaschen und gefärbt wurden; die legendäre „erste Loge", die direkt auf der Bühne für die große Eleonora Duse errichtet wurde. Bei der Besichtigung entdeckt man nicht nur herrliche Stuckaturen, Gemälde und Flachreliefs, sondern auch mehrere Gedenktafeln: für Meucci, für die Duse und Gordon Craig, für Verdis Oper *Macbeth*, die 1847 hier uraufgeführt wurde, sowie für Orazio Costa, den Begründer der Schauspielschule, deren letzter Sitz sich in den Räumen des Pergola befand. Das Theater kann im Rahmen einer klassischen Führung oder auf einer Art Roadshow besichtigt werden, bei der man verschiedenen Persönlichkeiten begegnet, die zum Ruhm des Pergola beigetragen haben.

Wer hat das Telefon erfunden?

Bis 1989 zweifelte niemand daran, dass Graham Bell (1847–1922) der Erfinder des Telefons war. In jenem Jahr entdeckte Basilio Catania, Generaldirektor des CSELT (Centro Studi e Laboratori Telecomunicazioni in Turin) die Arbeit von Antonio Meucci. Dieser hatte um 1850 das Telektrofon erfunden, über das er von seinem Büro aus mit seiner durch Arthritis gelähmten Frau sprechen konnte. Zehn Jahre später führte er das Gerät seinem Freund Enrico Bendelari vor und eine italienischsprachige Zeitschrift in New York – *Eco d'Italia* – berichtete über die Erfindung. 1874 kontaktierte Meucci die Western Union Telegraph Company, um einen Termin für eine Vorführung zu vereinbaren. 1876 verlor er die Rechte an seiner Erfindung, da er nicht über die nötigen Mittel verfügte, um sein Patent zu verlängern. Graham Bell soll in der Werkstatt tätig gewesen sein, in der Meucci seine Instrumente aufbewahrte. Im März 1876 soll er auf dessen Telefon als seine eigene Erfindung ein Patent angemeldet haben. Meucci strengte einen Prozess an, der sich bis zu seinem Tod 1889 hinzog. Infolge der Recherchen von Catania enthüllte eine Untersuchungskommission eine geheime Verbindung zwischen dem Patentamt und der Firma von Bell, die sich verpflichtet hatte, der Western Union 20 Prozent der mit der Erfindung generierten Gewinne zu übertragen.

AUSFLUG IN DAS RÖMISCHE FLORENZ

Florentia: letzte Relikte einer noch immer lebendigen Phantomstadt

Via dell'Oriuolo, 24
Führungen immer am ersten Sonntag des Monats: 10 bis 11:30 Uhr, 11 bis 12:30 Uhr und 12 bis 13:30 Uhr
Die Besichtigung beginnt in den Räumen des Museums Firenze com'era
055 2768224

Am ersten Sonntag jedes Monats organisiert die Stadtverwaltung Führungen zur Entdeckung des römischen Florenz. Die Tour beginnt mit einer lehrreichen Einführung in den Räumen des Museums *Firenze com'era* in der Via dell'Oriuolo vor dem Modell einer römischen Stadt, die in ihrer Ausdehnung und Größe überrascht. Dieser illustrierte Einstieg verschafft dem Besucher auf einen Blick und mit wenigen Erläuterungen einen Eindruck von der urbanen Entwicklung vom Florentia der Antike mit seinen Grenzen und zentralen Gebäuden bis hin zur Morphologie der Stadt, wie sie sich heute präsentiert. Nach der Theorie folgt die Praxis: Vom Museum führt der Weg die Besucher auf die Piazza San Giovanni, auf der sich einst das Stadttor mit dem klangvollen Namen *Porta contra Aquilonem* ("Tor gegen die Winde") befand. Weiter geht es in die Via Roma (der ehemalige *Cardo* bzw. die Nord-Süd-Achse) und ins Herz des römischen Florenz, dorthin, wo auf der heutigen Piazza della Repubblica einst der imposante Tempel für Jupiter, Minerva und Juno stand, von dem heute nichts mehr zu sehen ist. Etwas weiter, zwischen der Via del Proconsolo und der Piazza San Firenze, gehen die Ende des 18. Jhs. rund um den alten Isis-Tempel begonnenen Ausgrabungen

weiter. Erst kürzlich wurden einige Grabstätten gefunden. Weitere Relikte aus der Römerzeit können im Museum der Torre della Pagliazza im Hotel Brunelleschi an der Piazza Elisabetta besichtigt werden. Das in derselben Gegend gelegene Restaurant *Alle Murate* hütet in seinen Kellerräumen ebenfalls archäologische Funde römischer Gebäude. Die Führung endet im Untergeschoss des Palazzo Vecchio, wo andere laufende Ausgrabungen Fragmente des römischen Theaters zutage fördern und Florenz einmal mehr einen kaum sichtbaren, aber umso faszinierenderen Teil seiner Geschichte zur Schau stellt.

Das Stendhal-Syndrom

Ospedale S. Maria Nuova – Piazza S. Maria Nuova – 055 27581 – Notruf 118

Das straffe Florenz-Programm des *Homo Touristicus* bietet zwischen dem einzigartigen Kulturerbe der Stadt für gewöhnlich nur wenig Zeit, auch einmal innezuhalten.

Dieser Besichtigungszwang führt angesichts der überwältigenden Schönheit nicht selten zu Halluzinationen, zum Verlust der gewohnten Bezugspunkte.

Und plötzlich ereilt einen das dringliche Bedürfnis, eine Pause einzulegen oder den Krankenwagen zu rufen.

Herzrasen, Schwindel und wahnhafte Bewusstseinsveränderungen bis hin zu Panikattacken sind die wesentlichen Symptome dieser Krankheit.

Der Tourist ist Opfer eines klassischen Phänomens, das seit rund 30 Jahren als „Stendhal-Syndrom" bekannt ist und im Krankenhaus Santa Maria Nuova in einer eigenen Abteilung behandelt wird.

Erstmals wissenschaftlich beschrieben wurde diese psychosomatische Störung 1979 von der italienischen Psychologin Graziella Magherini, die die Bezeichnung durch ihr Buch *La Sindrome di Stendhal* prägte, in dem sie die durch eine Reizüberflutung nach übermäßigem Kunstgenuss hervorgerufene Erkrankung beschreibt.

Der Begriff Stendhal-Syndrom nimmt Bezug auf den französischen Schriftsteller Marie-Henri Beyle, bekannt unter dem Pseudonym Stendhal, der bei seinem Besuch der Kirche Santa Croce unter den genannten Symptomen litt und diese in *Reise in Italien* wie folgt beschreibt: „Ich befand mich in einer Art Ekstase bei dem Gedanken, in Florenz [...] zu sein. Ich war in Bewunderung der erhabenen Schönheit versunken. [...] Ich war an dem Punkt der Begeisterung angelangt, wo sich die himmlischen Empfindungen, wie sie die Kunst bietet, mit leidenschaftlichen Gefühlen gatten. Als ich Santa Croce verließ, hatte ich starkes Herzklopfen. [...] ich fürchtete umzufallen."

Dieselben Symptome wurden auch in anderen Städten wie Jerusalem oder Paris beobachtet.

Aus Sicht mancher Ärzte ist das Stendhal-Syndrom eine bloße Kreislaufschwäche, die auf eine schlechte Körperhaltung bei der Besichtigung zurückzuführen ist: Durch das ständige Nach-oben-Blicken, um Decken, Kuppeln, Kirchtürme und Fresken zu betrachten, sei das Gehirn schlicht nicht mehr richtig durchblutet.

DAS HISTORISCHE STADTARCHIV VON FLORENZ ⑤

Das Museum der Annalen

Palazzo Bastogi Bastoni – Via dell'Oriuolo, 33
Montag und Freitag 9 bis 15:30 Uhr sowie Dienstag, Mittwoch und Donnerstag
9 bis 18 Uhr
Kostenlose Besichtigung nach vorheriger Anmeldung unter archstor@comune.fi.it
055 2616527

Das historische Stadtarchiv von Florenz ist eine unerschöpfliche Informationsquelle, ein Labyrinth von Dokumenten, von denen eines auf das nächste verweist, von Chroniken und Begegnungen, von Annalen, mit denen man sich ohne einen Moment der Langeweile ein Leben lang oder auch nur eine Viertelstunde beschäftigen und auf ungewohnte und lehrreiche Weise entspannen kann. Die Archive der meisten Städte sind nur schwer zugänglich – in Florenz, wo seit kurzem sogar regelmäßige Sonderausstellungen organisiert werden, ist das anders. Das Stadtarchiv von Florenz befindet sich in eher engen Räumen in der Via dell'Oriuolo; die Lage gegenüber der Biblioteca delle Oblate hingegen ist ideal. Das Archiv umfasst Zehntausende in mehrere Bestände unterteilte Dokumente. Alle Aspekte des gesellschaftlichen Lebens der Stadt finden sich hier wieder: von Dokumenten der öffentlichen Fürsorge über das Archiv des Teatro Niccolini (1699–1932) – das Rechenschaft über dessen künstlerisches Leben und dessen Finanzen ablegt – bis hin zu Beschlüssen der Stadtverwaltung oder Schriftstücken, in denen die vierhundertjährige Geschichte des Krankenhauses San Giovanni di Dio (1604–1968) dokumentiert ist. Jeder dieser Bestände erhellt einen bestimmten Abschnitt der Florentiner Geschichte: von der kurzen napoleonischen Ära, in der Florenz eine „*mairie*" war, bis zu den „*Scuole Leopoldine*", die über die dokumentierten Einzelschicksale ihrer Schülerinnen Licht in die damalige Bildungs- und Arbeitswelt von Mädchen und Frauen bringen. Der Zeichnungsbestand umfasst 40.000 Dokumente vom Ende des 18. Jh. bis in die 1960er-Jahre und gibt Aufschluss über den Wiederaufbau von Florenz nach dem Zweiten Weltkrieg. Neben den Sonderausstellungen sollten Sie unbedingt den eleganten Lesesaal des Palazzo besichtigen, der öffentlich zugänglich und ein idealer Ort ist, um ganz in Ruhe ein paar Stunden in einzigartigen Chroniken zu stöbern, die die „kleine" Geschichte der Stadt schreiben.

DIE SAMMLUNG ALBERTO PREDIERI ⑥

Eine Armee von 1500 Bleisoldaten

Ausstellungsräume des Sparkassenverbandes von Florenz
Via Maurizio Bufalini, 6
Montag bis Freitag 9 bis 19 Uhr, Samstag und Sonntag 10 bis 13 Uhr
und 15 bis 19 Uhr
055 538 4001
Eintritt frei

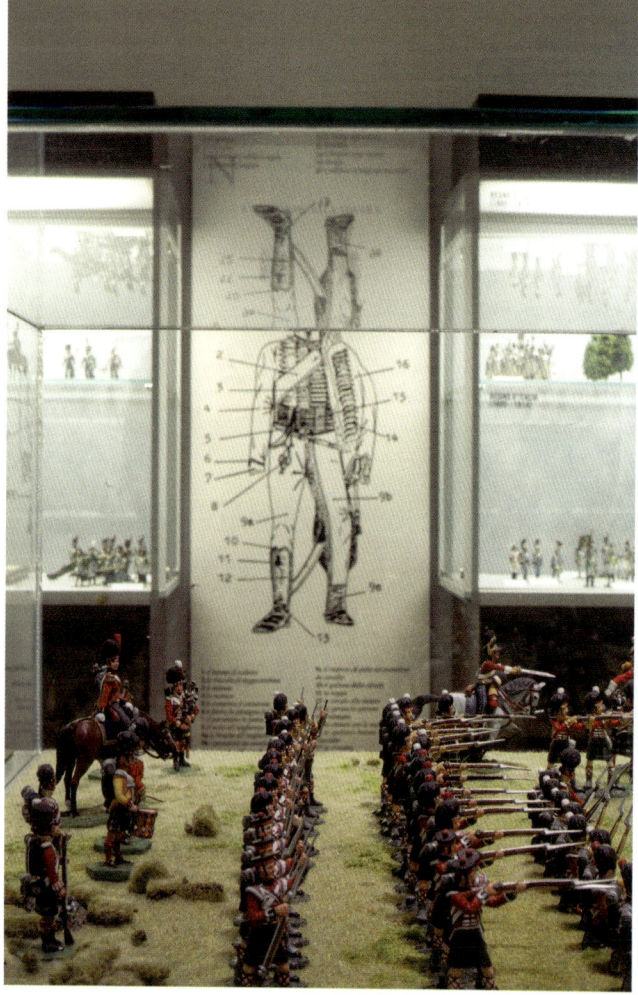

Mit seinen 1500 Bleisoldaten, die die napoleonischen Kriege und zum Teil das italienische Risorgimento illustrieren, hat Alberto Predieri (1921–2001) einen Schatz zusammengetragen, der Sammlerherzen höherschlagen lässt. Er vermachte die Sammlung der Sparkasse von Florenz, die diese heute in einem kleinen Museum der Öffentlichkeit zeigt. Die meist 54 mm hohen Soldaten sind fein bemalt, viele von ihnen sind Einzelstücke. Mit vielen Details und ausdrucksstarken Posen finden sich in der Sammlung Nachbildungen der wichtigsten italienischen und europäischen Armeen: von der russischen Kavallerie des Starinsky-Schwadrons und dem Regiment der britischen Royal Scots Greys, das sich in Waterloo besonders auszeichnete, über die österreichischen Füsiliere und die Mamluken der Kaiserlichen Garde Napoleons bis hin zur Genueser Kavallerie des Königreichs Sardinien. Zahlreiche historische Persönlichkeiten – von Garibaldi, Napoleon und Friedrich II. von Preußen bis hin zu den Königen von Schweden und Neapel – sind in der Sammlung ebenso vertreten wie Karossen, Feldküchen, Geschütze und verschiedene andere Objekte des militärischen Lebens. Auch tragische Momente wie der Rückzug der napoleonischen Truppen von den eisigen Schlachtfeldern Russlands werden nicht ausgespart und verdeutlichen das ganze Elend des Soldatendaseins: Verletzte, die im Schnee mit dem Tode ringen, andere, die mühsam ihre letzte Habe vorbei an getöteten Kameraden und Pferden hinter sich herziehen. Die chronologisch aufgebaute Ausstellung illustriert mit kurzen Erläuterungen und anhand von Karten die Geschichte der europäischen Kriege des 18. und 19. Jhs. Ein einzigartiges Schauspiel, das auch jene nicht gleichgültig zurücklässt, die eigentlich mit Bleisoldaten nicht viel anfangen können.

DIE FASSADE DES PALAZZO ZUCCARI

Eine abenteuerliche Fassade

Kunsthistorisches Institut in Florenz – Via Giusti, 44

Zwischen der Piazza D'Azeglio und der Piazza Santissima Annunziata befindet sich ein in Florenz einzigartiger Palazzo. In der Renaissance hätte man es niemals gewagt, eklektische, individuelle Fassaden zu gestalten. Ab dem Ende des 16. Jh. jedoch hielt sich die Florentiner Ästhetik nicht mehr an einen solch strengen Kanon: Der Palazzo Zuccari ist sicher das spektakulärste Beispiel dieser Entwicklung. Der manieristische Maler Federico Zuccari hielt sich nicht lange in Florenz auf, wo er insbesondere das (kürzlich restaurierte) gigantische Fresko des *Jüngsten Gerichts* in der Kuppel des Duomo gestaltete. Er lebte zunächst gleich um die Ecke in der Via Capponi, neben dem früheren Wohnhaus von Andrea del Sarto (an den heute eine Gedenktafel erinnert), beschloss jedoch eines Tages, sich zum öffentlichen Ausdruck seiner künstlerischen Persönlichkeit einen eigenen Palazzo ganz nach seinem Geschmack zu errichten. So entstand in den Jahren 1578/79 dieser Bau mit einer Fassade aus bunt gemischten Stilen und verschiedenen theatralisch angeordneten Elementen: Einfassungen aus unverputztem Mauerstein, unbehauene Steinblöcke neben geschliffenen Flachreliefs mit den Symbolen der Malerei, der Architektur und der Bildhauerei (1920 restauriert), kunstvolle Gitterfenster, zwei Nischen, Steinbänke am Sockel sowie eine glatt verputzte Kassette über dem Eingang, die Zuccari eigentlich für ein nie ausgeführtes Fresko vorgesehen hatte. Die Fassade ziert ein schmales, hohes Gebäude, das sich neben den übrigen Gebäuden dieser ruhigen Straße umso inkongruenter ausnimmt. Wenn Zuccari eine außergewöhnliche und unauslöschliche Spur seines Aufenthalts in Florenz hinterlassen wollte, so ist ihm das gelungen. Heute befindet sich im Palazzo Zuccari mit dem *Kunsthistorischen Institut* eine der bedeutendsten Einrichtungen zur Erforschung der Kunst- und Architekturgeschichte Italiens. Das Institut beherbergt eine der besten kunsthistorischen Fachbibliotheken überhaupt mit mehr als 300.000 Titeln, rund 1.000 Fachzeitschriften (die jedoch nur mit Mühe aufzufinden sind) und einer umfassenden Fotothek mit Materialien über italienische Kunst. Ein seit dem Ende des 19. Jh. sehr aktives Forschungszentrum, dem Zuccaris Extravaganz vielleicht ein wenig von seiner wissenschaftlichen Strenge nimmt.

In Rom verdanken wir Zuccari einen weiteren exzentrischen Bau: den Palazzetto Zuccari an der Piazza di Spagna mit Tür- und Fenstereinfassungen in Form von weit geöffneten Mäulern, die an riesenhafte Monster erinnern (Näheres dazu im Reiseführer *Verborgenes Rom*, der ebenfalls im Jonglez-Verlag erschienen ist).

PALAZZO CAPPONI ALL'ANNUNZIATA

Ein verborgener Palazzo

Via Gino Capponi, 26
Jeden ersten Montag des Monats 15 bis 18 Uhr
Vorherige Anmeldung unter 329 706 6422 erforderlich

Das Wohnhaus, das sich Alessandro Capponi im 18. Jh. erbauen ließ (er starb vor Abschluss der Arbeiten), ist trotz seiner gegenüber den zentralen Palazzi der Stadt etwas abseitigen Lage in einer langen schmalen Straße, die es fast unmöglich macht, die Fassade frontal zu betrachten, ein imposantes Gebäude voller Überraschungen und illustrer Hausherren wie Giuseppe Giunti (der hier starb) und Gino Capponi. Daneben beherbergt der Palazzo eine der größten italienischen Sammlungen mit Gemälden von Cézanne. Manche Elemente erinnern im Kleinen an den Palazzo Pitti, wie der von zwei Seitenflügeln flankierte zentrale Gebäudeteil, der große Innenhof oder der Springbrunnen, der an eine Muschelgrotte erinnert. Hinter dem Palazzo Capponi erstreckt sich ebenfalls ein kleiner Park, ein in geometrischen Formen angelegter Garten, der an den Giardino della Gherardesca angrenzt und einen guten Blick auf die imposante Rückfassade des Palazzo bietet. Einzigartig ist der lange, mit Mosaiken, Statuen und Obelisken dekorierte Pavillon, unter dessen Arkaden Volieren und eine Orangerie Platz finden. Das Interieur überrascht gleich am Eingang mit einem kunstvoll mit Muscheln verzierten Nymphäum und einer prachtvollen Freitreppe aus Pietra-Serena-Stein; die Decke zeigt eine Allegorie der *Triumphe*. Den Weg von einem Raum zum nächsten säumen herrliche Fresken. Den Höhepunkt bildet der Fest- und Bankettsaal mit seinem Innenbalkon. Das Gebäude überwältigt durch die schiere Anzahl seiner neoklassizistischen Statuen und detaillierten Dekors – Spiegel, Türgriffe, Kamine. Ein Lehrstück von Pracht und Prunk.

Der Palazzo Capponi wirkt wie das genaue Gegenteil des Palazzo Uguccioni (s. S. 64) an der Piazza della Signoria: Von außen erweckt er trotz seiner Ausmaße den Anschein, als verstecke er sich – in seinem Inneren verbirgt er jedoch eine seltene Pracht.

DER KREUZGANG DER TOTEN ⑨

Der isolierte Kreuzgang der Kirche der Maler

Basilika Santissima Annunziata – Piazza Santissima Annunziata
Täglich 7 bis 13 Uhr und 16 bis 19 Uhr
Unter Rücksichtnahme auf die Messfeiern empfiehlt sich eine Besichtigung
zwischen 16 und 17 Uhr
Der Zugang zum Kreuzgang der Toten liegt ganz hinten in der Kirche links
hinter einem roten Vorhang

Zum Abschluss der Besichtigung des architektonischen Komplexes der Basilika Santissima Annunziata besteht die Möglichkeit, über das linke Querschiff in einen kaum bekannten Teil der Kirche mit dem bedeutungsschweren Namen *Kreuzgang der Toten* vorzudringen. Dieser abgelegene Teil beherbergt neben zahlreichen Grabmälern das berühmte Fresko *Madonna del Sacco* (1525) von Andrea del Sarto. In den anderen Lünetten findet sich ein interessanter, aber leider sehr beschädigter Freskenzyklus aus dem 18. Jh., der die Geschichte der Serviten (*Ordo Servorum Mariae*) darstellt. Geht man durch den Kreuzgang hindurch, gelangt man in die Kapelle der Compagnia di San Luca, wo 1562 eine Künstlervereinigung gegründet wurde, die später in der von Cosimo I. gegründeten Accademia delle Arti del Disegno aufging. Im Herzen des wichtigsten Florentiner Marienheiligtums des 16. Jh. gaben sich seinerzeit die bedeutendsten Künstler die Klinke in die Hand: Andrea del Sarto, Pontormo, Rosso Fiorentino, Luca Giordano, Bronzino, Perugino, Vasari und viele andere, auch flämische und deutsche Künstler. Diese führten in Santissima Annunziata einzigartige Gemälde mit Darstellungen religiöser Szenen und Episoden aus. Allgegenwärtig ist die Legende, die sich um die Mariendarstellung von Fra Bartolomeo rankt (s. nächste Doppelseite). Einige Künstler wie der Bildhauer Baccio Bandinelli, der flämische Maler Jan van der Straet oder der ursprünglich aus dem heutigen Frankreich stammende Giambologna sind hier bestattet. Domenico Passignano gestaltete gar sein Grabmal selbst. In der *Ankunft der Heiligen Drei Könige* im Kreuzgang der Votivgaben verbirgt sich ein Selbstbildnis von Andrea del Sarto sowie ein Bildnis seines Freundes Jacopo Sansovino.

Die willentliche Beschädigung eines Gemäldes

Das Gemälde *Die Vermählung der Jungfrau Maria* von Franciabigio ist teilweise beschädigt. Verantwortlich dafür ist Franciabigio selbst, der so seiner Wut auf die Mönche Ausdruck verlieh, die ihn bei der Arbeit stets im Auge behielten. Ein „religiöser" Eingriff der anderen Art in ein Werk, das seinerzeit weniger wertgeschätzt wurde als das von Bartolomeo.

Die „tabernacoli" des Arco di San Pierino und der Via dell'Oriuolo

Im Arco di San Pierino befindet sich eine kleine Ädikula ohne Bild. In der Via dell'Oriuolo ist in einen Spalt zwischen zwei Bögen ohne Rahmen eine kleine, bunt bemalte Madonna eingelassen. Beide Bögen sind nur wenige Meter voneinander entfernt – die Ädikula ohne Bild und das Bild ohne Ädikula scheinen sich wie zwei Hälften eines der als *tabernacolo* bezeichneten kleinen Bildstöcke perfekt zu ergänzen.

DAS MARIENBILD DES FRA BARTOLOMEO

Eines von wenigen „acheiropoietischen" Gemälden

Basilika Santissima Annunziata, Piazza Santissima Annunziata
Täglich 7 bis 13 Uhr und 16 bis 19 Uhr
Unter Rücksichtnahme auf die Messfeiern empfiehlt sich eine Besichtigung
zwischen 16 und 17 Uhr

Fra Bartolomeo (der weniger bekannt ist als sein Namensvetter aus dem 16. Jh.) soll zu Zeiten der Gründung der ersten Kirche um 1252 bei dem Versuch, das Gesicht der Jungfrau Maria zu malen, eingeschlafen sein. Beim Erwachen sah er, dass das Fresko von Engelshand fertiggestellt worden war (obwohl dieses aus dem 14. Jh. stammt und im 15. Jh. überarbeitet wurde). Es handelt sich dabei somit um ein sogenanntes Acheiropoieton (s. rechts), das in Florenz – einer auch im Verhältnis zwischen Künstler und Werk eher rational denn mystisch veranlagten Stadt – in seiner Art vermutlich einzigartig ist. Mit seiner außergewöhnlichen Entstehungsgeschichte trug das Gemälde in jedem Fall zur Festigung der seit jeher engen Verbindung der Basilika Santissima Annunziata zur Malerei bei.

Die Acheiropoieta

Nach der christlichen Religion ist ein Acheiropoieton ein nicht von Menschenhand geschaffenes Kunstwerk. Dabei kann es sich auch um mechanisch umgesetzte Werke (das Turiner Grabtuch, das Schweißtuch der Veronika) oder von Gott gegebene Bilder handeln.

Der Begriff soll vom heiligen Paulus selbst bei einer besonderen Gelegenheit erfunden worden sein.

Während eines Aufenthalts in Ephesus wetterte er nämlich gegen den ländlichen Götzendienst, vor allem gegen die zahlreichen Figuren der Göttermutter Artemis mit ihren zahlreichen Brüsten, und behauptete, dass „die von Menschenhand geschaffenen Götterbilder keine Götter sind".

Mit dem Begriff Acheiropoieton beachtete er das jüdische Verbot der Götterdarstellung, bekämpfte die heimischen Götzen, stellte ihnen den wahren Leib Christi gegenüber und versuchte jeglichen Missbrauch zu verhindern, indem er behauptete, der wahre Körper Christi sei dessen eigener Körper nach der Verklärung (Ereignis nach der Auferstehung Christi).

Laut der Legende gibt es neben dem bekannten Turiner Grabtuch und dem Schweißtuch der Veronika (siehe *Verborgenes Rom* im selben Verlag) noch heute einige andere Werke, auch wenn sie sehr selten sind. Zwei davon befinden sich auf dem Berg Athos, der griechischen Mönchsrepublik, deren Zutritt Frauen, Mädchen und weiblichen Tieren seit dem 11. Jahrhundert untersagt ist. Dort befinden sich zwei dieser göttlichen Werke.

Das erste ist im Kloster Megistis Lavras, das zweite im Kloster Iviron zu sehen. Auch in der Kirche Notre-Dame-des-Miracles in Saint-Maur in der Nähe von Paris wird ein Acheiropoieton aufbewahrt. Auch das Christusbild von Edessa in der Kirche San

Bartolomeo degli Armeni in Genua soll von Jesus selbst gemalt worden sein. Das in der Papstkapelle Sancta Sanctorum im Lateran in Rom hingegen soll vom heiligen Lukas gezeichnet und von den Engeln vervollständigt worden sein.

Das Antlitz Jesu von Lucca soll schließlich von Nikodemus, der neben Josef von Arimathäa bei der Kreuzigung Jesu anwesend war, geschnitzt und von den Engeln vervollständigt worden sein.

DIE PERSÖNLICHEN GÄNGE DER PRINCIPESSA MARIA MADDALENA DE' MEDICI

Eine Prinzessin, die nicht auf die Straße gehen wollte

Via della Colonna, Via Laura, Via Capponi
Basilika Santissima Annunziata

Maria Maddalena de' Medici (1600–1633), siebtes Kind von Ferdinand I. de' Medici und Christine von Lothringen sowie Schwester von Cosimo II., litt seit ihrer Kindheit unter einer Krankheit, die sie daran hinderte, selbstständig zu laufen. Von Geburt an gehbehindert, wurde sie erst im Alter von neun Jahren getauft. Am 24. Mai 1621 trat sie in den Convento della Crocetta ein, legte jedoch nie ein Gelübde ab.

Sie lebte in dem an das Kloster angrenzenden Palazzo della Crocetta (ein Werk des Architekten Giulio Parigi), einem zwischen der Via della Colonna 38, der Piazza Santissima Annunziata, der Via Gino Capponi 13, der Via Laura 15 und der Via della Pergola 65 gelegenen Gebäude. Die Pläne umfassten auch einige bereits vorhandene Gebäude an der Via della Pergola. Heute befindet sich in dem Palazzo das Archäologische Nationalmuseum von Florenz. Da Maria Maddalena Mühe hatte, Treppen zu steigen, versah man ihr Haus und die angrenzenden Gebäude mit einer Reihe von Übergängen, über die sie sich barrierefrei bewegen konnte und dabei vor den neugierigen Blicken von Passanten auf der Straße geschützt war. Noch heute sind einige faszinierende Spuren von diesem Gängelabyrinth zu sehen: In dem Palazzo selbst erinnert ein langer Gang, der sogenannte *„corridoio mediceo"*, an den Vasarikorridor. Maria Maddalena nutzte ihn, um überdacht und ohne Stufen steigen zu müssen, von einem Gebäudeteil im ersten Stock zum anderen zu gelangen: Zwei Gänge an der Via Laura führten in das Crocetta-Kloster und von dort in das benachbarte Kloster Santa Maria degli Angiolini, das zwischen Via Laura, Via della Pergola und Via della Colonna liegt; ein weiterer Gang in der Via della Colonna diente als Übergang zum heutigen Istituto degli Innocenti; ein anderer Übergang an der Via Gino Capponi ermöglichte es ihr, dem Gottesdienst in der Basilika Santissima Annunziata beizuwohnen. In der Basilika ist noch heute oberhalb der Eingangstür ein großes, vergittertes Fenster zu sehen, hinter dem die Principessa die religiösen Feierlichkeiten verfolgen konnte, ohne selbst gesehen zu werden.

DAS MILITÄRGEOGRAPHISCHE INSTITUT

Das Hauptquartier der Kartographie

Via Cesare Battisti, 10
Montag bis Freitag 9 bis 13 Uhr nach vorheriger Anmeldung
055 273 2244

Ein Telefonanruf genügt, um einen Termin zu vereinbaren und im Herzen der Altstadt von Florenz einen Ort zu besichtigen, der eine Welt, ja ein ganzes Universum für sich darstellt. Bei dieser zwischen der Piazza San Marco und der Piazza della Santissima Annunziata gelegenen „Schatzinsel" handelt es sich um das Militärgeographische Institut von Florenz, ein Symbol des nationalen Ruhms, das mit dem Umzug der Hauptstadt an den Arno verlegt wurde. Zu den ersten Aufgaben, mit denen es betraut wurde, zählte die Anfertigung der ersten topographischen Karte des geeinten Italiens im Maßstab 1:100.000 – ein riesiges Projekt,

das erst nach dreißigjähriger Arbeit abgeschlossen werden konnte. Das Institut ist heute ein Paradies nicht nur für Freunde der Kartographie, sondern für alle Reisenden und Neugierigen. Seit nunmehr rund 150 Jahren ist die großartige Sammlung von historischen Planisphären und Atlanten des Instituts in den Räumen dieses Stadtpalais aus dem 17. Jh. untergebracht. Der Bestand umfasst außerdem etwa 200.000 Bücher, einen großen phonographischen Katalog sowie geographische, chorographische, hydrologische und geologische Karten von Italien, Europa und der ganzen Welt. Der mit Fresken aus dem 17. Jh. ausgestaltete große Hauptlesesaal des Instituts – einst Treffpunkt eines illustren Gelehrtenzirkels – ist auf beiden Seiten mit langen Bücherregalen gesäumt; überall verteilt stehen Globen. Mit seiner historischen Bibliothek und seinem kartographischen Museum ist das Institut noch heute ein aktives Forschungszentrum, das es sich zur Aufgabe gesetzt hat, Karten mit den ihm zur Verfügung stehenden wissenschaftlichen Instrumenten zu aktualisieren. Das militärische Personal ist von ausgesuchter Höflichkeit, außerdem bietet der Lesesaal Ruhe und ist für gewöhnlich nicht stark besucht.

DIE BIENEN DES REITERDENKMALS
FÜR FERDINAND I.

Vom Symbol der Macht zum Spiel für Kinder

Piazza Santissima Annunziata

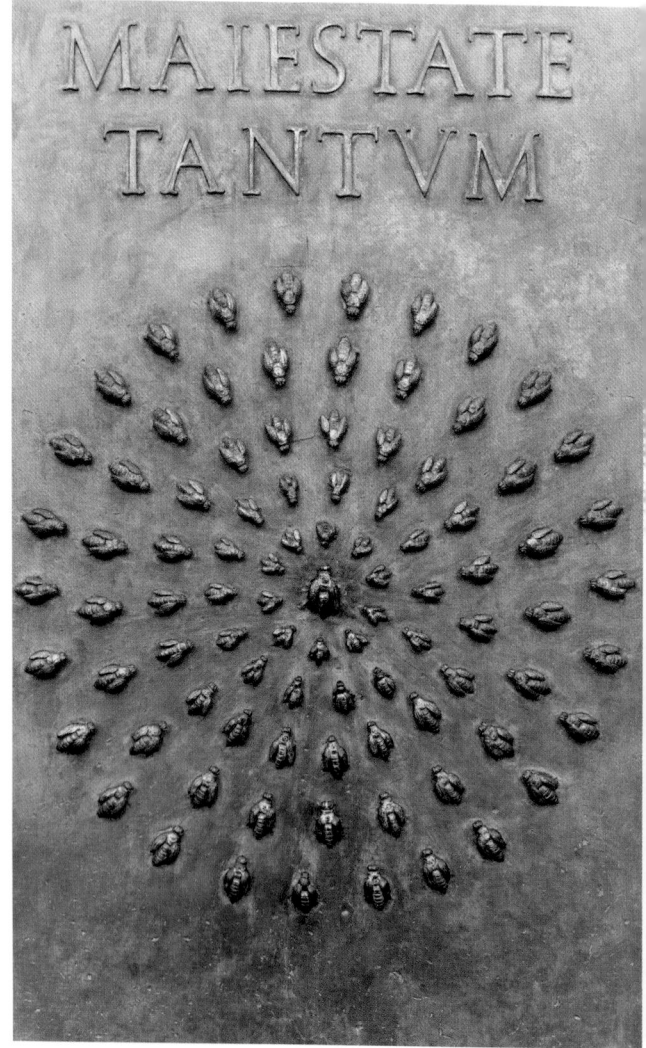

Es ist dies die wohl differenzierteste Darstellung einer Insektengruppe weltweit. Auf den ersten Blick fällt sie am Bronzesockel des Reiterdenkmals für Ferdinand I. de' Medici, von 1587 bis 1609 Großherzog der Toskana, kaum ins Auge. Von dem manieristischen Bildhauer Giambologna (der ursprünglich aus dem heutigen Frankreich stammte) entworfen, wurde die Statue 1608 von dessen Schüler Pietro Tacca ausgeführt, indem er die Kanonen der türkischen Galeeren, die von den Schiffen des St.-Stephans-Ordens erobert wurden, einschmelzen ließ. Betrachtet man den Sockel genauer, erkennt man einen Kreis aus etwas, das wie Schrotkugeln aussieht. Es handelt sich dabei jedoch nicht um ein bloßes Kunstelement, sondern um einen Bienenschwarm mit folgender Inschrift darüber: *Maiestate Tantum* (Durch Majestät allein). Dieser Verweis auf die Welt der Insekten ist in Wahrheit ein Zeichen der Macht mit mehr als nur einer Bedeutung: der Staat als Gemeinschaft und deren Arbeitsbereitschaft, sein disziplinierter Aufbau und die Vorrangstellung der Bienenkönigin – das kleinste Symbol großherzoglicher Autorität. Die außergewöhnliche Darstellung des Bienenschwarms gebar nur wenig später eine Volkslegende. Kinder wie Erwachsene machen sich heute einen Spaß daraus, die bronzenen Bienen zu zählen, wenngleich behauptet wird, dies sei unmöglich, da man ab einer bestimmten Anzahl durcheinandergerät und durch die unregelmäßige konzentrische Anordnung des Schwarms den Faden verliert. Dieser kleine Fingerzeig sei vom Großherzog und von Tacca gewünscht gewesen, da der höhere Sinn der

Macht dem Volke verborgen bleiben müsse. Man erzählt, dass Eltern den Schwarm nutzten, um die Aufmerksamkeit ihrer Kinder auf die Probe zu stellen, und Kinder von ihren Eltern eine Belohnung verlangten, wenn es ihnen gelang, die genaue Anzahl der Bienen zu ermitteln. Man sagt auch, dass jenem, dem es gelingt, die Bienen ohne Berührung oder Kennzeichnung allein mit den Augen zu zählen, das Glück hold ist. Für Florenz-Besucher bietet sich hier die Möglichkeit zu einem netten Zeitvertreib.

Allen Ungeduldigen sei an dieser Stelle verraten, dass es 91 Bienen sind. Aber mit oder ohne die Königin ...?

DAS RAD DER FINDELKINDER

Von 1445 bis 1785 ...

Spedale degli Innocenti, Piazza della Santissima Annunziata

Das Spedale degli Innocenti („Hospital der Unschuldigen Kinder") ist heute nicht nur wegen seines Renaissancemuseums und des UNICEF Innocenti Research Centre (IRC) bekannt, sondern vor allem wegen seiner berühmten *„ruota"*, einem drehbaren Holzzylinder, an dem Säuglinge anonym abgegeben werden konnten, die von ihren verzweifelten Familien oder alleinstehenden Müttern nicht versorgt werden konnten.

Die *ruota* befand sich an einer Art Schalter unter den Arkaden auf der linken Seite des Eingangs zum Hospital. Daneben hing ein mit einem Glöckchen verbundenes Seil, über das das Ablegen eines Säuglings angekündigt werden konnte, um zu verhindern, dass dieser zu lange im Freien lag. Der Zylinder ist heute nicht mehr vorhanden. Der Schalter ist jedoch seit dem 5. Februar 1445 unverändert – dem Tag, an dem der erste *„innocente"* hineingelegt wurde. Ein Mädchen, das nach der Heiligen, deren Fest an diesem Tage begangen wurde, auf den Namen Agata getauft wurde. Das Rad der Findelkinder blieb bis 1875 und damit bis lange nach der italienischen Einigung und der Zeit, in der Florenz Hauptstadt des Königreichs war, in Betrieb. Eine Gedenktafel erinnert heute an die Einrichtung. Das Findelhaus war jedoch nicht die letzte Station der Neugeborenen: Nachdem sie aus dem Rad genommen wurden, wurden sie in der Hoffnung, Adoptiv-

eltern zu finden, für einige Zeit in der Loggia del Bigallo neben dem Duomo untergebracht – auch um von Gewissensbissen geplagten Eltern die Möglichkeit zu bieten, ihr Kind zu sich zurückzuholen. Heute beeindruckt vor allem die Schönheit der *ruota*, die weniger wie ein Instrument der sozialen Fürsorge denn wie ein wertvolles Zeugnis der Handwerkskunst anmutet. Die Florentiner nannten die *ruota* unter Anspielung auf Weihnachten liebevoll *mangiatoia* (it. Futterkrippe). Letztlich zeugt dieser Ort, an dem sich vermutlich zahlreiche dramatische Szenen abgespielt haben, von den erstaunlichen Fortschritten des Sozialwesens in jener Zeit.

Was ist das Drehbrett für Findelkinder?

Bereits ab dem Jahr 787 soll der mailändische Pfarrer Dateo ein Häuschen für die ausgesetzten Neugeborenen vor seiner Kirche aufgestellt haben. Später sind die ersten organisierten Initiativen für die Aufnahme ausgesetzter Kinder ab dem Jahr 1188 im Hospiz der Kanoniker in Marseille zu verzeichnen, bis diese Praxis dann von Papst Innozenz III. (1160–1216, Papst von 1198 bis zu seinem Tod) institutionalisiert wurde. Nachdem er Zeuge des grausamen Schauspiels der auf dem Tiber treibenden Leichen ausgesetzter Kinder geworden war, entschloss er sich, zu helfen. Die Drehbretter wurden so an den Pforten der Klöster angebracht, dass die Eltern, die sich zu dieser Tat gezwungen sahen, ihre Anonymität wahren konnten. Das „Rad der Unschuldigen" bestand aus einem drehbaren Holzzylinder, der von außen zugänglich war. Das Kind wurde hineingelegt und die Schwestern über eine Klingel alarmiert. Sie drehten den Zylinder so lange, bis das Kind im Inneren des Klosters angekommen war. Der Zugang zum Zylinder war durch ein Gitter geschützt, um sicherzustellen, dass aufgrund der Größe nur Neugeborene in die Klappe gelegt werden konnten. Papst Gregor VII. und Dschingis Khan gehören zu den wohl bekanntesten Findelkindern. Das System wurde im 19. Jh. abgeschafft, musste jedoch jüngst aufgrund des hohen Anstiegs der Anzahl ausgesetzter Kinder so gut wie überall in Europa reaktiviert werden. Historische Drehbretter sind im Vatikan, in Pisa und Florenz sowie in Bayonne und Barcelona zu finden.

DAS ALLZEIT GEÖFFNETE FENSTER DES PALAZZO GRIFONI

Ein Spukzimmer?

Piazza della Santissima Annunziata

Wir stehen hier vor einem der Rätsel von Florenz: Das rechte Fenster im zweiten Stock des Palazzo Grifoni ist als das „allzeit geöffnete Fenster" bekannt und tatsächlich sind die Läden vor diesem Fenster immer halb geöffnet. Der Erzählung nach soll von diesem Fenster aus die Frau eines Mitglieds der Familie Grifoni ihren Mann letztmals gegrüßt haben, bevor dieser in den Krieg zog. An diesem Fenster wartete sie Tag um Tag auf seine Rückkehr, doch er kehrte nicht zurück. Als sie starb, beschloss man das Fenster zu schließen. Manche sagen, in dem hinter dem Fenster liegenden Zimmer habe es zu spuken begonnen, als das Fenster einmal geschlossen wurde: Bilder seien von den Wänden gefallen, das Licht ausgegangen und Möbel verrückt worden. Als das Fenster wieder geöffnet wurde, war alles wieder wie vorher. Anderen Quellen zufolge sollen die Bewohner des Viertels dafür protestiert haben, dass das Fenster offenbleiben müsse, da sie es seit Langem so gewohnt waren. Wie dem auch sei, bei den Passanten, die jeden Tag über die Piazza Santissima Annunziata gehen, rufen die halb geöffneten Läden dieses Fensters ein gewisses Unbehagen hervor, als sei über diese Geschichte noch nicht das letzte Wort gesprochen.

IN DER UMGEBUNG

Der Garten des Palazzo Grifoni – Budini Gattai ⑯

Via de' Servi, 51
Jeden zweiten Dienstag im Monat 9 bis 12 Uhr und 14:30 bis 17:30 Uhr
Im August geschlossen
Vorherige Anmeldung unter 055 210 832 erforderlich

Wer mehr über den Palazzo erfahren möchte, kann den für seine hundertjährigen Kamelien und sein Nymphäum berühmten Garten sowie einige Räume, wie das Vestibül von Ammannati und die monumentale Treppe, besichtigen. Das Zimmer mit dem legendären Fenster (s. o.) ist jedoch leider nicht für Besucher geöffnet ...

DER AFFE DES CASINO MEDICEO ⑰
DI SAN MARCO

Ein Symbol der Neugier?

Via Cavour, 57
Kein öffentlicher Zutritt

In der Via Cavour 57 befindet sich das Casino Mediceo di San Marco, ein altes Gebäude der Familie Medici, dessen kühle Fassade interessante symbolische Details zieren. Am Holzportal und unterhalb des Fenstersimses befinden sich Affenköpfe und -pfoten, die unter einer Muschel hervorschauen (die die Affen zu erdrücken scheint). Manchen Interpretationen nach steht der Affe für das Schlechte, die Muschel für Fruchtbarkeit und Leben: Das Gute erdrückt das Böse. Andere behaupten, der Affe stünde für die Neugier – und das nicht zufällig, handelt es sich bei diesem Palazzo doch um den Ort, an dem Francesco I. de' Medici seine alchemistischen Experimente durchführte. Ferner könnte der Affe für den Übergang vom unbelebten Element zum belebten Element stehen, ein Prozess, der in alten alchemistischen Studien (s. S. 15) häufig beschrieben wird. Der Palazzo wird durch eine hohe Mauer begrenzt, an der eine Tafel an einen heute verschwundenen Ort von Florenz erinnert, der aus künstlerischer und historischer Sicht von Interesse ist. Denn genau hier befanden sich einst die Gärten der Medici – ein großes Stück Land, auf dem Lorenzo de' Medici die Hofkunstschule unter Leitung von Bertoldo di Giovanni ansiedelte, die Künstler wie der junge Michelangelo besuchten. Die Gedenktafel erinnert an diese Schule als das erste Beispiel einer Kunstakademie auf dem Alten Kontinent. 1576 gingen die Grünflächen teilweise im Casino Mediceo auf. Der Palazzo wurde nach Entwürfen von Buontalenti im Auftrag von Großherzog Francesco I. de Medici (1541–1587) als Sitz des wissenschaftlichen Kabinetts (der so genannten „Fonderia") des Großherzogs errichtet, der sich sehr für die Naturwissenschaften interessierte und mit großer Leidenschaft chemische Experimente vornahm. Francesco I. lebte indes niemals hier. Er vermachte den Palazzo seinem aus der Verbindung mit seiner Geliebten Bianca Cappello hervorgegangenen Sohn Don Antonio de' Medici (1576–1621). 1597 ließ sich Don Antonio offiziell hier nieder. Die Räume und den Garten seines neuen Heims bereicherte er durch Marmorgruppen von Giambologna. Heute beherbergt der Palazzo staatliche Lagerräume und Teile des Landgerichts.

DER PALAZZO PANDOLFINI

Ein von Raffael entworfenes Gebäude

Via San Gallo, 74
Jeden letzten Montag und Samstag im Monat 10 bis 13 Uhr. Im August
geschlossen. Vorherige Anmeldung unter 338 722 9862 erforderlich
(10 bis 12:30 Uhr und 18 bis 20 Uhr)

Von der Straße aus erscheint der Palazzo Pandolfini seltsam verschoben: ein Hauptgebäude mit zwei (statt der drei traditionellen) Etagen, ein angrenzender eingeschossiger Flügel, in dem sich das Hauptportal
befindet, und über diesem eine Reihe von Balkonen. Typisch sind die
rustikalen Bossenquader und die mit Tympanon, Balustraden und kleinen
Säulen verzierten Fenster. Dennoch weist das Gebäude nicht die üblichen
Elemente eines Florentiner Palazzo auf. Einzigartig ist die Inschrift, die das Hauptgebäude wie ein Band umgibt und auf den Bischof Giannozzo Pandolfini
verweist, Auftraggeber des Palazzo, sowie auf die Medici-Päpste Leo X. und

![Palazzo Pandolfini Fassade mit Garten]

Clemens VII. Das ungewöhnliche Ensemble ist die Folge einer Reihe von Zwischenfällen, die sich während des Baus ereigneten. Raffael entwarf das Gebäude 1514. Da er Rom jedoch aufgrund seiner Verpflichtungen beim Bau des Petersdoms nicht verlassen konnte, übertrug er die Bauleitung seinem Kollegen Giovanni Francesco da Sangallo. Aufgrund des Todes Pandolfinis, der Benennung seines Erben Ferrando Pandolfini, Bischof von Troia (Apulien), und der langen Besetzung von Florenz, während der Giovanni Francesco da Sangallo 1530 verstarb, wurde der Bau unterbrochen. Auf ihn folgte Bastiano da Sangallo, genannt Aristotile, doch zwischenzeitlich war es zu starken Abweichungen von dem ursprünglichen Entwurf gekommen und der Palazzo blieb unvollendet – wenngleich die Gefahr einer Verunstaltung durch den einzigartigen Charme einer Reihe harmonisch aufeinander abgestimmter Details abgewendet werden konnte. Der Garten zeichnete sich einst durch seine Kamelien- und Zinerariensammlung sowie ein eigenes Orchideenhaus aus. Im Rahmen der Besichtigung kann neben der Haupttreppe auch das alte Oratorio di San Silvestro bewundert werden, das heute Teil des Wohngebäudes ist.

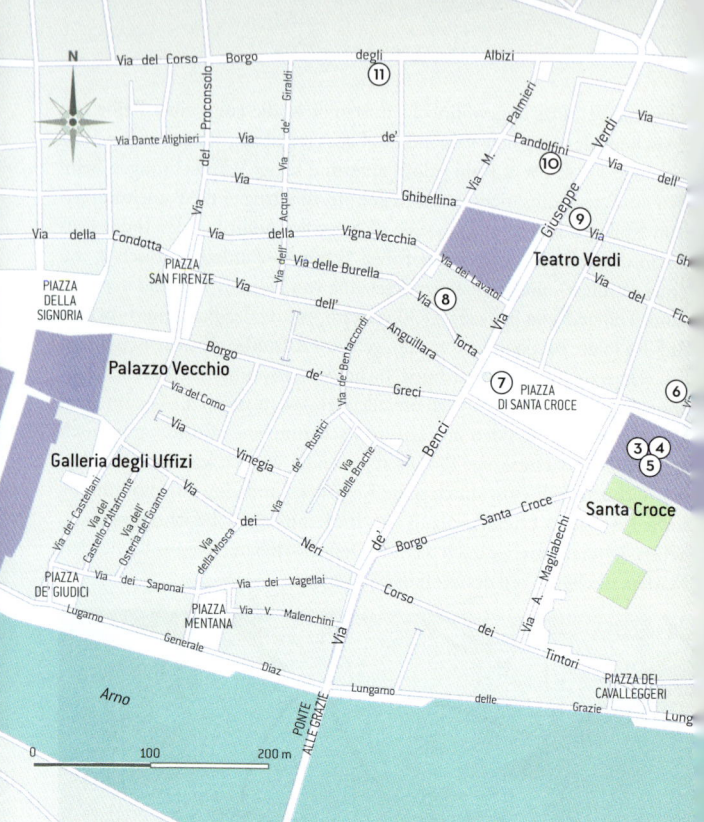

Santa Croce

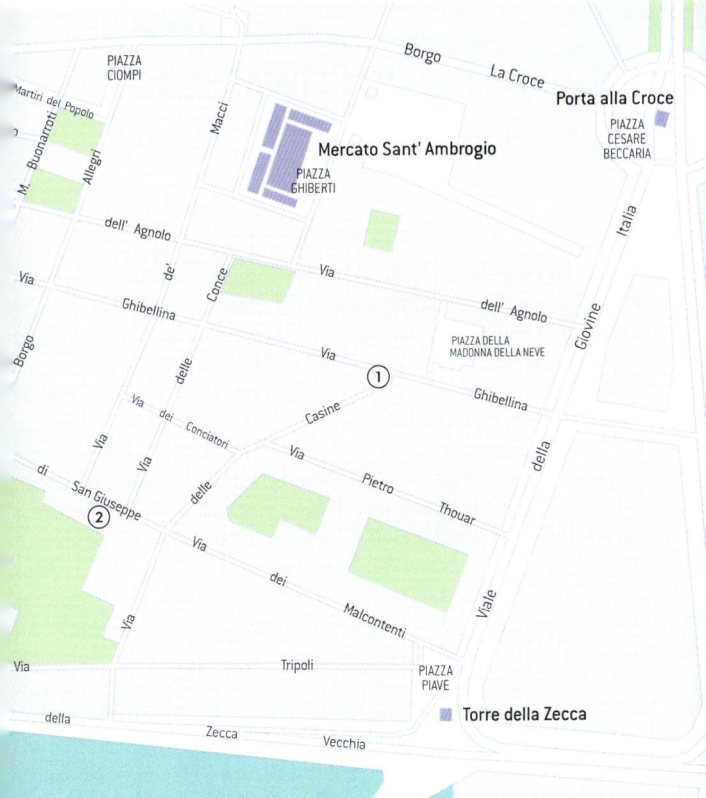

SPUREN DES HOCHWASSERS

Eine Art „Arnometer"

Ecke Via Ghibellina/Via delle Casine
Ecke Via San Remigio/Via de' Neri

An der Ecke Via Ghibellina/Via delle Casine erinnert eine Gedenkta-fel an die Überschwemmungen, deren Opfer die Stadt immer wieder wurde. Etwa einen Meter über dem Boden kann man an einer Hauswand folgende Inschrift lesen: *„1547 – Arno fu qui a 13 Agosto"* („1547 – Bis hierhin reichte der Arno am 13. August"); ein Strich zeigt den Wasser-stand dieses einzigartigen Sommer-Hochwassers vor rund 500 Jahren an. Ein Stück darüber erinnert eine bronzene Gedenktafel an eine weitere Überschwemmung im November 1844, bei der das Wasser noch höher, auf mehr als vier Meter über dem Boden, stieg. Eine dritte Tafel verweist auf das jüngste Hochwasser: *„Il 4 novembre 1966 l'acqua d'Arno arrivò a quest'altezza"* („Am 4. November 1966 erreichte der Wasserstand des Arno diese Höhe"). Als eine Art „Arnometer" legt diese Straßenecke Zeugnis der historischen Überschwemmungen ab, die sich in Florenz ereigneten. An der Ecke Via Remigio/Via de' Neri erinnern zwei weitere Inschriften an außergewöhnliche Überschwemmungen, die sich im Abstand von mehr als 600 Jahren ereigneten: 1333 und 1966. Die höchste Tafel – 4,92 m über dem Boden – zeigt den Wasserstand des Arno am 4. November 1966 an. Auf der darunter liegenden Tafel erfährt man, dass 1333 „am 4. November in der Nacht von Donnerstag auf Freitag das Wasser bis hierher reichte". Weitere schwere Überschwemmungen ereigneten sich in den Jahren 1466, 1547 und 1844. Das Hochwasser von 1966 ging jedoch als das bislang schlimmste in die Geschichte ein: 35 Menschen starben, 100.000 Florenti-ner mussten einen Tag und eine Nacht auf den Dächern oder im obersten Stock ihrer Häuser ausharren. 15.000 Autos wurden von den Fluten mit-

gerissen, von den Schäden, die das Wasser an den zahlreichen Kulturgü-tern verursachte, ganz zu schweigen. Die Kirche von Ognissanti wurde unter einer Schlammlawine begra-ben, durch die Botticellis Fresko des Hl. Augustinus (s. S. 168) beschädigt wurde. Die Gräber von Santa Croce versanken 4,5 m tief im Schlamm. In den Uffizien reichte das Wasser bis in den dritten Stock. Wie durch ein Wunder hielten die Brücken dem Hochwasser stand.

DAS FENSTER DER TRAGÖDIE VON ELIDE BENEDETTI ②

„Die bewegendste Tragödie der Stadt"

Via San Giuseppe, gegenüber der gleichnamigen Kirche

Gegenüber der Kirche San Giuseppe wurde kürzlich eine Gedenktafel angebracht, die an die bewegendste Tragödie in der Geschichte von Florenz erinnert. Mehr noch als die Tafel zieht das daneben liegende Gitterfenster die Aufmerksamkeit auf sich; denn hier starb Elide Benedetti im Hochwasser vom 4. November 1966 auf tragische Weise. Elide war 66 Jahre alt und aufgrund einer Lähmung an den Rollstuhl gefesselt. Als das Wasser in ihr Haus eindrang, war es bereits zu spät, um sie noch durch die Tür zu retten. Die Carabinieri zogen sie so weit wie möglich hoch und banden sie mit einem Laken an den Stangen ihres Fensters fest, bevor sie forteilten, um Hilfe zu holen. Sie hofften, die Stangen vor dem Fenster aufsägen und sie auf diesem Wege retten zu können. Der Pfarrer der Gemeinde, Don Giuseppe Baretti, blieb bei ihr am Fenster und versuchte, ihr in dieser schwierigen Situation von außen Trost zu spenden. Das Wasser stieg unaufhaltsam, doch die erhoffte Rettung kam nicht. Schließlich erreichte das Wasser Elide und sie ertrank. Don Baretti konnte nichts weiter tun, als bis zu ihrem letzten Atemzug bei ihr auszuharren. Die Tafel zitiert eine Seite aus dem Gemeindeblatt: „Dies war die bewegendste Tragödie der ganzen Stadt. Einer Frau beistehen zu müssen, die sterben wird und dem Tod ins Auge blickt, ohne etwas tun zu können, und das nur, weil es nicht möglich war, ein vergittertes Fenster zu öffnen." Die Gedenktafel wurde 2006 auf Initiative der Pfarr-

gemeinden von San Giuseppe und Sant'Ambrogio angebracht. Es mag verwunderlich erscheinen, dass das öffentliche Gedenken an dieses Ereignis so lange auf sich hat warten lassen; noch mehr wundert man sich jedoch vermutlich, wenn man hört, dass es Jahre dauerte, bis die offizielle Zahl der Opfer bekannt war. Erst kürzlich fand und veröffentlichte die Associazione Firenze Promuove ein Dokument der Präfektur aus dem November 1966, in dem 34 Opfer – 17 in Florenz und 17 in den umliegenden Gemeinden – samt ihren genauen Todesumständen aufgelistet sind.

DIE FASSADE DER FRANZISKANER-KIRCHE SANTA CROCE

Der Davidstern an der Fassade einer katholischen Kirche

Kirche Santa Croce – Piazza Santa Croce

Hinter den neogotischen Entwürfen der Fassade der Kirche Santa Croce verbirgt sich die Handschrift von Niccolò Matas, dem Architekten aus Ancona, der Mitte des 19. Jhs. das Antlitz der Kirche vollendete, das bis zu diesem Zeitpunkt in rohem Pietraforte unverputzt offengelegen hatte. So geht auch der Davidstern (s. u.) im Tympanon als Symbol der Religion, der er angehörte, auf ihn zurück. Zudem wollte Matas, dem wir auch den Friedhof Porte Sante verdanken, gegenüber dem Eingang der Kirche bestattet werden. Interessant: Noch im 15. Jh. hatten die Franziskaner einen Fassadenentwurf von Pollaiuolo abgelehnt, da dieser das Symbol des Hauses Quaratesi, dem Stifter der Kirche, in die Fassade hatte integrieren wollen.

Mehr Informationen über den Davidstern auf der nächsten Doppelseite.

Das Hexagramm: ein magischer Talisman?

Das Hexagramm, auch Sechsstern oder Davidstern genannt, wird aus zwei ineinander verwobenen, gleichseitigen Dreiecken gebildet, die für die spirituelle und die menschliche Natur des Menschen stehen. Seine sechs Zacken entsprechen den sechs Richtungen des Raums (Norden, Süden, Osten, Westen, Zenit, Nadir) und symbolisieren die sechs Tage der Schöpfung; Am siebten Tag ruht der Schöpfer. In diesem Kontext ist das Hexagramm zum Symbol des Makrokosmos (seine sechs 60-Grad-Winkel ergeben in der Summe 360 Grad) und der Einheit des Menschen mit seinem Schöpfer geworden.

Gemäß den Vorgaben des Alten Testaments (Deut. 6, 4–8) findet sich das Hexagramm häufig auf der traditionellen jüdischen *Mesusa*, einer am Türpfosten befestigten Schriftkapsel. Doch auch christliche und muslimische Völker verwenden es oft als Amulett. Im Koran (38:32 ff.) und in den Erzählungen aus Tausendundeiner Nacht ist es als unzerstörbarer Talisman präsent, der einem zum Segen Gottes verhilft und vor den Geistern der Natur (*Dschinn*) schützt. Ebenso häufig findet es sich auf den Fenstern und Giebeldreiecken christlicher Kirchen, gleich einem symbolischen Verweis auf die universelle Seele, die hier durch Jesus bzw. durch Jesus (oberes Dreieck) gemeinsam mit Maria (unteres Dreieck) dargestellt wird. Beide sind eng miteinander verschlungen und bilden im Ergebnis den allmächtigen, ewigen Vater.

Oft findet man das Hexagramm auch abgewandelt als sechszackigen Stern und sechsblättrige Rosette. Das Hexagramm findet sich zwar in der Synagoge von Kafarnaum (3. Jh.), in der rabbinischen Literatur – genauer gesagt im *Eschkol Hakofer* des karäischen* Weisen Judah Hadassi – taucht es jedoch erst 1148 auf. In Kapitel 242 erhält es einen mystischen, beschützenden Charakter; häufig wurde es in Amulette eingraviert: "Und die Namen der sieben Engel wurden auf die Mesusa geschrieben. Der Ewige schützt dich und dieses Symbol, das „Davidschild", enthält am Ende der Mesusa die geschriebenen Namen aller Engel." Im 13. Jh. wurde das Hexagramm zudem zum Attribut eines der sieben magischen Namen Metatrons, des Engels, der mit dem Erzengel Michael, dem Gott am nächsten stehenden Fürsten der himmlischen Heerscharen, verbundenen Präsenz. Die Identifikation des Judentums mit dem Davidstern begann im Mittelalter. 1354 gestand König Karl IV. (Karel IV.) der jüdischen Gemeinschaft von Prag das Privileg zu, ihre eigene Fahne zu führen. Die Juden entwarfen daraufhin ein goldenes Hexagramm auf rotem Grund, genannt *Magen David* (Schild Davids), das zum offiziellen Symbol für Synagogen der jüdischen Gemeinschaft allgemein wurde. Im 19. Jh. war dieses Symbol weit verbreitet. Die jüdische Mystik sah den Ursprung des Hexagramms direkt in den Blumen, welche die Menora** in Form einer Lilie mit sechs Blütenblättern zieren. Ihre Anhänger glaubten daran, dass es direkt aus den Händen des Gottes Israels stammte; die Lilie mit ihren sechs Blütenblättern gleicht in ihrer Form dem Davidstern und wird im Hohelied Salomos auch mit dem Volk Israel gleichgesetzt.

Neben seiner beschützenden Funktion soll das Hexagramm auch über magische Kräfte verfügen: Dieser Glaube geht auf den

Schlüssel Salomons (Clavicula Salomonis) zurück, eine Reihe von König Salomon zugeschriebenen magischen Schriften, die jedoch vermutlich aus dem Mittelalter stammen – wahrscheinlich aus einer der vielen kabbalistischen Schulen, die es seinerzeit in Europa gab. Der Text ist klar von den Lehren des Talmud und der jüdischen

Kabbala inspiriert. Er umfasst 36 Pentakel (voller magischer bzw. esoterischer Bedeutung), über die eine Verbindung zwischen der irdischen Welt und den Ebenen der Seele hergestellt werden soll. Von dem Text gibt es verschiedene Fassungen und Übersetzungen, deren Inhalt zum Teil stark variiert. Auch im Buddhismus und Hinduismus in Tibet und Indien wird das universelle Symbol des Hexagramms verwendet. Hier gilt es als Symbol des Schöpfers und der Schöpfung, für die Brahmanen ist es das Zeichen des Gottes Vishnu. Die beiden verschlungenen Dreiecke waren ursprünglich in Grün (oberes Dreieck) und Rot (unteres Dreieck) gehalten. Später wurden diese beiden Farben durch Weiß (Materie) und Schwarz (Geist) ersetzt. Im Hinduismus verweist das obere Dreieck des Hexagramms auf Brahma, Vishnu und Shiva (was im Christentum dem Vater, dem Sohn und dem Hl. Geist entspricht) und das untere Dreieck auf Shiva, Vishnu und Brahma (Hl. Geist, Sohn und Vater). Der Sohn (Vishnu) befindet sich dabei stets in der Mitte: Er ist Mittler zwischen dem Göttlichen und dem Irdischen.

* Qarajm *oder hebr.* bnei mikra: „Söhne der Schriften". *Die karäische Religionsgemeinschaft ist ein Zweig des Judentums, der einzig die hebräischen Schriften als Quelle der göttlichen Offenbarung anerkennt.*
** Menora: *siebenarmiger Leuchter, dessen Arme auf die sieben Geister vor dem Thron verweisen: Michael, Gabriel, Samael, Raphael, Zedekiel, Anael und Kassiel.*

DER „HERMETISCHE"
HIMMEL DER PAZZI-KAPELLE

Der Zwillingshimmel der alten Sakristei
von San Lorenzo

Kirche Santa Croce – Piazza Santa Croce
Montag bis Samstag 9:30 bis 17:30 Uhr; Sonntag und an gesetzlichen Feiertagen
(6. Januar, 15. August, 1. November, 8. Dezember) 13 bis 17 Uhr. Ostermontag,
25. April, 1. Mai und 2. Juni geöffnet. Neujahr, Ostersonntag, 13. Juni, 4. Oktober
und 25. Dezember geschlossen
www.santacroceopera.it

Das Fresko in der Kuppel der Pazzi-Kapelle der Kirche Santa Croce zeigt denselben Sternenhimmel, der auch in der alten Sakristei von San Lorenzo zu sehen ist (s. S. 128). Dieser Fall ist einzigartig: zwei Fresken, die dieselbe Nacht mit derselben Bedeutung zeigen, an zwei unterschiedlichen Orten der Stadt, in Auftrag gegeben von zwei unterschiedlichen Mäzenen.

Die Familie Pazzi unterhielt wie die Medici eine enge persönliche Beziehung zu René d'Anjou, dem „König von Jerusalem". Dieser schlug anlässlich seines Aufenthalts in Florenz einen der Pazzi zum Ritter und wurde Taufpate eines neugeborenen Nachkömmlings dieser Florentiner Adelsfamilie.

Hermes Trismegistos und die Hermetik: Himmlische Energien auf Erden durch die Reproduktion der kosmischen Ordnung

Als *Hermes Trismegistos* oder *Trimegistus* (lt. Hermes, der dreimal Größte) bezeichneten Neuplatoniker, Alchemisten und Hermetiker den ägyptischen Gott Thot, der in der griechischen Mythologie zum Gott Hermes wurde und im Alten Testament auch mit dem Patriarchen Enoch gleichgesetzt wird. Alle drei galten in ihren jeweiligen Kulturen als Schöpfer der phonetischen Schrift, der theurgischen Magie und des messianischen Prophetismus. Thot wurde mit den Mondphasen in Verbindung gebracht, die Ausdruck der Harmonie des Universums waren. Die ägyptischen Schriften verweisen auf ihn, den Gott des Wortes und der Weisheit, als den „zweimal Größten". Im synkretischen Umfeld des Römischen Reiches erhielt der griechische Gott Hermes als Gott des Wortes und der Weisheit und als Bote aller Götter des Olymps das Attribut des ägyptischen Gottes Thot, jedoch gesteigert um eine weitere Dimension – Trismegistos, der „dreimal Größte". Die Römer assoziierten ihn mit Merkur, dem Vermittler zwischen Erde und Sonne, in der kabbalistischen Lehre bezeichnet als Metatron, „dem Thron nahestehend". Im hellenistischen Ägypten war Hermes „Schreiber und Botschafter der Götter" und galt als Verfasser einer Reihe heiliger, „hermetischer" Schriften (*Corpus Hermeticum*) mit Lehren über Kunst, Wissenschaft, Religion und Philosophie, deren Ziel die Gottwerdung des Menschen durch die Erkenntnis Gottes war. Diese vermutlich von einer Gruppe von Anhängern der hermetischen Schule im alten Ägypten verfassten Schriften beinhalten das im Laufe der Zeit gesammelte Wissen, das hier dem Gott der Weisheit zugeschrieben wird, der starke Ähnlichkeit mit dem Gott Ganesh des hinduistischen Pantheons hat. *Corpus Hermeticum*, dessen Ursprünge in das 1. bis 3. Jh. zurückreichen, galt dem hermetischen und neuplatonischen Denken der Renaissance als Inspirationsquelle.

Obgleich der Schweizer Gelehrte Casaubon im 17. Jh. das Gegenteil bewiesen hatte, glaubte man weiterhin daran, dass der Text auf das Alte Ägypten und die Zeit vor Moses zurückging und das Christentum ankündigte. Nach Clemens von Alexandria bestand er aus sechs in 42 Bücher unterteilten Themenkomplexen. Der erste handelte von der

Ausbildung der Priester, der zweite von den Tempelriten, der dritte von Geologie, Geographie, Botanik und Landwirtschaft, der vierte von Astronomie und Astrologie, Mathematik und Architektur, der fünfte enthielt Hymnen zu Ehren der Götter und einen politischen Leitfaden für die Könige, und der sechste war eine medizinische Abhandlung. Im Allgemeinen wird davon ausgegangen, dass Hermes Trismegistos ein Kartenspiel voller esoterischer Symbole entworfen hatte, bei dem die ersten 22 Karten mit Goldschnitt und die 56 übrigen Karten mit Silberschnitt versehen waren: das *Tarot* oder *Das Buch Thot*. Weiterhin gilt Hermes auch als Verfasser des Buchs der Toten oder „Buch des Ausgangs zum Licht" sowie des berühmten Textes *Tabula Smaragdina* (lat. smaragdene Tafel), die großen Einfluss auf Alchemie und Magie im europäischen Mittelalter hatten. Zwischen dem 5. und 14. Jh. war der Hermetismus in Europa auch eine Hermeneutikschule, die bestimmte Gedichte aus der Antike, enigmatische Mythen und Kunstwerke sowie verschiedene allegorische Abhandlungen der Alchemie und der hermetischen Wissenschaft interpretierte. Noch heute bezeichnet der Begriff Hermetismus daher den esoterischen Charakter von Texten, Werken, Worten oder Handlungen und besagt damit, dass diese eine okkulte Bedeutung aufweisen, die einer hermeneutischen Auslegung gemäß den Grundsätzen einer auf das korrekte Verständnis solch verborgener Inhalte ausgelegten philosophischen Wissenschaft bedarf. Die hermetischen Grundsätze wurden durch die römischen *Collegia Fabrorum*, Vereinigungen von Architekten für zivile, militärische und religiöse Bauten, übernommen und angewendet. Diese Kenntnisse wurden im 12. Jh. an die christlichen Mönchsbaumeister weitergegeben, denen Europa seine großen römischen und gotischen Bauten verdankt und die ihre Werke nach den Grundsätzen der heiligen Architektur und gemäß dem Vorbild der heiligen Geometrie ausführten. Es ist dies das direkte Erbe des dritten und vierten Komplexes des *Corpus Hermeticum*, wonach Städte und Gebäude in einer inneren Beziehung zu bestimmten Planeten und Konstellationen erbaut wurden, um die himmlische Ordnung auf Erden zu reproduzieren und im irdischen Leben die kosmische und siderische Energie zu begünstigen. Angestrebt wurde die Erfüllung des hermetischen Prinzips: „Wie oben, so unten". In der europäischen Renaissance im 16. und 17. Jh. trat der Humanismus an die Stelle des Hermetismus. Die Formen wurden rationalisiert, das Transzendentale ignoriert. Dies war das Ende der traditionellen und der Beginn der profanen, barocken und prämodernen Gesellschaft, die dem Materialismus und Atheismus den Weg bereitete, der die moderne Welt beherrscht.

DAS GRAB VON GIOVANNI BATTISTA NICCOLINI

Die Freiheitsstatue – von Santa Croce nach New York

Kirche Santa Croce
Montag bis Freitag 9:30 bis 17 Uhr, Sonn- und Feiertag 14 bis 17 Uhr

Viele Modelle inspirierten den jungen französischen Bildhauer Frédéric Auguste Bartholdi zu seiner berühmten Freiheitsstatue, die Frankreich der Stadt New York 1886 schenkte: allen voran seine Mutter, deren Gesicht jenes der Statue nachempfunden sein soll, die Statue *La legge nuova* von Camillo Pacetti, die auf dem Balkon über dem Hauptportal des Mailänder Doms thront (Näheres dazu im Reiseführer *Verborgenes Mailand*, der ebenfalls im Jonglez-Verlag erschienen ist), und das berühmte Gemälde *Die Freiheit führt das Volk* von Eugène Delacroix. Europäische Spuren der Freiheitsstatue gibt es also mehr als genug. Eine davon führt zu der elf Meter hohen Kopie der Statue, die auf der Pariser Île aux Cygnes nahe dem Pont de Grenelle drei Jahre nach Einweihung des Originals in New York errichtet wurde. Die Kirche Santa Croce mit ihren rund dreihundert Grabmälern rühmt sich damit, im Besitz eines Modells zu sein, das Bartholdi am stärksten für sein Werk beeinflusst haben soll. Es ist nicht von der Hand zu weisen, dass das Grabmal, das Pio Fedi für den patriotischen Dramatiker Giovanni Battista Niccolini (1782–1861) entwarf, der Freiheitsstatue ähnelt. Die Ähnlichkeit zieht sich vom Namen des Werks – *Libertà della poesia* (dt. „Freiheit der Dichtung") – über die Proportionen des Körpers, den gehobenen rechten Arm, den Blick und die Füße bis hin zu der Strahlenkrone, die die Statue auf dem Kopf trägt. Wesentliche Unterschiede sind die gerissene Kette, welche die Freiheit von Pio Fedi anstelle der Fackel der Statue von Bartholdi in der Hand hält, und der anmutigere Ausdruck der Statue von Santa Croce gegenüber den fast maskulinen oder androgynen Zügen ihrer „jüngeren amerikanischen Schwester". Das 1877 vollendete und 1883 (und damit drei Jahre vor der Freiheitsstatue von New York) eingeweihte Denkmal zirkulierte zuvor in Form von Zeichnungen

und Entwürfen unter den damaligen Künstlern. Das mit dem Original identische Gipsmodell existierte bereits, als Bartholdi Florenz besuchte. Der französische Bildhauer war dem italienischen Risorgimento, dem auch die Dichtung von Niccolini zuzurechnen ist, stark verbunden. Oft trug er das rote Hemd der Soldaten Garibaldis, dessen Adjutant er war. Zudem war er wie der „Held der zwei Welten" und Pio Fedi selbst Freimaurer, sodass nicht nur die objektive Ähnlichkeit der beiden Werke die These einer direkten Inspiration stützt, sondern auch der historische Kontext.

DER PALAZZO BARGELLINI

Erinnerungen an den Bürgermeister des Hochwassers

Via delle Pinzochere, 3
Besichtigung nach Vereinbarung
055 241 724

Zwei Schritte von der Piazza Santa Croce entfernt befindet sich der Palazzo Da Cepparello aus dem 16. Jh., der in seinem Stil an Bauwerke der Architekten Giuliano da Sangallo und Baccio d'Agnolo erinnert. Hier lebte Piero Bargellini (1897–1980), Schriftsteller und Historiker, Abgeordneter und Bürgermeister von Florenz zu Zeiten des Hochwassers von 1966, der diesen Palazzo 1946 erwarb. Die zwei großen Räume, in denen sich sein Büro befand, weisen hohe Kassettendecken auf und sind mit sechs sehenswerten Fresken aus dem 14. Jh. dekoriert, die aus der Kirche San Stefano alle Busche in Poggio alla Malva stammen. Besonders interessant ist alles, was auf die Arbeit und das Leben des Schriftstellers verweist: die zwei Klaviere, auf denen heute der Enkel von Bargellini, der berühmte Pianist Gregorio Nardi (der den Palazzo heute zusammen mit seiner Ehefrau verwaltet), spielt, die Bibliothek, die Zehntausende Briefe oder die umfassende Sammlung von Büchern über die Geschichte von Florenz, deren besondere Aspekte – wie die *tabernacoli* (s. S. 191) oder die Toponymie – er als einer der ersten systematisch untersuchte. Daneben zeigt die Ausstellung einige kuriose Souvenirs wie den Rucksack, den die Ehefrau des künftigen Bürgermeisters auf ihrer Hochzeitsreise auf Korsika im Jahr 1929 bei sich trug.

Der unkomplizierte, nüchterne Stil von Bargellini spiegelt sich vor allem in seiner umfangreichen Korrespondenz wider. Neben Freundschaftsbekundungen berühmter Persönlichkeiten, die bei ihm ein- und ausgingen – René Clair, Roberto Rossellini, Carla Fracci oder Jean Gabin –, gibt es unzählige Briefe von Florentinern, die sich mit ihren Bitten an Bargellini wandten: von der Rettung des Kunsterbes der Stadt (in diesem Hause wurde die Associazione Amici dei Musei Fiorentini – Freunde der Florentiner Museen – gegründet) bis zu Hilfegesuchen in persönlichen Angelegenheiten. In den Briefen geht es etwa um die „in der Straßenbahn Nr. 14 getroffene"

Vereinbarung (Bargellini war immer öffentlich unterwegs) oder eine Bitte um finanzielle Unterstützung, vor allem nach dem großen Hochwasser, als der Bürgermeister die Bürger dazu aufrief, sich direkt an ihn zu wenden, um die Bürokratie abzukürzen. So kann man sich hier nicht nur ein Bild von der Menschlichkeit Bargellinis machen, sondern auch und vor allem von der Florentiner Gesellschaft seiner Zeit.

DIE LINIEN AUF DEM SPIELFELD DES *CALCIO STORICO* VON FLORENZ

Zwei authentische Relikte früherer Wettkämpfe

Palazzo degli Antellesi – Piazza Santa Croce, 20 und 7

Der in der Renaissance entstandene „Kostümfußball" (*calcio storico*) ist als Florentiner Besonderheit allseits bekannt. Dass dieser Sport seinem Namen nach auch noch „historisch" ist, zeigt sich auf der Piazza Santa Croce, auf der zwei Relikte aus der Renaissance die Enden der Mittellinie des Spielfeldes markieren, auf dem die Begegnungen ausgetragen wurden. Bei dem ersten handelt es sich um eine Marmorscheibe an der Fassade des Stadtpalais der Familie Antellesi auf der rechten Seite des Platzes, wenn man in Richtung Kirche blickt. Links daneben befindet sich heute ein Schmuckgeschäft. In den Stein ist das Datum 10. Februar 1565 eingemeißelt. Direkt gegenüber kann man an der Fassade des Gebäudes mit der Nr. 7 den zweiten Hinweis entdecken, ebenfalls eine (kleinere) Scheibe, die einen Ball darstellt und in zwei rote und zwei weiße Teile unterteilt ist.

Am Boden war zwischen diesen beiden Scheiben eine weiße Linie gezogen, die das Spielfeld in zwei gleiche Hälften trennte. Im Zentrum dieser Linie nahm der *pallaio* (Ballträger) den Anstoß vor. Der Ball wurde gegen eine der beiden Scheiben geworfen, prallte zurück und fiel auf das Spielfeld: Die Partie hatte begonnen. Es gab jedoch auch Varianten: So fanden zwei Partien in den Jahren 1491 und 1605 auf dem zugefrorenen Arno statt. 1530 – während der Belagerung von Florenz durch die päpstlichen Truppen – beschloss die Stadt, trotz Nahrungsmittelknappheit nicht vom Karnevalskalender abzuweichen, um dem Gegner die Stirn zu bieten. Das traditionelle

„Calcio-Fiorentino-Match" fand unter den Augen des Feindes statt, der auf den umliegenden Hügeln lagerte. 1575 wiederum organisierten Florentiner Händler in Lyon eine Partie. An dieses Ereignis wurde im Juli 1998 während der Fußball-Weltmeisterschaft in Frankreich in einem Match zwischen Florenz und Lyon erinnert. Im Jahr 1766 schließlich wohnte der englische Konsul einer Partie in Livorno bei, die das Aufkommen des modernen Fußballs im Land beeinflusst haben soll. Zu den berühmten Spielern, die sich im *calcio storico* auszeichneten, zählten neben verschiedenen Mitgliedern der Medici auch drei künftige Päpste: Clemens VII., Leo XI. und Urban VIII. (der zudem im Haus mit der Nr. 5 an der Piazza Santa Croce geboren wurde). Der Niedergang des Spiels nahm im 17. Jh. seinen Lauf. Die letzte dokumentierte Partie fand 1739 statt. 1930 wurde anlässlich der Gedenkfeiern zum 400. Jahrestag der Belagerung von Florenz (s. oben) die erste Partie der Moderne ausgetragen. Heute findet das Turnier jedes Jahr im Juni statt. Dabei treten die vier historischen Stadtteile von Florenz in zwei Ausscheidungsrunden und einem Finale gegeneinander an; die Partien werden auf der mit Sand bedeckten Piazza Santa Croce ausgetragen. Die Regeln des bisweilen als Vorläufer des modernen Fußballs betrachteten *calcio storico fiorentino* und der stärkere Körpereinsatz erinnern eher an das heutige Rugby; eine Partie dauert fünfzig Minuten. Die vier Mannschaften mit je 27 Spielern stehen für die vier historischen Stadtteile von Florenz: Santo Spirito (weiß), Santa Maria Novella (rot), San Giovanni (grün) und Santa Croce (blau). Die Spieler, die früher aus dem örtlichen Adel stammten, werden heute aus kräftigen und unerschrockenen Freiwilligen ausgewählt. Wer einmal *calcio storico* gespielt hat, ist auf immer ein Held, denn es zeugt von besonderer körperlicher Stärke – auch wenn dieser Titel nicht immer erstrebenswert ist: Denn auch wenn das Ziel des Spiels einzig darin besteht, den Ball im Netz des gegnerischen Tors zu versenken und den Regeln nach nicht alle Schläge erlaubt sind, ist der *calcio* dennoch sehr körperbetont und nicht selten enden Partien in einer riesigen Schlägerei. Ein Trend, der im Widerspruch zu den traditionellen Gewändern steht, die die Spieler tragen (daher auch der Name „Kostümfußball") und die am Ende der Partie oft nur noch in Fetzen am Körper hängen. Einem Spieler soll einmal ein Ohr abgebissen worden sein; in jüngerer Vergangenheit mussten die Ordnungskräfte bei Partien, die aus dem Ruder geraten waren, eingreifen.

SPAZIERGANG AUF DEN SPUREN DES ALTEN AMPHITHEATERS VON FLORENZ

Eine ungewöhnliche, gebogene Linie

Via Torta – Piazza Peruzzi

Rund um die Piazza Santa Croce besteht die Möglichkeit zu einem kurzen Spaziergang, der Touristen, die auf der Jagd nach spektakulären Bildern sind, jedoch – soviel vorab – enttäuschen könnte. Der Weg folgt einer gebogenen Linie, die sich durch die historischen Gassen zieht und mit ein wenig Phantasie das Phantom eines Bauwerks vor dem geistigen Auge auferstehen lassen kann. Diese Linie zieht sich entlang der Via Torta (die einst laut Hinweis auf der Gedenktafel den passenden Namen Via Torcicoda – geschwungene Straße – trug), durch die Via del „Parlascio" (von lt. *perilasium*, „eine Runde drehen") und die Via Bentaccordi bis hin zur Piazza Peruzzi: Eine lange Schleife, die in Florenz, wo die Straßen für gewöhnlich rechtwinklig zueinander verlaufen, einzigartig ist. Der Verlauf dieser Straßen ergibt einen Halbkreis, der die Begrenzung des alten römischen Amphitheaters von Florenz aus dem 2. Jh. markiert. Dieses Amphitheater umfasste 20.000 Plätze (zum Vergleich: Das Kolosseum in Rom bot bis zu

80.000 Zuschauern Platz), die um eine Arena von 64 mal 40 Meter angeordnet waren. Der Standort befand sich in einem sumpfigen Teil der Stadt, was aus den Namen der umliegenden Straßen abgelesen werden kann: Via Isole delle Stinche, Via dell'Acqua und Via Anguillara – oder auch im Namen der Kirche San Jacopo tra Fossi in der Via dei Benci. Der Name der zwischen der Via Torta und der Via dell'Acqua gelegenen Via Burella leitet sich vom Begriff *burius* ab, den unterirdischen Gängen des Amphitheaters, durch die die Tiere in die Arena gelangten.

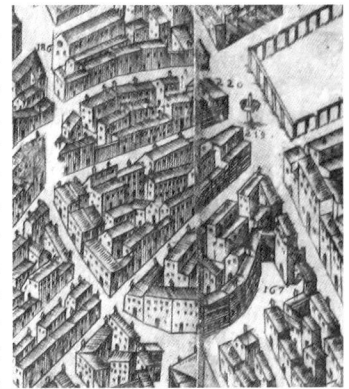

Der Torbogen an der Piazza Peruzzi 6 entspricht der Längsachse des Florentiner Kolosseums und an einigen der Häusern in diesen Straßen ist aufgrund der fächerartigen Anordnung ihrer Räume gut zu erkennen, dass sie mit den Steinen des Amphitheaters und entlang seiner Ränder, deren einzige sichtbare Spur sie heute noch sind, errichtet wurden. Der Spaziergang verschafft einen Eindruck, wie groß das Theater war und wie es sich mit fortschreitendem Ausbau der Stadt in die Architektur einfügte.

Im Amphitheater von Florenz erlitt der Hl. Minias sein Martyrium. Dieser christliche Märtyrer wurde der Volkstradition gemäß im Jahr 250 vor einer johlenden Menschenmenge enthauptet. Im Gegensatz zu den ersten Anhängern des primitiven Christentums stand der enthauptete Heilige jedoch auf, nahm seinen Kopf unter den Arm und verließ stolz die Arena. Schnellen Schritts begab er sich zum Arno, überquerte diesen und stieg auf den ersten Hügel vor Florenz. Am Gipfel angelangt und erschöpft von seinem wundersamen Kraftakt oder geblendet von der sich ihm bietenden Sicht brach er zusammen. An dieser Stelle wurde ihm zu Ehren später die Basilika San Miniato al Monte errichtet.

Der wundersame Spaziergang des Hl. Minias erinnert an die Geschichte des Hl. Dionysius von Paris. Dieses Phänomen wird mit dem Begriff „Cephalophorie" (gr. *kephalē* = Kopf und *phorein* = tragen) bezeichnet.

DER PALAZZO BORGHESE

Als das 19 Jh. seinen Reichtum ausbreitete

Via Ghibellina, 110
Besichtigung auf Anfrage einige Tage im Voraus je nach Terminplan
des Personals
055 2396293
info@palazzoborghese.it
palazzoborghese.it

Wenngleich der Palazzo Borghese ein wenig in der engen Via Ghibellina eingezwängt ist, fällt er mit seinem Erdgeschoss aus Sichtstein und der mit neoklassizistischen Säulen verzierten Beletage (*piano nobile*) direkt ins Auge. Das Äußere lässt den Stil im Inneren kaum erahnen, doch schon am Eingang wird man von der Pracht überwältigt. Nach wenigen Schritten trifft man im Herzen einer von Spiegeln und Gemälden, Marmor und Kapitellen geprägten Architektur auf weitere monumentale Statuen, Säulen und Treppen. Der Palazzo umfasst Dutzende (manche behaupten mehr als vierzig) minutiös gestaltete Räume, die jeder für sich einzigartig sind und einen gewissen Hang zum Überfluss zeigen. Besuchende flanieren durch den Ballsaal mit seinen vielen Kronleuchtern, fein verzierten Türen und einer überbordenden Stuckatur, den rosa Salon, den roten Salon, den gelben Salon, den grünen Salon und den mittleren Salon (*Salotto di mezzo*) – einer prachtvoller als die anderen, die Decken mit Fresken ausgestaltet. Den Höhepunkt der Besichtigung markiert die *Galleria Monumentale*, fünfmal länger als breit und damit – wie auch der Name sagt – vielmehr eine Galerie als ein Raum. Gleich nach dem Betreten wird man von zügellosem Luxus geblendet: prunkvolle Kronleuchter, auffällige Wandleuchten, große Statuen in Seitennischen, ein Dekor in Weiß und Gold bis hin zu den unvermeidlichen Säulen, eine große Kuppel voller Fresken mit mythologischen Szenen und alles, was es braucht, um eine der luxuriösesten Atmosphären von Florenz und vielleicht ganz Italien zu schaffen. Genau das war das Ziel von Camillo Borghese, Ehemann der Schwester Napoleons: 1822 unternahm er eine grundlegende Umgestaltung des Palazzo.

Er scheute sich nicht, ein Vermögen auszugeben, um nur die besten Künstler und Handwerker der Stadt zu verpflichten. Das Ergebnis ist dieses Dekor des mondänen Lebens der Florentiner High Society: Fürst Stanisław Poniatowski eröffnete hier sein Casino Borghese, bevor der Palazzo nach umfangreichen Sanierungsarbeiten in den 1990er-Jahren zu einem Ort für besondere Feierlichkeiten und Empfänge wurde.

DAS ORATORIO DELLA COMPAGNIA DI SAN NICCOLÒ AL CEPPO

Das ehemalige Oratorium der Kinder

Via de' Pandolfini, 2
Montag bis Freitag 17 bis 19 Uhr
Spenden werden dankend entgegengenommen

Am Beginn der Via Pandolfini befindet sich an einer schmucklos verputzten Mauer der Eingang zum beinahe in Vergessenheit geratenen Oratorium der Compagnia di San Niccolò al Ceppo, einer der ältesten Bruderschaften von Florenz, die im 14. Jh. gegründet wurde und nach mehreren Umzügen 1561 schließlich in der Via Pandolfini ein Zuhause fand. Getreu ihrer Bestimmung, tagsüber junge Menschen den Katechismus zu lehren und abends die Bürger von Florenz – allen voran die Handwerker – zum Gebet zu versammeln, ist die Bruderschaft noch heute aktiv, auch wenn sich ihre Tätigkeit mehr oder weniger auf das Abhalten von Messfeiern im Oratorium beschränkt.

Das Oratorium steht jedem offen. Innen gelangt man nach einem kleinen Vestibül in einen warmen, einladenden Raum mit einfacher Holzvertäfelung, einem Deckenfresko von Giandomenico Ferretti, das Geschichten aus dem Leben des Hl. Nikolaus von Myra zeigt, einem Hauptaltar und einer Kreuzigung von Francesco Curradi, die das Hauptwerk des Oratoriums – die Kreuzigung des Hl. Nikolaus und des Hl. Franz – ersetzt, das sich heute im San Marco Museum befindet und jüngsten Forschungsergebnissen nach doch nicht von Fra Angelico, sondern von Paolo Uccello stammt. Ebenfalls bemerkenswert sind zwei Gemälde aus dem 16. Jh. von Giovanni Antonio Sogliani – *Die Heimsuchung* und *Der Hl. Nikolaus mit zwei Kindern der Bruderschaft* –, die bei Prozessionen als Fahne der Bruderschaft dienten.

Wer der Bruderschaft beitreten möchte, braucht sich bloß unter Zahlung eines bescheidenen Obolus im Sekretariat anzumelden. Neben dem „spirituellen Nutzen" erhält man so das Gefühl, Teil dieses schönen Oratoriums zu sein, das erst kürzlich u.a. für Theateraufführungen wiederentdeckt wurde und dessen Ambiente erahnen lässt, wie lebendig es hier zugegangen sein muss, als junge Florentiner durch die Räume rannten.

„*Ceppo*" verweist auf einen (Baum-)Stumpf, in dem Spenden gesammelt wurden.

DER PALAZZO DEI VISACCI

Der urbane Pantheon von Baccio Valori

Palazzo dei Visacci
Borgo degli Albizi, 18
Eine Besichtigung des Palazzo von innen ist nicht möglich

Der bisweilen spöttische Ton der Florentiner richtete sich auch gegen den Palazzo Valori-Altoviti (der gemeinhin Palazzo dei Visacci genannt wird): die zahlreichen Statuen, die der Eigentümer, Baccio Valori, aufstellen ließ, spiegeln den Geschmack eines echten Intellektuellen wider. Er hatte eine Vorliebe für Berühmtheiten, aber auch für Gelehrte, die vom Volk, das sich über die „üblen Gestalten" (*visacci*) an der Fassade lustig machte, verkannt waren.

In dem Wunsch, einen echten Pantheon zu erschaffen, hatte Baccio die Aufgabe dem Bildhauer Giovanni Battista Caccini übertragen, der zwischen 1660 und 1664 fünfzehn Statuen im Stiacciato-Stil (als Flachrelief) anfertigte, von denen in jeder der drei Etagen des Palazzo fünf aufgestellt werden sollten.

Das Ergebnis ist eine öffentlich zugängliche Galerie, die folgenden Personen die Ehre erweist: im ersten Stock dem Rechtsgelehrten Accursio, dem Mönch Pietro Torrigiano Rustichelli, dem Neuplatoniker Marsilio Ficino, dem Schriftsteller und Humanisten Donato Acciaiuoli und dem Philologen Piero

Vettori; im zweiten Stock dem Seefahrer Amerigo Vespucci, dem Architekten Leon Battista Alberti, dem Historiker Francesco Guicciardini, dem Humanisten Marcello Adriani und dem Philologen Vincenzo Borghini; im dritten Stock dem Autor des *Galateo*, Giovanni della Casa aus der Provinz Mugello, den Dichtern Boccaccio, Dante und Petrarca sowie dem Dichter und Agronomen Luigi Alamanni. Was Baccio betrifft, so wurde diesem eine Gedenktafel gewidmet, die sich jedoch in der Eingangshalle des Palazzo befindet. An anderer Stelle – im Vestibül – können fünf weitere Statuen von nicht weniger berühmten Persönlichkeiten bewundert werden, darunter Lorenzo de' Medici (*il Magnifico*). Im ersten Stock hat die Florentiner Freimaurerloge *Grande Oriente d'Italia* ihren Sitz.

Unterhalb eines Fensters erinnert eine Tafel an das Wunder des Hl. Zenobius, der im Jahr 400 den Sohn einer gallischen Pilgerin im Heiligen Land von den Toten auferweckte.

Die Tafeln der Göttlichen Komödie an den Palazzi

In den Straßen des Stadtzentrums von Florenz sind 34 Tafeln verteilt, auf denen Terzinen der *Göttlichen Komödie* zitiert werden: neun aus der *Hölle*, fünf aus dem *Fegefeuer*, zwanzig aus dem *Paradies*. Es sind Zitate, die vor allem jenen Florentiner Familien gewidmet sind, die Dante im Sechzehnten Gesang aufzählt. Folgt man diesen, ergibt sich ein weltweit wohl einzigartiger poetischer Rundgang. Im Jahr 1900 setzte die Stadtverwaltung ein Komitee aus drei Dante-Experten ein – darunter Isidoro del Lungo –, das damit beauftragt wurde, in der Dichtung erstens die Textstellen zu finden, die einen direkten Zusammenhang mit der Stadt haben – Verweise auf Straßennamen, Orte oder Personen – und zweitens möglichst exakt die Orte sowie an diesen die Stellen deutlich zu machen, die sich am besten zum Anbringen der Tafeln eigneten. Nach sieben Jahren kam dieses Projekt zum Abschluss, das die Beziehung des Dichters zu der Stadt, die ihn prägte und ins Exil schickte, besiegelt.

Und so kann man sich heute auf eine Art Schatzsuche begeben und den vierunddreißig der *Göttlichen Komödie* gewidmeten Tafeln quer durch die Stadt folgen. Hier die Liste:

Hölle VIII, 61–63 (Filippo Argenti): Via del Corso, wo sich das Wohnhaus der Adimai, der Eltern von Filippo Argenti, befand;

Hölle X, 58–63 (Guido Cavalcanti): Via Calzaiuoli, wo sich das Wohnhaus der Cavalcanti befand;

Hölle X, 91–93 (Farinata), Palazzo Vecchio, erster Hof;

Hölle XII, 146 (Arno), kleine Loggia des Ponte Vecchio;

Hölle XV, 82–87 (Brunetto Latini), Via Cerretani, Kirche Santa Maria Maggiore am Grab von Brunetto Latini;

Hölle XVII, 58–60 (Gianfigliazzi): Via Calzaiuoli, wo sich das Wohnhaus der alten Florentiner Familie Gianfigliazzi befand;

Hölle XIX, 17 (Baptisterium), Baptisterium, in Richtung Via Martelli;

Hölle XXIII, 94–95 (Geburt des Dichters am Ufer des Arno), Via Dante Alighieri, Dante-Haus;

Hölle XXXII, 79–81, 106–108 (Bocca degli Abati), Via dei Tavolini, am Wohnsitz der Abati;

Fegefeuer XII, 100–105 (Kirche San Miniato al Monte und Ponte alle Grazie, vorm. Ponte di Rubaconte), am Eingang zur Via San Salvatore al Monte;

Fegefeuer XIV, 16–18 (Arno), Piazza Piave, Torre della Zecca Vecchia;

Fegefeuer XXIV, 79–84 (Forese Donati), Via del Corso, in der Nähe der Ruinen der Torre Donati;

Fegefeuer XXIV, 82–87 (Corso Donati), Piazza San Salvi, wo die Truppen von Heinrich VII. während der Belagerung von Florenz neben dem Kloster Quartier bezogen;

Fegefeuer XXX, 31–33 (Beatrice Portinari), Via del Corso, am Wohnsitz der Portinari;

Paradies XV, 97–99 (Florenz), Via Dante Alighieri, neben der Badia;

Paradies XV, 112–114 (Belliccion Berti Ravignani), Via del Corso, am Wohnsitz der Ravignani;

Paradies XVI, 40–42 (Vorfahren von Dante), Via degli Speziali, am Wohnsitz der Alighieri;

Paradies XVI, 85–87 (Florentiner Würdenträger), Via delle Oche, wo sich die Florentiner Familien jedes Jahr auf dem Markt versammelten;

Paradies XVI, 94–96 (Familie Cerchi), Via del Corso, am Wohnsitz der Cerchi;

Paradies XVI, 101–102 (Familie Galigai), Via dei Tavolini, am Wohnsitz der Galigai;

Paradies XV, 109–110 (Familie Uberti), Palazzo Vecchio;

Paradies XVI, 110–111 (Familie Lamberti), Via Lamberti;

Paradies XVI, 112–114 (Familie Visdomini), Via delle Oche, neben den Ruinen der Torre dei Visdomini;

Paradies XVI, 115–117 (Familie Adimari), Via delle Oche, am Wohnsitz der Adimari;

Paradies XVI, 125–126 (Familie Peruzzi, mit dem Symbol der sechs Birnen), Borgo dei Greci, wo sich ein Stadttor befand;

Paradies XVI, 127–128, 130–132 (Familie Della Bella), Via dei Cerchi, am Wohnsitz der Della Bella;

Paradies XVI, 127–130 (Ugo di Brandeburgo), Via del Proconsolo, am Standort der Badia, der Kirche, in der noch heute am 21. Dezember des Hugo von Tuszien gedacht wird;

Paradies XVI, 133–135 (Familie Gualterotti), Borgo Sant'Apostoli, am Wohnsitz der Gualterotti;

Paradies XVI, 136–139 (Familie Amidei), Via Por Santa Maria, neben den Ruinen der Torre dei Amidei;

Paradies XVI, 140–144 (Buondelmonte), Borgo Sant'Apostoli, am Wohnsitz der Buondelmonti;

Paradies XVI, 145–147 (Relikte der Mars-Statue), Ponte Vecchio, Ecke Piazza del Pesce, dort, wo sich die Relikte der Statue befanden;

Paradies XVI, 149–154 (altes Florenz), Palazzo Vecchio;

Paradies XXV, 1–9 (Taufe), Baptisterium, in der Nähe des Duomo;

Paradies XXXIII, 1–9 (Gebet des Heiligen Bernhard), Piazza del Duomo; diese letzte Tafel ist verschollen.

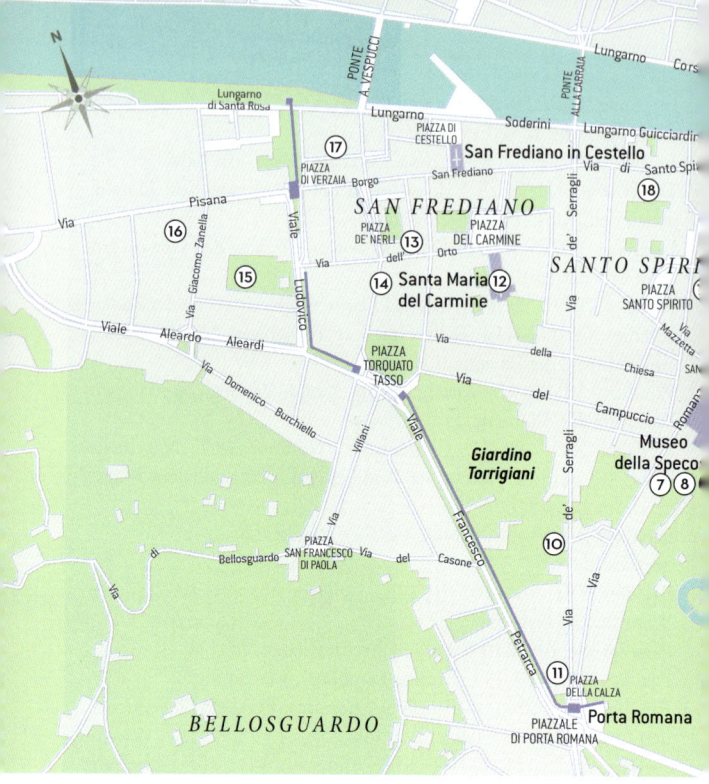

Oltrarno

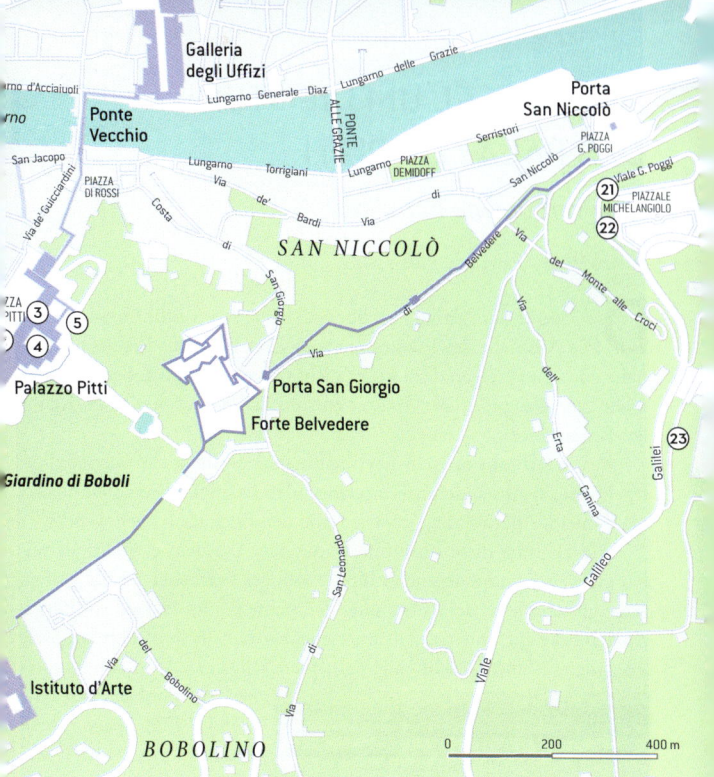

DAS RÄTSEL UM DIE STEINE DES PALAZZO PITTI

Eine verborgene Botschaft?

Palazzo Pitti – Piazza de' Pitti, 1

Die Fassade des Palazzo Pitti übt eine besondere Verführungskraft aus. Die Ausmaße des Palastes, die sich dem Blick des Betrachters beinahe entziehen, tragen dazu sicher nicht unwesentlich bei. Seine breiten, nicht ganz gleichförmigen Fenster entsprechen dem ästhetischen Kanon der Renaissance.

Was jedoch am meisten überrascht, sind die in mehr oder weniger regelmäßigen Abständen hervorspringenden rechtwinkligen Steinblöcke, die immer kleiner werden, je weiter man den Blick nach oben wendet.

Und als wäre diese Abstufung – die den Anschein erweckt, als wären die weiter unten liegenden Blöcke weniger bearbeitet – nicht genug, verbirgt sich hinter der Anordnung der Steine an der Fassade ein Rätsel: Zwei Blöcke im unteren Teil unterscheiden sich in ihrer Form von allen anderen. Einer ist sehr lang, der andere sehr kurz. Man könnte mei-

nen, der Bankier Luca Pitti (1395–1473) habe diese beiden Steine in die Fassade einfügen lassen, um sich mit dem großen zu identifizieren und mit dem kleinen seine geschäftlichen Rivalen anzuprangern, die ihm seinen Erfolg und seinen neuen Palazzo missgönnten. Fest steht: Ein Zufall ist es mit Sicherheit nicht, dass sich neben einem rund zehn Meter langen Stein ein anderer, nur etwa einen halben Meter langer Stein befindet. Sie zu finden ist ein netter Zeitvertreib – ein Hinweis: Suchen Sie auf der linken Seite des Haupteingangs, zwischen den hervorstehenden Steinen in zwei Metern Höhe.

DAS ALTE HAUSNUMMERNSYSTEM ② VON FLORENZ

Übertriebern hohe Hausnummern

Piazza de' Pitti, 7 – Via dei Serragli, 99 – Via dei Cerretani, 10 –
Via Porta Rossa, 12

1702? Man muss es mit eigenen Augen sehen, um es zu glauben. Oberhalb des Eingangs zu dem Gebäude, das sich direkt gegenüber dem Palazzo Pitti befindet, stehen zwei Hausnummern: 1702 und 7. Welche ist richtig? Die 1702 ist vermutlich die letzte noch heute sichtbare Nummer des alten Hausnummernsystems von Florenz, das an der Ponte Vecchio mit der Hausnummer 1 begann. Dieses einzigartige System schlängelte sich mit einer in Sechstel unterteilten (die gängige Bezeichnung für die Stadtteile in Städten mit sechs statt vier Vierteln) Gebäudenummerierung noch komplexer durch die Stadt als die Nummerierung in Venedig. Das erste Haus in Oltrarno trug die Hausnummer 1289. Anschließend setzte sich die Nummerierung auf der anderen Flussseite bis zur Nummer 8.000 in Santa Croce fort. 1865 wurde dieses System durch die heutige Nummerierung nach Straßen und Plätzen ersetzt. Aus der Piazza Pitti 1702 wurde so das Haus Nummer 7. Die alte Nummerierung ist heute nicht mehr als eine Erinnerung, die für den aufmerksamen Spaziergänger zu einem Ratespiel wird.

Das Florentiner Hausnummernsystem

Privathäuser haben in Florenz dunkelblaue Hausnummern, öffentliche Gebäude und Büros rote. Da jede dieser beiden Kategorien einer eigenen Zahlenlogik folgt, kann es passieren, dass sich die Hausnummer 25 blau neben dem Haus mit der Nummer 3 rot befindet. Die Adressen in diesem Reiseführer folgen diesem besonderen System: Bei Angabe nicht privater Hausnummern folgt auf die Zahl immer der Buchstabe „r".

DIE KÜCHE DES PALAZZO PITTI

Ein prächtiger Kamin

Palazzo Pitti, Piazza de' Pitti, 1
Dienstag bis Sonntag 8:15 bis 18:50 Uhr
Rundgang durch die Galleria Palatina ausschließlich im Rahmen einer Führung.
Montag bis Sonntag 10:30 Uhr und 11:30 Uhr sowie 15:30 Uhr und 16:30 Uhr

D er Besichtigungsrundgang durch den Palazzo Pitti wurde jüngst um eine weitere Attraktion erweitert: die restaurierten Räume der großherzoglichen Küche, die 1588 im Auftrag von Francesco I. neu eingerichtet wurden. Die Arbeiten wurden 1599 abgeschlossen und waren damit pünktlich zur Hochzeit von Maria de' Medici, Tochter des inzwischen verstorbenen Francesco I., mit dem König von Frankreich, Heinrich IV., einsatzbereit. Diese Heirat wurde mit zahlreichen Banketten im Palazzo Vecchio und im Palazzo Pitti gefeiert. Die neue Küche befand sich außerhalb des königlichen Palastes und war mit diesem durch einen überdachten Übergang auf Höhe des ersten Stockwerks verbunden. Heute ist nur ein Teil der ursprünglichen Küche aus dem 16. Jh. zu sehen, die Räume der *„cucina comune"* bzw. der „geheimen" (d. h. privaten) Küche, in der die Mahlzeiten für den Hof des Großherzogs und dessen Gäste zubereitet wurden. Besonders sehenswert ist der herrliche Kamin mit seinem Architrav aus schrägen Bruchsteinen – vermutlich ein Entwurf von Buontalenti, der nicht nur Architekt, Bildhauer und Maler, sondern auch ein großer Feinschmecker war. Zwischen 1631 und 1640 wurden alle Räume in die Erweiterung des königlichen Palastes an der Via Romana eingegliedert; nach Ankunft des Hauses Lothringen wurden neue Öfen und neue Abzüge hinzugefügt, die Wände wurden mit Fayencen mit Blumenmotiven gekachelt, die vermutlich aus der Manufaktur Ginori stammten und aus der Küche eine „königliche Küche" machen sollten. Die ausgestellten Utensilien stammen größtenteils aus den Beständen, die das Haus Savoyen mitbrachte, als der Palazzo nach dem Umzug der Hauptstadt des Königreichs Italien nach Florenz zum neuen Königssitz wurde.

Klimaanlagen im 16. Jahrhundert

Um die sommerliche Hitze in Florenz aushalten zu können, beauftragten die Medici einige Hofarchitekten damit, ein System zu entwickeln, mit dem die Temperatur in den Räumen des Palazzo abgesenkt werden konnte. Das Projekt wurde unter Einbeziehung des angrenzenden Boboli-Gartens ausgeführt: Die kühle Luft des schattigen Gartens wurde über eine Reihe von Stufen im Bodenpflaster in einen Kellerraum geführt, von wo aus sie über ein System aus mit Eiswasser gekühlten Leitungen und Gefäßen in die einzelnen Räume der Residenz der Medici gelangte und diese abkühlte.

DAS DENKMAL FÜR EINEN MAULESEL

Ein Tier, das vor Müdigkeit starb

Palazzo Pitti – Innenhof
Dienstag bis Sonntag 8:15 bis 18:50 Uhr; zu Neujahr, am 1. Mai und
am 25. Dezember geschlossen

Hinten links im Hof des Palazzo Pitti befindet sich ein Flachrelief, das einem Tier gewidmet ist: einem der Maultiere, die einst das Material für den Bau des Palazzo transportierten. Das arme Tier musste derart schuften, dass es schließlich an Erschöpfung starb. Zum Dank wurde ihm zu Ehren ein Denkmal mit folgender Inschrift errichtet: *Lettighe, pietre e marmi, legnami, colonne / portò, tirò, trasportò anche questa lapide* („Sänften, Steine und Marmor, Holz und Säulen / Er trug, zog und transportierte auch diesen Stein"). Dieses ist nicht zuletzt aufgrund der detaillierten Darstellungen der Baustelle interessant: Von Handwerkern bei der Arbeit über Richtschnüre, Balken und Seilzüge bis hin zu Kapitellen oder Werktischen.

Das Pferd des Botschafters

Auch an anderer Stelle, weit entfernt vom Palazzo Pitti, wird auf einer Gedenktafel eines Tieres gedacht. Gemeint ist das berühmte Pferd des venezianischen Botschafters Carlo Cappello, der am Lungarno Anna Maria Luisa de' Medici in der Nähe der Piazza dei Giudici eine eigenhändig formulierte Gedenktafel für seinen treuen Vierbeiner anbringen ließ – das Pferd wurde feierlich beigesetzt. Ob diese Ehre auch dem Maultier des Palazzo Pitti zuteilwurde, ist nicht bekannt.

DIE SYMBOLIK DER BACCHUS-STATUE MIT DER SCHILDKRÖTE

Ein spirituelles und hermetisches Symbol?

Giardino di Boboli

Im Boboli-Garten, gleich neben dem Eingang links des *Palazzo Pitti*, befindet sich ein interessanter Springbrunnen, der einen großen Mann auf einer Schildkröte reitend zeigt. Neben dem unmittelbar burlesken und verspielten Eindruck, der für die manieristische Architektur der Florentiner Renaissance typisch ist, verfügt diese Bacchus-Statue über eine verborgene Bedeutung, die sie in den Kontext der traditionellen Symbolik stellt.

In der griechisch-römischen Mythologie war Bacchus der Gott der meist mit Wein vollzogenen Trankopfer (der sog. Libation, hier symbolisiert durch das Wasser des Brunnens). Die Symbolik dieser Libationen verweist vor allem auf die Weisheit, die denjenigen, der von der Flüssigkeit trinkt, trunken macht oder in Ekstase versetzt. Darstellungen greifen daher häufig auf Trauben und ihren Saft – den Wein – zurück: Seit den ersten Jahrhunderten des Christentums steht der Wein symbolisch für die Gnosis, die göttliche Weisheit. Bacchus wird häufig mit dem phönizischen Gott Baal (hebr.: Herr, Meister, König oder Gott) assoziiert. Sein griechisch-römischer Name Dionysos bedeutet so viel wie „Gott ist mit uns". Bacchus steht somit (äquivalent zum hinduistischen Gott Ganesha) für die höchste Gottheit, die von den christlichen Gnostikern des 3. bis 5. Jhs. *Christus-Baal* genannt wurde. Nach dem Aufstieg der griechischen Kultur und Zivilisation waren die Bacchantinnen ausschließlich jungfräuliche und keusche Priesterinnen, die dem Kult des Gottes der Weisheit dienten. Mit dem Verfall der traditionellen Symbole und Werte war Bacchus später nur noch der Gott der Bacchanalien, jener ausgelassenen Feste der dekadenten Gesellschaft des alten Roms.

Die Darstellung von Bacchus rittlings auf der Schildkröte verweist bildhaft darauf, dass der höchste Gott seine Schöpfung, das Universum, lenkt. Den alten Griechen und Römern galt die Schildkröte als Symbol für das durch die Kraft des (im Hinduismus als *Purusha* bezeichneten) Geistes manifestierte Universum. Sie steht damit für den Thron Gottes.

Doch die Schildkröte war auch ein Symbol des alchemistischen Großen Werks, des Opus magnum, das auf dem Wesen der drei zentralen chemischen Elemente basiert: *Sulfur* (Schwefel), *Mercurius* (Quecksilber) und *Sal* (Salz). Dem Prinzip des Schwefels war als Symbol für den Himmel bzw. die höchste Ebene der Kopf der Schildkröte zugeordnet. Der Panzer verwies auf die Erde oder die mittlere Ebene (Mercurius), der Bauch der Schildkröte (Sal) stand für die Hölle bzw. die unterste Ebene.

Alchemie und Hermetik im Boboli-Garten

Sowohl Cosimo als auch Francesco de' Medici waren der Alchemie und der Hermetik bekanntermaßen zugetan – darauf verweisen zahlreiche Spuren in der Stadt. Der Boboli-Garten und der Palazzo Pitti bilden da keine Ausnahme. So befindet sich neben der Statue mit dem auf einer Schildkröte sitzenden Bacchus (s. S. 242) auch an dem von Cosimo de' Medici bei Vasari in Auftrag gegebenen sog. Vasarikorridor, der den Palazzo Vecchio mit dem Palazzo Pitti verbindet, ein gekrönter Löwe mit einer *Fleur de Lis* vorne an der Krone. Der Löwe als König der Tiere und Sonnensymbol schlechthin verkörpert wie kein anderes Tier Macht, Weisheit und Gerechtigkeit. Als Garant der irdischen Macht und Stütze der geistigen Autorität ziert der Löwe nicht nur den Thron Salomons, sondern auch jene der Könige von Frankreich, Italien und anderer Länder sowie der Bischöfe des Mittelalters. In der mittelalterlichen Ikonographie stehen der Kopf und das Vorderteil des Löwen für die göttliche Natur Christi. Der hintere Teil steht für Jesu menschliche Natur. Diese beiden Naturen waren durch eine Brücke miteinander verbunden, die vom Menschlichen zum Göttlichen oder umgekehrt vom Göttlichen zum Menschlichen führte. In der Alchemie steht der *gekrönte Löwe* für das Sonnenmetall Gold; das Zeichen des Löwen befindet sich zudem im Zentrum des Tierkreises. Im Boboli-Garten kann man an einer Säule mehrere Reptilien – manche meinen Eidechsen, andere Drachen – erkennen. Zwei davon scheinen im Kampf miteinander verschlungen zu sein und bilden dabei den traditionellen Kreis der *Ewigkeit*, den die Hermetiker als *Ouroboros* bzw. *Uroboros*, die Schlange, die sich in den eigenen Schwanz beißt, bezeichnen (hebr. *ob* = Schlange; kopt. *ouro* = König). Der Ouroboros steht für

die Auferstehung dessen, der zu einem neuen spirituellen Leben erweckt wird, nachdem er sich von seinem Dasein als weltlicher und sterblicher Mensch gelöst hat.

In den Gärten vor dem Palazzo Pitti steht am Rande eines Wasserbeckens ein Obelisk. Der Obelisk ist die veredelte Form primitiver keltischer Menhire und vereinfachter Ausdruck altägyptischer Pyramiden. Er fungiert als Katalysator der himmlischen und Kondensator der irdischen Energie, was im Orient als *Fohat* und *Kundalini* und im Okzident als *siderischer* und *planetarischer Tellurismus* bezeichnet wird. Der Obelisk dient hier als zentraler Kern, der diese beiden Energien konzentriert und der Welt und den in dieser lebenden Menschen zu neuer Kraft verhilft. Diese Neubelebung wird durch das kreisrunde Becken dargestellt, das den Ozean des Lebens symbolisiert, das Lebenswasser der Schöpfung, auf dem sich der göttliche Geist bewegt, der durch die vom Obelisken aufgefangenen Wesensenergien gekennzeichnet ist. Der Obelisk stand in der Alchemie für die Phasen des Opus magnum, die Erde und Himmel, das Feste und das Subtile, Materie und Geist miteinander verbanden, und schließlich für den sukzessiven Übergang zu einem höheren Seinszustand, für den Wandel des unvollkommenen Menschen hin zu einem perfekten Wesen und einem wahren Philosophen des Feuers. Dieser Zustand der Perfektion wird im Inneren des Palazzo durch die *Fontana della Coppa* symbolisiert, mit einem Kind an der Spitze, zu dessen Füßen ein Vogel ruht, der dem mythischen Phönix gleicht. Es handelt sich dabei um die Anthropomorphisierung des göttlichen Nachfolgers, der im Opus magnum dem Stein der Weisen und damit dem obersten Ziel der Alchemie entspricht. Sein Symbol ist der Phönix.

Wer also mit offenen Augen und spirituellem Blick durch den Palazzo Pitti geht, wird durch die Enthüllungen einer ausdrucksstarken und vielsagenden Symbolik belohnt.

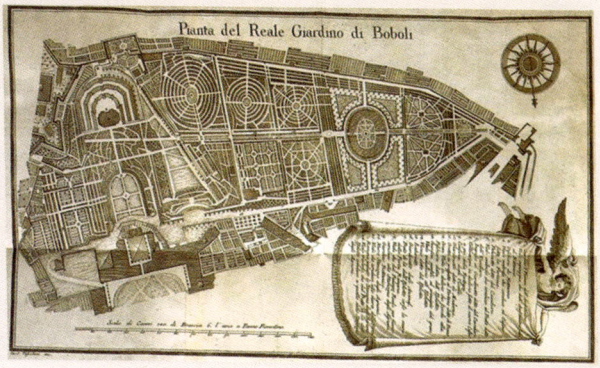

DIE CASA GUIDI

Das Liebesnest zweier Poeten

Piazza San Felice, 81
April bis 30. November Montag, Mittwoch und Freitag 15 bis 18 Uhr
055 354457
Eintritt frei, Spenden willkommen
Zimmerbuchung unter http://bookings/landmarktrust.org.uk

Die vielen Touristen und sogar Einheimischen unbekannte Casa Guidi führt die Besucher mit ihrer charmanten Einfachheit in die Blütezeit der englischen Gemeinschaft in Florenz und müsste eigentlich „Casa Browning" heißen, nachdem sie im Jahre 1847 durch eines der seltenen Dichterpaare der Literaturgeschichte – Robert Browning und dessen Ehefrau, die 1861 hier verstorbene Elizabeth Barrett – angemietet wurde. Im Haus selbst gibt es – abgesehen von einigen wertvollen Spiegeln – keine besonderen Schätze zu sehen. Die Brownings kauften nahezu all ihre Möbel gebraucht von Florentiner Antiquaren oder Trödlern. Die Zimmer dieser Wohnung in Oltrarno sind in geschmackvoller Nüchternheit eingerichtet und können noch heute beinahe komplett im Originalzustand von vor fünfzig Jahren besichtigt werden. Die Landmark Trust und das Eton College haben die Räume von den Vertäfelungen über den Kamin bis hin zu den Farben von Putz und Wänden sorgfältig restauriert und dabei den ursprünglichen Charakter der Einrichtung bewahrt. So findet sich der Besucher hier in einem authentischen Wohnhaus des 19. Jhs. mit seiner einfachen und gemütlichen Küche und seiner reizvollen Bibliothek wieder, in dessen Schlafzimmer noch heute dasselbe Klavier wie einst steht. Zwei Büsten und zwei Porträts zeigen das freundliche Gesicht von Robert und das etwas strengere, von dichtem, braunem Haar umgebene Antlitz von Elizabeth; verschiedene Gebrauchsgegenstände geben Einblick in den Alltag des Paares. Außen erinnert eine Gedenktafel mit einer Inschrift von Niccolò Tommaseo an die besondere Rolle, die das Dichterpaar bei der Festigung der Beziehungen zwischen Italien und England zu Zeiten der ersten großen Welle britischer Künstler spielte, die auf der Suche nach Inspiration an den Arno kamen.

Übernachten in der Casa Guidi

Zwei Zimmer der Casa Guidi werden an Übernachtungsgäste vermietet (max. sechs Personen). Ein Erlebnis, das man sich nicht entgehen lassen sollte.

DER ASTRONOMISCHE TURM IM MUSEO DELLA SPECOLA

Ein ungünstig situiertes und vergessenes Observatorium

Museo della Specola – Via Romana, 17
Besichtigung ausschließlich nach vorheriger Vereinbarung im Rahmen einer
kostenpflichtigen Führung (zusätzlich zum Eintritt für das Museum)
Telefonische Reservierung Montag bis Freitag 10 bis 14 Uhr unter der Nummer
055 2346760 oder per E-Mail an: edumsn@unifi.it – msn.unifi.it

Trotz des sprachlich eindeutigen Namens des Museo della Specola – it.
specola = Sternwarte – wissen nur wenige, dass sich hier lange Zeit

das astrologische Observatorium von Florenz befand. Zeuge dieser Geschichte ist ein kleiner Turm, der – von den meisten kaum wahrgenommen – nur eines von zahlreichen in der Stadt vorhandenen Beispielen für die Bedeutung von Florenz als Wissenschaftsstandort ist. Interessant ist der Standort der Sternwarte, denn sie wurde am Fuße des Hügels errichtet und nicht – wie man zur Beobachtung des Sternenhimmels erwarten könnte – auf dessen Gipfel. Dahinter stand der Gedanke, die verschiedenen wissenschaftlichen Aktivitäten nahe beieinander im Stadtzentrum zu konzentrieren. Das *Osservatorio della Specola* wurde 1807 in Betrieb genommen und stand unter der Leitung emeritierter Wissenschaftler. Es war von Beginn an mit den besten Geräten und Instrumenten ausgestattet, wenngleich der Bau gegen Ende des 18. Jhs. in Unkenntnis einiger grundlegender wissenschaftlicher Kriterien entworfen worden war. Die Ergebnisse der *Specola* ließen die europäische Wissenschaftswelt dennoch aufhorchen: So wurden hier zwischen 1855 und 1857 unter anderem drei Kometen entdeckt und meteorologische Studien durchgeführt, die alle Erkenntnisse der Accademia del Cimento seit Mitte des 17. Jhs. bestätigten. Aufgrund der ungünstigen Lage des Turms musste die Sternwarte nach Arcetri verlegt werden. Die Räume der Specola – darunter der Raum, in dem sich der Mittagsweiser befand, und der achteckige Raum zur 360°-Beobachtung – wurden nicht mehr genutzt und gerieten über die Jahre in Vergessenheit. 2009 wurde dieser außergewöhnliche Raum nach langen und aufwändigen Sanierungsarbeiten wiedereröffnet. Zur Beobachtung der Sterne empfiehlt es sich dennoch, den Aufstieg in die Berge von Arcetri auf sich zu nehmen.

Die einzige Spur der 16 Florentiner Gonfanonen

An der Wand des Hauses mit der Nummer 1 in der Via di Sant'Agostino befindet sich eine Steintafel, die einen Drachen und eine Peitsche zeigt. Es handelt sich hierbei um das einzige Zeugnis der alten Florentiner Gonfanonen in der ganzen Stadt. Die vier *quartieri*, die die Zeit im *Calcio Storico* (s. S. 224) überdauert haben, waren – ähnlich den *contrade* in Siena – in ebenso viele *gonfaloni* unterteilt. Das Emblem von Santo Spirito war die Peitsche, das von San Frediano der Drache. Der Stein in der heutigen Via di Sant'Agostino markierte die Grenze zwischen den Stadtteilen Santo Spirito (Peitsche) und San Frediano (Drache).

DER SALON DER SKELETTE

Das Museum des Grauens

Museo della Specola – Via Romana, 17
Dienstag bis Samstag 9:30 bis 16:30 Uhr; geschlossen zu Neujahr, am
Ostersonntag, 1. Mai, 15. August und 25. Dezember
Zugang zum Salon der Skelette ausschließlich nach vorheriger telefonischer
Terminvereinbarung unter 055 2346760; Montag bis Samstag 9 bis 17 Uhr, je
nach Verfügbarkeit
Führungen (obligatorisch) für Gruppen von bis zu 30 Personen: 30 €
msn.unifi.it

Das Museo della Specola ist mit seinen anatomischen Wachsstatuen von Susini und Ferrini – eine der wenigen Sammlungen ihrer Art weltweit (zwei weitere befinden sich in Paris und Wien; Näheres dazu in den Reiseführern *Verborgenes Paris* und *Verborgenes Wien*, die ebenfalls im Jonglez-Verlag erschienen sind) –, seinem in Zersetzung befindlichen Kopf, den Syracusain Zumbo über einen echten Schädel modelliert hat, seinen erschreckenden Pestdarstellungen sowie seiner Sammlung ausgestopfter Tiere ein wahres Wunder. Im Erdgeschoss kann man in den ehemaligen Pferdeställen des Gebäudes zudem den Salon der Skelette besichtigen, einen über lange Jahre geschlossenen Raum, der Besucher und Besucherinnen sprachlos zurücklässt. Der Raum mit einem Namen wie aus einem Horrorfilm enthält eine spektakuläre Sammlung von Skeletten verschiedener Tiere, die in 120 Schaukästen oder zum Teil auch in Form gigantischer Mobiles ausgestellt sind. Zu den größten Exponaten zählen ein von der Decke herabbaumelndes Walskelett (ein Pottwalskelett, um genau zu sein) und ein Elefantenskelett im Zentrum des Salons. Daneben finden sich auch menschliche Gerippe von einer Frau, einigen Männern und Kindern. Der vierzig Meter lange und sieben Meter breite Raum ist so angelegt, dass eine einzigartige optische Wirkung entsteht und der Blick des Betrachters wie durch ein Fernglas fällt, wodurch die Skelette noch beeindruckender anmuten. Eine Loggia aus der Gründungszeit des Gebäudes erweitert den Ausstellungsraum nach oben hin und vermittelt das Gefühl, in allen Richtungen von Knochen umzingelt zu sein.

DER SAAL DER SCHWÄNE

Schwäne im freien Flug

Sternwarte im Museo della Specola
Via Romana, 17
Besichtigung ausschließlich nach vorheriger Vereinbarung im Rahmen einer
kostenpflichtigen Führung (zusätzlich zum Eintritt für das Museum)
Telefonische Reservierung Montag bis Freitag 10 bis 14 Uhr unter der Nummer
055 2346760 oder per E-Mail an: edumsn@unifi.it
msn.unifi.it

Der „Faden"-Mittagsweiser des Museo della Specola ist in seiner Art nahezu einzigartig auf der Welt. Weitere Exemplare sind nur aus Bologna und Budapest bekannt. Er befindet sich im Saal der Schwäne und war früher gemeinsam mit dem astronomischen Observatorium und dem meteorologischen Observatorium eines der wissenschaftlichen Vorrechte, die dem 1775 auf Initiative von Großherzog Peter Leopold I. eingerichteten „Kaiserlich-königlichen Museum für Physik und Naturgeschichte" zugestanden wurden. Ein zwischen zwei sechzig Millimeter über dem Boden angebrachten Schraubstöcken eingespannter Metalldraht (der früher bisweilen auch durch verzwirbelte Haarsträhnen ersetzt wurde) zog eine parallel zum Meridian verlaufende Linie, wobei die Präzision im Laufe der Jahre durch immer stärkere Unebenheiten des Bodens verloren ging. Eine anhand dieses Drahts gezogene Linie aus Marmor und Kupfer, in deren Zentrum ein Silberdraht verläuft, zeigt am Boden den Verlauf des Meridians an – unterbrochen nur durch Darstellungen der Sternkreiszeichen, die hier jedoch nicht der Dekoration dienen, sondern die Punkte kennzeichnen, an denen die Sonne die jeweiligen Zeichen durchläuft.

Mithilfe des Meridians konnten die Sommer- und Wintersonnenwende sowie Sonnenfinsternisse beobachtet werden, die durch schön ausgearbeitete Darstellungen der strahlenden Sonne gekennzeichnet sind. Oben an einer Wand entdeckt man bei genauem Hinsehen ein kleines Fenster und das gnomische Loch. Über eine auf Schienen verlaufende Vorrichtung konnte für nächtliche Beobachtungen mittels eines anderen Instruments, des *quarantale*, ein Teleskop entlang der Achse der Meridianlinie verschoben werden. Der Mittagsweiser, der hier zu sehen ist, unterscheidet sich somit nicht nur aufgrund seiner verschiedenen wissenschaftlichen Funktionen, sondern

ist auch aus ästhetischer Sicht etwas Besonderes. Der Saal der Schwäne ist mit seinen wertvollen Materialien, seinem reichen Dekor und seinen schön in den Stuck eingearbeiteten zwanzig fliegenden Schwänen ein Ort, der einen Besuch lohnt und an dem sich Kunst und Wissenschaft auf sehr schöne Weise die Hand reichen.

Mehr Informationen über die Mittagsweiser auf S. 85 ff.

DIE FREIMAURERSYMBOLE DES TORRIGIANI-GARTENS

Ein Rundgang für Initiationswillige

Via dei Serragli, 144/146
055 224527
giardino@giardinotorrigiani.it
giardinotorrigiani.it (auf Italienisch)
Anmeldung erforderlich, Dauer des Rundgangs: 1,5 Stunden

Entworfen und angelegt wurde der Torrigiani-Garten 1813 von dem Architekten Luigi de Cambray Digny, einige Jahre später hat ihn Gaetano Baccani erweitert. Die vielen verborgenen esoterischen Symbole machen den Besuch zu einer regelrechten Initiationsreise.

Die Ursprünge der in der Gartenanlage verborgenen Symbolik sind manchen Beobachtern zufolge auf die Mitgliedschaft des Marquis Torrigiani, der die Gartenanlage in Auftrag gab, und Cambray Dignys bei den Freimaurern zurückzuführen. (Der Marquis soll während seines Aufenthalts in Paris zu Beginn des 19. Jhs. in eine französische Loge aufgenommen worden sein.)

Ausgangspunkt ist die Kindheit, der geschützte Ort des Spiels. Gleich dahinter erinnert uns Arkadien daran, wie wir im Einklang mit der Natur leben können, indem wir sie betrachten, um einen Zustand des Friedens zu erreichen.

Anschließend geht der botanische Rundgang mit Pflanzen verschiedener immergrüner und auch mehr oder weniger giftiger Arten weiter, denn nicht immer zeigt sich die Natur von ihrer sanften Seite (Pflanzen mit Stacheln oder Dornen, giftige Pflanzen, phototoxische Pflanzen).

Der botanische Rundgang ist zugleich ein Lehrpfad, der mittels des alchemistischen Labors unter dem Turm und des Observatoriums an seiner Spitze Wissen vermitteln und zur persönlichen Bereicherung beitragen soll.

Betrachtet man den stufenartigen Aufbau des Turms genauer, erkennt man, dass dieser die Wissensstadien der menschlichen Erfahrung widerspiegelt. Die Basis ist breit und grob gearbeitet, darüber eine quadratische Form als Symbol der Rationalität und zuletzt ein oktogonaler Aufbau, der mit der Zahl Acht auf die Spiritualität verweist. Der zylindrische Teil an der Spitze ist von einer Wendeltreppe umwunden, die in den Himmel, ins Jenseits, führt, wo die Seele durch die schöne und faszinierende kognitive Erfahrung in besserer Weise neu geboren wird.

Andere mehr oder weniger gut erhaltene Elemente sind ähnlich bedeutend, wie die elegante Brücke, die mit einem einzelnen Bogen den Übergang vom Leben zum Tod andeutet, die Voliere (Entzug der Freiheit), das Grabmonument mit in typischer Freimaurermanier blauem Sternenhimmel unter der Kuppel, das elegante klassizistische Gymnasium (eine Art Sportanlage) im Spielbereich und das große Parterre mit Statuen der vier Jahreszeiten an den vier Kardinalpunkten unterhalb des großen künstlichen Hügels, auf dem der Turm als Symbol der Familie thront.

Einzelne Bereiche des Gartens können für Privatveranstaltungen angemietet werden.

Ein außergewöhnlicher Park

Der Giardino Torrigiani, gestaltet in dem zu Beginn des 19. Jhs. so beliebten romantischen Stil, ist eine von nur wenigen Grünanlagen, die sich heute noch in einem sehr gepflegten Zustand befinden. Das Anwesen der Familie Torrigiani besteht seit dem 16. Jh. in der damals als „Campuccio" bekannten Gegend. Ende des 18. Jhs. wurde hier im Auftrag Pietro Guadagnis mit dem Bau der Gartenanlage begonnen. Dieser hatte das Grundstück von seinem Großonkel Luigi Torrigiani geerbt und den Mädchennamen seiner Mutter angenommen, nachdem die Familiendynastie aufgrund fehlender männlicher Nachkommen auszusterben drohte.

Als neuer Marquis erwarb er zwischen 1802 und 1817 weitere Ländereien, um seinen Besitz zu vergrößern, der fortan von der Via del Campuccio zur Via dei Serragli bis hin zu den Mauern und der heutigen Piazza Torquato Tasso reichte und sich über rund zehn Hektar erstreckte. Mit der Ausführung des Großprojekts wurde Luigi de Cambray Digny betraut. Auf ihn folgte später Gaetano Baccani.

Die bereits vorhandenen Mauern erleichterten das Vorhaben, das eine ganze Reihe kleiner Gebäude, Statuen und botanischer Besonderheiten umfasste. Nach der Fertigstellung wurde ein „Leitfaden für Besucher" verfasst, in dem mehr als dreißig Sehenswürdigkeiten aufgeführt waren, darunter das überdachte Karussell, die Merlin-Grotte, das Hypogäum, der Zitrusbaum- und Blumengarten, Arkadien, das Gymnasium, die Cavallerizza, die Ermitage, die Voliere, der große Turm, das Zitronengewächshaus (Limonaia) und der Wasserlauf samt Brücke.

Heute ist der Garten nicht mehr ganz so reich an Kunstwerken wie damals. Dennoch ist er mit seinem unveränderten Ambiente nach wie vor einer der bedeutendsten englischen Gärten der Stadt. Der Eingang an der Via del Campuccio führt auf einen großen, in vier gleichförmige Grünflächen unterteilten kreisförmigen Platz, dessen Zentrum eine klassische Statuengruppe bildet. Sie ist das Werk von Pio Fedi und zeigt Seneca mit dem jungen Pietro Torrigiani. Rechts eines gewundenen Pfads, der leicht bergan verläuft, liegen das Gymnasium und die Ermitage sowie, ganz oben, am Rande der Überreste der alten Stadtmauern von Cosimo dem Alten, der berühmte Torrino Baccani. Dieser 1824 erbaute Turm diente als astronomisches Observatorium und beherbergte im Inneren eine Bibliothek und eine Sammlung astronomischer Instrumente. Auf dem Dach befand sich eine Plattform zur Beobachtung des Himmelsgewölbes.

Entlang der Wege finden sich zahlreiche Werke wie Barattas barocke Darstellung von Aktaion auf der Flucht vor Artemis, eine „griechische Skulptur" aus Marmor mit einem Löwen, der einen Stier tötet, die Osiris-Statue gleich neben dem Eingang an der Via de' Serragli, wo Tafeln verschiedene Besucherinformationen bereithalten, die Marmorsäule zu Ehren des berühmten, zu Beginn des 18. Jhs. vielschaffenden Botanikers Pier Antonio Micheli sowie die Statuen von Janus und Äskulap.

Es ist ein Ort von historischer Bedeutung für Baukunst und Botanik. Davon zeugen nicht zuletzt die Gewächshäuser, die Limonaia und vor allem die schiere Anzahl von Pflanzen: der Inventarliste von Antonio Pucci aus dem Jahr 1839 zufolge 5.500 in Töpfen (von Ananas über Rhododendron bis Kamelie) und über 13.000 in der Erde (u.a. Magnolien, Pinien, Obstbäume und Zypressen).

DAS ABENDMAHL VON FRANCIABIGIO

Das letzte noch vorhandene Abendmahl von Florenz

Convitto della Calza, Piazza della Calza, 6
Täglich 14 bis 15:30 Uhr. In der Woche vom 15. August geschlossen
Zur Besichtigung des Saals ist mindestens einen Tag im Voraus eine Anmeldung
unter 055 222287 oder per E-Mail an calza@calza.it erforderlich. Auf Anfrage
können auch Führungen organisiert werden. Eintritt frei

Die erstaunlichste Darstellung des letzten Abendmahls in ganz Florenz ist das Werk von Franciabigio, einem im Vergleich zu den anderen Künstlern, die sich dieses klassischen Themas angenommen haben, weniger berühmten Maler. Dessen originelles Werk zeichnet sich jedoch unter anderem dadurch aus, dass es sich als einziges noch heute in einem Refektorium befindet, namentlich dem Speisesaal des im Convitto della Calza untergebrachten Hotels und Ferienhauses. Man muss kein Hotelgast sein, um das Fresko betrachten zu können. Es zeigt Judas, der – vermutlich betroffen von den Worten Christi – das Salz verschüttet und den Hocker, auf dem er sitzt, umstößt, während der Heilige Johannes seinen Kopf in einem Zeichen tiefer Verbundenheit auf die rechte Schulter Jesu legt. Alle Personen befinden sich in Bewegung: Einige Apostel unterhalten sich angeregt, ein weiterer ist im Begriff aufzustehen, ein Fensterladen scheint vom Wind zugestoßen zu werden.

Die acht „Abendmahle" von Florenz

Die dynamische Darstellung von Franciabigio aus dem Jahr 1514 lohnt den Vergleich mit den anderen Abendmahl-Fresken von Florenz, einer Stadt, die weltweit unbestritten deren größte Dichte aufweist (insgesamt acht). Die Fresken sind wie ein Sternbild über die Stadt verteilt, vom Altstadtzentrum über Oltrarno bis in die Vororte. Wie man in einem Katalog blättert, könnte man sie eines nach dem anderen betrachten und die Variationen des Themas der verschiedenen Künstler bewundern: von Andrea del Sarto in San Salvi und Ghirlandaio in Ognissanti und im Kloster San Marco über Andrea del Castagno in Sant'Apollonia und Taddeo Gaddi in Santa Croce bis hin zu den weniger berühmten Darstellungen von Andrea Orcagna in Santo Spirito, von Fuligno im Kloster von Sant'Onofrio und eben hier von Franciabigio im Convitto della Calza. Diese Vielfalt ist sicher auch auf die Konkurrenz zurückzuführen, die seinerzeit zwischen den Klöstern und Auftraggebern in Florenz herrschte, was sich nicht selten in deren persönlichen Vorlieben bei der Ausgestaltung der Bäume oder Speisen niederschlug, die in den Fresken zu sehen sind.

Eine architektonische optische Täuschung

In der Via del Campuccio 18 befindet sich ein Kunstwerk, das von der Oberaufsicht der Schönen Künste (*Soprintendenza Archeologia, Belle arti e paesaggio*) unter Denkmalschutz gestellt wurde. An der Fassade eines kleinen Privatpalais sind drei Fenster zu erkennen: Das erste davon ist samt schwarzem Gitter gemalt. Das zweite gleicht dem ersten, ist jedoch ein echtes Fenster mit echtem Gitter. Bei dem dritten Fenster sind Gitter wie Fenster halb echt, halb gemalt.

EIN KOPF OHNE BEINE IN DER BRANCACCI-KAPELLE

Eine politische Erklärung

Kirche Santa Maria del Carmine
Piazza del Carmine, 14
Täglich außer Dienstag 10 bis 17 Uhr, Sonntag 13 bis 17 Uhr

Das monumentale Fresko, das den gesamten unteren Teil der linken Seitenwand der Brancacci-Kapelle bedeckt, zeigt die Erweckung des Sohnes des Theophilus durch den heiligen Petrus sowie Petrus auf dem Thron, den die durch das Wunder bekehrten Bewohner von Antiochia zu seinen Ehren errichteten.

Das von Masaccio in den Jahren 1426/27 begonnene Fresko wurde ein halbes Jahrhundert später, zwischen 1481 und 1483, von Filippino Lippi fertiggestellt. Masaccio werden Theophilus, der heilige Petrus sowie die diese links und rechts umgebenden Personengruppen zugeschrieben. Aus der Hand von Filippino stammen vermutlich die Figuren im Zentrum um den auferweckten jungen Mann sowie die fünf (eigentlich nur vier) stehenden Männer ganz links.

In jeder Figur sind bedeutende Persönlichkeiten jener Zeit zu erkennen. Doch welcher Zeit eigentlich? Bei Masaccio handelt es sich um die glorreichen Jahre der Republik, während Filippinos Schaffenszeit in die Epoche des erstarkenden Lorenzo de' Medici (des Prächtigen) fällt. So trägt der von Masaccio dargestellte Regent Theophilus die Züge von Gian Galeazzo Visconti, Herrscher von Mailand und erbitterter Gegner der Republik Florenz. In der mehr als fünfzig Jahre später entstandenen Darstellung aus der Feder Filippinos erkennt man in der zweiten stehenden Figur von links, einem Mann mit Umhang und Haube, Luigi Pulci, Dichter und Freund von Lorenzo de' Medici, und zu dessen Rechten im roten Umhang mit kurzem, weißem Haar Piero del Pugliese, Mäzen der größten Künstler jener Zeit und von Filippino selbst.

Interessant wird es bei der vierten Figur von links, deren Kopf aus dem weißen Kragen des Karmeliterhabits ragt und deren Füße – nicht vorhanden sind. Hier handelt es sich vermutlich um Kardinal Branda Castiglioni, den berühmten Mäzen des Malers Masolino da Panicale, der gemeinsam mit Masaccio in der ersten Phase an dem Fresko arbeitete. Der Kopf des Kardinals stammt nicht wie die vier anderen aus der Hand Filippinos, sondern aus der von Masaccio.

Die Erklärung ist politischer Natur: Masaccio hatte die Gesichter von seinen Auftraggebern, den Brancacci, und von deren Unterstützern dargestellt. Fünfzig Jahre später jedoch waren die Brancacci als erklärte Gegner der Medici in Ungnade gefallen und ins Exil verbannt worden. Filippino erhielt den Auftrag, sie „auszulöschen". Bei diesem Kopf konnte er sich dazu offenkundig nicht durchringen. Die Füße allerdings vergaß er dabei.

Bei den vier stehenden Figuren im Türrahmen am rechten Rand derselben Szene (aus der Hand von Masaccio) soll es sich um Masaccio selbst (schwarzes Haar, Gesicht dem Betrachter zugewandt), Alberti (mit barem Haupt und dunklem Mantel), Brunelleschi (mit Kapuze) und Masolino (der Kleinste im Hintergrund) handeln.

DAS MUSEUM DER FREIMAURER-SYMBOLIK

Esoterische Schurze

Via dell'Orto, 7
055 220166
musma.firenze.it

In der Stadt der ersten italienischen Freimaurerloge und von Collodis *Pinocchio*, einer Fabel über die Einweisung in das Leben nach einem verborgenen Freimaurer-Ritual, hat ein enthusiastischer Sammler 2012 seine Sammlung

von Objekten im Zusammenhang mit den Geheimnissen der Freimaurerei der Öffentlichkeit zugänglich gemacht. Manch ein Besucher wird am Eingang gefragt, ob er „neugierig" oder „eingeweiht" sei. Die Erläuterungen, die einem daraufhin zuteilwerden, hängen davon ab, ob man Mitglied der Freimaurer ist oder nicht, sowie davon, wie vertraut man dementsprechend mit der Symbolik der Freimaurer ist. Für alle, die die Bedeutung der Exponate zu entschlüsseln wissen, ist das Museum eine unerschöpfliche Quelle. Für nicht Eingeweihte mag es teilweise redundant wirken, was seiner Faszination jedoch keinen Abbruch tut. Man findet hier alles: Dutzende Schubladen mit alten Fotos und Zertifikaten mehrerer Grade und Obödienzen, stilisierte Gemälde, unzählige Medaillen und rituelle Gegenstände sowie Briefmarken mit freimaurerischen Personen oder Themen, Porzellan, Gläser, Broschüren und Bücher. Was das Museum jedoch zu einer europäischen Attraktion für alle Anhänger der Freimaurerei macht, ist vor allem der Fundus an zeremoniellen Schurzen – mit Tausenden Exemplaren eine der bedeutendsten Sammlungen weltweit. Diese mit einem ganzen Sortiment an Fahnen und Kleidungsstücken ausgestellten Schurze stammen größtenteils aus dem 19. Jh. aus den USA, aber auch aus Europa und vielen anderen Ländern. Die meisten von ihnen sind mit Abbildungen und Sinnsprüchen in den unterschiedlichsten Sprachen versehen und laden den Betrachter ein, sich auf die Suche nach den Ursprüngen der Logen zu begeben. Jedes Modell zeichnet die Geschichte einer geheimen, oft einzigartigen Gemeinschaft nach, wie die italienischen Logen in Argentinien oder die Logen der Rothäute aus Minnesota. Viele Schurze sind mit ihren detaillierten Darstellungen und ihrer Farbgebung auf rotem, violettem, schwarzem, blauem oder mehrfarbigem

Hintergrund wahre Meisterwerke. Wer erwartet, auf ihnen nichts weiter als Kompass und Winkelmaß zu finden, ändert seine Meinung angesichts der bildlichen Vielfalt dieser Sammlung schnell. Der Besichtigungsrundgang endet in einem Raum, in dem ein kleiner Freimaurertempel nachgebildet wurde.

Nähere Informationen über Pinocchio und die Freimaurerei auf der nächsten Doppelseite.

Pinocchio, die erste Freimaurer-Marionette

Dass Carlo Collodi Freimaurer war, ist zwar nicht offiziell bestätigt, gilt jedoch gemeinhin als unzweifelhaft. Hinweise darauf sind die Gründung seiner Zeitschrift *Il Lampione* im Jahr 1848, deren Ziel es ihm zufolge war, „all jene zu erleuchten, die in der Dunkelheit umherirren", sein militärisches Engagement bei den toskanischen Freiwilligen an der Seite des berühmten *Carbonaro* und überzeugten Freimaurers Giuseppe Garibaldi und nicht zuletzt seine große Nähe zu Giuseppe Mazzini, Freiheitskämpfer und vermutlich ebenfalls Freimaurer, als dessen „leidenschaftlicher Schüler" er sich selbst bezeichnete. Die Grundsätze der Freimaurerei, die sich auch im Wahlspruch der Französischen Republik – Freiheit, Gleichheit, Brüderlichkeit – wiederfinden, sind in den *Abenteuern von Pinocchio* schön veranschaulicht. *Freiheit*: Pinocchio ist ein freies Geschöpf, das die Freiheit liebt; *Gleichheit*: Pinocchio will nichts weiter, als so sein wie die anderen; *Brüderlichkeit*: Das wesentliche Gefühl, das die Personen des Romans die gesamte Geschichte über empfinden. Und so finden sich die drei Säulen der universellen Freimaurerei in den *Abenteuern von Pinocchio* wieder, einer Geschichte, die 1940 durch Walt Disney, selbst hochrangiger Freimaurer, unsterblich gemacht wurde. *Pinocchio* ist mehr als eine bloße Kindergeschichte. Ähnlich wie Goethes *Faust* oder Mozarts *Zauberflöte* ist er eine Initiationserzählung, eine vielschichtige Freimaurer-Parabel, die die Themen, Formeln und Etappen des Initiationspfads der Freimaurerei aufgreift. Diesen verschleierten Anspielungen verdankt *Pinocchio* im Übrigen seinen außerordentlichen Erfolg (er ist nach der *Göttlichen Komödie* das am zweithäufigsten verkaufte Buch in Italien im 20. Jh.), denn die Handlung der Geschichte berührt hintergründig Archetypen des menschlichen Wissens. So wird *Pinocchio* zu einem wunderbaren Instrument einer Kinderpädagogik, die sich von der damals üblichen Kultur unterscheidet. Zu einem Werk, das als einer der größten Beiträge der Florentiner Kultur zur Freimaurerei bewertet werden kann. Pinocchio hat einen langen Weg vor sich: Zunächst nichts weiter als ein „ungeschliffenes" Stück Holz (bei den Freimaurern das Attribut für Nicht-Eingeweihte), muss er „geschliffen" („erleuchtet") werden. Sein Name leitet sich aus dem italienischen *pinolo* (Tannenzapfen) ab und verweist auf die Tanne, den traditionellen Weihnachtsbaum, Symbol der geistigen Geburt, die der Neuling erfährt, wenn er das Licht der Initiation empfängt. So ist es auch kein Zufall, dass die erste

Person der Geschichte, Geppetto, wie Jesus Ziehvater Josef Tischler war. Als Tischler ist er „Demiurg" („Schöpfer", „Handwerker") im platonischen und gnostischen Sinne. Etwas später schickt der Himmel eine blaue Fee, die Pinocchio den freien Willen lehrt. Als er sie fragt, ob er nun ein richtiger kleiner Junge sei, antwortet sie bedeutungsvoll: „Nein, Pinocchio. Der Schwur deines Vaters Geppetto ist erst dann gebrochen, wenn du es verdienst. Stelle dich der Herausforderung mit Mut, Aufrichtigkeit und Leidenschaft, und eines Tages wirst du ein richtiger kleiner Junge sein" – wie bei der Initiation der Freimaurer, in der es darum geht, zu lernen und ein verantwortungsbewusster Mensch zu werden. Die Stimme der Grille ist die Stimme des Gewissens, die den kleinen Holzjungen ermuntert, zur Schule zu gehen – ein weiteres Freimaurer-Symbol der Erkenntnis. Pinocchio muss auf seinem Initiationspfad eine Reihe von Prüfungen im Zusammenhang mit den vier Elementen bestehen: Luft (in der Erzählung kommen viele Vögel vor, in einer Szene fliegt Pinocchio auf dem Rücken der Taube), Erde (die Goldstücke in der Grube), Feuer (das Pinocchios Füße verbrennt) und Wasser, das in verschiedenen Szenen eine Rolle spielt. Pinocchio ist auch Gefangener des „Schlafs", ein weiteres klassisches Indiz für die Freimaurer, das auf mangelnde Aktivität verweist. Die blaue Fee küsst ihn im Schlaf, gleich dem Kuss im freimaurerischen Ritual der Templer. Pinocchio wird aufgehängt und stirbt, er steht jedoch dank der Reinigung wieder auf: Er hat eine höhere Initiationsstufe erreicht. Unter all den anderen Anspielungen auf die Freimaurerei sei an dieser Stelle noch die Insel der fleißigen Bienen genannt, die an den salomonischen Freimaurer-Tempel von Hiram mit seinen vierhundert Granatäpfeln erinnert: Ebensoviele Brötchen bereitet die blaue Fee zu. Das Schwarz und Weiß des dazu gereichten Kaffees mit Milch ist ein Merkmal des Tempels und ein Symbol für den Kontrast zwischen Gut und Böse. Katze, Fuchs und „Kerzendocht" verkörpern die Versuchungen des einfachen Lebens und verweisen auf die Freimaurersymbole des Hinkens und der Blindheit. Der Puppenspieler Stromboli und das Land der Spielereien stehen für das profane Leben und die irdischen Eitelkeiten, die Verwandlung Pinocchios in einen Esel für seinen Verfall vom Mensch zum Tier. Um gerettet zu werden und zurück auf den Pfad der Erleuchtung zu finden, muss der Holzjunge seinen Vater/ Demiurgen wiederfinden. Dies gelingt jedoch nur über eine biblische Prüfung: Er wird wie Jonas vom Wal verschluckt, einer der zentralen Mythen aller großen monotheistischen Religionen und esoterischen Lehren. In der Vereinigung mit Geppetto, der ihn beim Schwimmen auf den Schultern trägt, und mit dem Hauptelement des Wassers wird Pinocchio schließlich ein „richtiger kleiner Junge", ein echter „Erleuchteter".

DIE AKADEMIE BARTOLOMEO CRISTOFORI

*Das Museum des Fortepianos, Vorläufer
des heutigen Klaviers*

Via Camaldoli, 7r
Das Museum kann im Rahmen von Konzerten besichtigt werden
055 221646 – info@accademiacristofori.it – accademiacristofori.it
*Termine für kostenpflichtige Führungen durch einen Musiker können rund
zwei Wochen im Voraus über die Akademie unter der Nummer 349 2653334
vereinbart werden. Mindestteilnehmerzahl: 10 Personen*

Mitten in San Frediano befindet sich in der Via Camaldoli hinter der grünen Tür des Hauses mit der Nummer 7r ein Kleinod des kulturellen Lebens von Florenz, das außerhalb des Stadtteils nur wenigen bekannt ist. Es handelt sich um eine beispielhafte private Einrichtung, die Bartolomeo Cristofori, dem Erfinder des Klaviers, gewidmet ist. Am Eingang erwartet den Besucher ein Museum des Fortepianos (auch bezeichnet als Hammerklavier), in dem neben den zahlreichen und seltenen Exemplaren dieses Vorläufers des heutigen Klaviers – ein Instrument, dessen Untergang trotz seines besonderen Klangs mehr als einmal prophezeit wurde – auch mehrere Orgeln ausgestellt sind. Das komplett aus Holz und ohne Metall gefertigte Fortepiano verfügte über Hämmer, die mit Leder – und nicht wie heute mit Filz – überzogen waren. Zwischen die Saiten und Hämmer konnte über ein spezielles Pedal ein Stück Filz geschoben werden, das durch das Zusammenspiel mit dem Leder für einen luftigeren Klang sorgte, der sich für bestimmte Passagen des (vor)romantischen Repertoires von Mozart über Beethoven bis Schubert eignete. Das so genannte Janitscharen-Pedal brachte ein ganzes Werk von Glöckchen und Trommeln ins Spiel, während ein drittes Pedal einen fagottartigen Klang erzeugte. Neben dieser außergewöhnlichen Sammlung verfügt die Akademie über eine Fachbibliothek,

eine renommierte Instrumenten-Restauratorenwerkstatt und einen schönen Konzertsaal, in dem regelmäßig Kammermusikkonzerte und Meisterkurse stattfinden. Die ABC, wie die Mitglieder der Akademie ihre Einrichtung gerne nennen, ist zu Konzerten und Kursen, zur Annahme von Restaurationsobjekten und nach vorheriger Vereinbarung geöffnet. In einer Führung erfährt man viel über die Geschichte des Hammerklaviers, das man bei dieser Gelegenheit hören und, wer möchte, selbst spielen kann.

DER JÜDISCHE FRIEDHOF VON FLORENZ

Jüdische Grabstätten mitten in San Frediano

Viale Ariosto, 16. Jeden ersten Sonntag im Monat 10 bis 12 Uhr,
Führungen 10 Uhr und 11 Uhr
Gruppenführungen (kostenpflichtig) auch außerhalb der regulären
Öffnungszeiten. Telefonische Vereinbarung unter 055 2346654

Wie in Venedig gibt es auch in Florenz einen alten jüdischen Friedhof. Dieser nur zwei Schritte von der Porta di San Frediano entfernt gelegene heilige Ort ist umgeben von mehrstöckigen Gebäuden, die wenig Raum zur Andacht lassen. Auf einem Teil des Grundstücks, das einst zum Friedhof gehörte, wurde ein Kindergarten errichtet. Im Zuge der Bauarbeiten kam es zu einem groben Missgeschick: Die Arbeiter, die offenkundig kein Hebräisch konnten, stellten die versetzten Grabsteine verkehrt herum wieder auf. Nach jüdischer Tradition befinden sich an den Grabsteinen keine Bilder oder Fotografien der Verstorbenen, die Grabsteine selbst weisen unterschiedlichste Formen auf, die den besonderen Reiz dieses vielseitigen Friedhofs ausmachen: Neben einfachen Steinplatten und unzähligen Stelen finden sich hier Gräber in Form von Sarkophagen oder kleinen Tempeln. Die Familie Levi ließ sich gar eine ägyptische Pyramide errichten. Zwei andere Grabmäler fallen ebenfalls ins Auge: Eine von Treves, dem Architekten der großen Synagoge von Florenz, entworfene Kapelle mit Säulen und prächtigen Verzierungen sowie eine Kapelle im ägyptischen Stil, die unter dem Gewicht der Vegetation beinahe zusammenzubrechen scheint.

Der Friedhof wirkt, als wolle er sich mit aller Kraft gegen Immobilienspekulanten wehren. Nachdem er 1870 nach über einhundert Jahren Nutzung geschlossen wurde, wurde vor einigen Jahren beschlossen, ihn an einem Tag im Monat wieder zu öffnen. Vernachlässigt wirkt er jedoch noch immer; doch die Zypressenalleen, die alten Gräber und die der jüdischen Kultur eigene Ungezwungenheit verleihen ihm einen ganz besonderen Charme, dem man sich inmitten der gewöhnlichen Gebäude von San Frediano gerne hingibt.

TEMPO REALE

Die kristalline Musik der Elektronik

Villa Strozzi – Via Pisana, 77
Besichtigung nach Vereinbarung per E-Mail an info@temporeale.it
oder telefonisch unter 055 717270 sowie anlässlich von Veranstaltungen
temporeale.it

Im letzten Stock der auf einem Hügel von Florenz gelegenen Villa
Strozzi befinden sich Verwaltungsbüros, Forschungseinrichtungen
und zwei „Planungsbüros", in denen für gewöhnlich öffentliche Veranstaltungen stattfinden, die von der langen Beziehung zwischen dem
berühmten italienischen Komponisten Luciano Berio und Florenz zeu-

gen. Das von Berio gegründete Labor *Tempo Reale* („Echtzeit") ist noch heute eine seltene Perle in Italien. Es zeigt eine ganz andere Wirklichkeit als das „museifizierte" Florenz und beweist damit, dass die Stadt eine Parallelgeschichte zu ihrer Legende entwickeln muss und kann, die mit den innovativen technischen Trends unserer Zeit Schritt hält. So haben die Forscher dieses Zentrums für elektronische Musik eine Software für die Verräumlichung des Klangs und ein Instrument namens MEEG (*Max Electronic Event Generator*) entwickelt, mit dessen Hilfe die elektronische Aufführung musikalischer Werke programmiert werden kann und das vom Zentrum regelmäßig im Rahmen von Eigenproduktionen zum Einsatz kommt. Diese Arbeit fügt sich nahtlos in die Vorstellungswelt von Luciano Berio ein, der bereits seinerzeit in dem Bereich neue Wege beschritt. Das Repertoire des Komponisten steht bei Tempo Reale im Übrigen im Vordergrund: Seine Werke werden im Rahmen von Konzerten aufgeführt – wobei den Musikern außergewöhnliche Instrumente zur Verfügung gestellt werden. Aus- und Fortbildung der interessierten Öffentlichkeit, Komponisten und Dirigenten stehen bei regelmäßigen Seminaren und Workshops auf dem Programm. Ein Besuch des Zentrums ist eine Expedition durch in Italien einzigartige Archive und Entwicklungsbüros, die bis oben hin mit Computern und anderen auf den ersten Blick völlig unverständlichen Gerätschaften vollgestopft sind: Kurz, eine Reise in die Zukunft inmitten einzigartiger Momente des Klangs und der Stille. Wer sich mit zeitgenössischer Musik ein wenig auskennt, entdeckt die immer beweglicheren Grenzen der Ausdrucksmöglichkeiten durch den kreativen und künstlerischen Einsatz von Elektronik. Alle anderen erhalten bei Tempo Reale einen abenteuerlichen Vorgeschmack auf die Zukunft musikalischer Klänge und Entstehungsprozesse.

ANTICO SETIFICIO FIORENTINO

Perfekte Seide

Via Bartolini, 4
Montag bis Freitag 9 bis 13 Uhr und 14 bis 17 Uhr
055 213861
anticosetificiofiorentino.it

Die Räumlichkeiten der alten Seidenmanufaktur sind ein kleines Juwel des Oltrarno wie aus einer anderen Zeit, obwohl der Antico Setificio auch heute noch ein Unternehmen mit einem regen Geschäftsleben ist. Er befindet sich seit 1786 in einem Gebäude in San Frediano, in das man wie in ein Märchen eintritt – das Tor, der ruhige Garten ... Dies ist das Ergebnis der gemeinsamen Anstrengungen mehrerer Florentiner Familien, das später sowohl vom Großherzog als auch vom König anerkannt wurde. Als Herzstück einer solchen qualitätvollen Produktion wurde der Antico Setificio zum Hauptakteur in der großen Geschichte des Florentiner Unternehmertums. Die Tradition der Florentiner Seide reicht bis ins 15. Jahrhundert zurück. Trotz der Konkurrenz durch Billigprodukte auf dem internationalen Markt produziert der Antico Setificio weiterhin auf Webstühlen aus dem 18. Jahrhundert nach Vorlagen aus der Renaissance und dem Manierismus.

Die „Knüpfmaschine", bei der der Seidenfaden aus dem Strang sortiert und zu Spulen aufgewickelt wird, ist ein kleines kulturelles Juwel auf halbem Weg zwischen Industrie und Handwerk, ganz zu schweigen von den Webstühlen aus dem 18. Jh., die noch von den Webern des 21. Jh. benutzt werden. Sie bevorzugen diese mechanischen Maschinen, die auch im Computerzeitalter in der Lage sind, Meisterwerke aus Stoffen zu erschaffen. Beim Anblick eines historischen Musters, das auch für die moderne Einrichtung geeignet ist, füllen wir unseren Mund mit sinnlichen Worten wie „Damast", „Brokat", „Spezialtaft", „Lampas" und „Ermesin". Dies sind nur einige der Varianten einer Stoffproduktion, die aufgrund ihrer Farben, Muster, „Düfte" und damit ihrer Qualität vielleicht keine Rivalen auf der Welt haben. Man bedenke, dass für die anspruchsvollsten Stoffe bis zu 24.000 Fäden verwendet werden!

Der Antico Setificio hält die Tradition der Florentiner Seidenspinnerei aufrecht, die von der Reproduktion von Originalmustern bis hin zu hochwertigen Manufakturprodukten für zeitgenössische Einrichtungsgegenstände reicht. Ein Besuch dieses zeitlosen Ortes ist sowohl ein visuelles als auch ein sinnliches Erlebnis. Doch ist er nicht einfach nur eine Institution, sondern vor allem eine Kunsthandwerkstatt. Schon allein deshalb ist er mehr als nur ein weiteres Museum.

DER FRESCOBALDI-GARTEN

Im Herzen von Santo Spirito

Via Santo Spirito, 11
Besichtigung auf Anfrage beim Portier täglich außer sonntags 7:30 bis
19:30 Uhr, bevorzugt jedoch am Nachmittag
055 211330

Dieser Palazzo der Familie Frescobaldi wurde aufgrund des großen Gartens, der sich von außen unsichtbar im Inneren verbarg und im hinteren Bereich einen großartigen Blick auf die Kirche von Santo Spirito bot, einst *Casa del cortile* („Haus des Hofes") genannt. In der ersten Hälfte des 17. Jhs. machte es sich Matteo Frescobaldi zur Aufgabe, die Aufteilung mehrerer Grundstücke seiner Familie in der Via Santo Spirito für den Bau des heutigen Palazzo zu verändern. Davon betroffen war auch der Garten, der im Zuge dieser Arbeiten so angelegt wurde, wie er noch heute zu sehen ist, wenn man ihn durch das große Eingangsportal betritt, das wie eine Schleuse zwischen dem urbanen Kontext der Altstadt und diesem friedvollen grünen Hafen der Stille wirkt. Hinter dieser wahren „Kompensationskammer" gelangt man in einen dieser kleinen Privatgärten, auf die Florenz so stolz ist, in denen Kunst und gebändigte Natur sich ein Stelldichein zu geben scheinen und die eine Oase der Ruhe und der Schönheit bilden. Bis vor wenigen Jahren konnte man hier noch zwei Bronzeskulpturen von Arnaldo Pomodoro (* 1926), herausragende Beispiele für den Stil dieses großen Bildhauers, bewundern. Doch auch heute gibt es noch viel zu entdecken in diesem sorgfältig gepflegten *hortus clausus* mit seinem azaleengeschmückten Rasen, einer arkadischen Statue des griechischen Hirtengottes Pan und einem großen Springbrunnen, der in seiner Architektur an die Zeiten der *Casa del cortile* erinnert.

ART ATHLETIC CENTER – SPORTS' MUSEUM

Die Geschichte des Sports in einem Florentiner Palazzo

Via Maggio, 39
Besichtigung nach vorheriger Anmeldung
055 217294

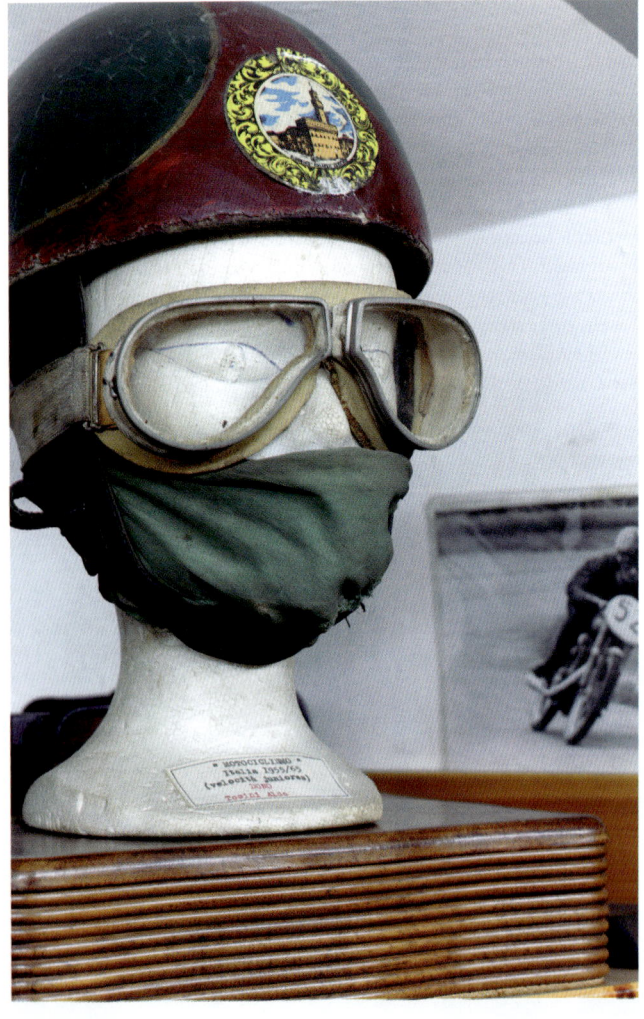

Ein Sportgeräte-Museum ist schon für sich betrachtet eine Rarität in Italien, doch dieses hier ist umso besonderer, als es sich nicht in der Nähe einer Sporthalle befindet, sondern in einem Patrizierhaus in der Via Maggio mit Florentiner Bodenkacheln und Kassettendecken. Der Hausherr Walter Rontani ist ein Florentiner Original. Es ist ihm gelungen, seine eigene sportliche Aktivität (italienischer Meister 1969 im Gewichtheben) mit seiner Sammlerleidenschaft zu verbinden. Seit den 1960er-Jahren hat er so unzählige Objekte aus der Welt des Sports zusammengetragen, die heute ein repräsentatives Bild der Sportgeschichte zeigen.

Auf einer Ausstellungsfläche von rund 200 Quadratmetern findet man verteilt auf zwei Etagen alles, was das Herz begehrt: von Fechtmasken über ein voll funktionstüchtiges rot-schwarzes Fiat-Cabriolet vom Anfang des 20. Jhs. im Maßstab 1:2 bis hin zu einem skurrilen „Insektenfanggerät für das Angeln" sowie verschiedenen Golfschlägern und Fahrrädern des französischen Herstellers Michaux aus dem Jahr 1865. Jedes der rund einhundert Exponate illustriert die Geschichte einer Disziplin und einer Leidenschaft. Auch eine Reihe der hölzernen Unterarmstulpen mit Stacheln für die einstmals in Italien sehr populäre Ballsportart *Pallone col bracciale*, für die die Stadt 1895 eigens das heute unter Denkmalschutz gestellte Spielfeld von Cascine bauen ließ, können in der Ausstellung bewundert werden.

Das Museum besteht seit 1964, hat es bislang jedoch nicht in das touristische Pflichtprogramm für Florenz geschafft. Seinem Inhaber ist es mit der typischen Florentiner Zielstrebigkeit gelungen, über die Jahre eine Sportsammlung zusammenzutragen, in der sich Kunst und Geschichte auf wundersame Weise verbinden.

IN DER UMGEBUNG
Der Einzelhandel im Mittelalter
Borgo San Jacopo, 66r
In dieser Straße kann ein seltenes Beispiel dafür bewundert werden, wie der Einzelhandel im Mittelalter ablief. Die Läden öffneten sich direkt zur Straße hin, wo Preise verhandelt und auf Steintresen Waren feilgeboten wurden. Durch die immer links des Tresens gelegene Tür gelangte man in das Haus des Händlers – *uscio e bottega* (it. Tür und Laden), wie man damals zu sagen pflegte –, wo größere Geschäfte abgewickelt wurden.

DER JAPANISCHE GARTEN
IM GIARDINO DELLE ROSE

Eine japanische Oase inmitten Florentiner Rosen

Viale Giuseppe Poggi, 2
Eintritt frei
Mitte Mai bis Ende Juni täglich 8 bis 20 Uhr
Derzeit finden Arbeiten statt, um den Garten ganzjährig öffnen zu können
Teilweise behindertengerechter Zugang
055 2625342

Der neben dem Giardino dell'Iris gelegene Giardino delle Rose mag zwar weniger berühmt sein als sein Nachbar, ist jedoch ganzjährig geöffnet und bietet zudem einen herrlichen Blick über Florenz. Der Garten wurde von Giuseppe Poggi persönlich auf den von Attilio Pucci zur Rosenzucht angelegten Terrassen gestaltet und bietet ganz im Stile der romantischen Gärten des 19. Jhs. zahlreiche Aussichtsebenen und kleine gewundene Wege. Aufgrund der Hanglage war ein ausgefeiltes Bewässerungssystem erforderlich, das aus einer Zisterne unter der Piazzale Michelangelo und Leitungen bestand, über die das Wasser in die verschiedenen Teile des Gartens befördert wurde. Die Mühe, die für dieses System aufgewendet wurde, verdeutlicht, mit welch wissenschaftlicher Präzision die Anlage mit ihren Tausenden von Pflanzen und mehr als 300 hier gezüchteten alten Rosensorten entworfen wurde.

Im Zentrum dieses gärtnerischen Kleinods befindet sich ein japa-

nischer Garten. Diese Oase des *Shorai-Teien* (jp. Zukunft) ist das Werk des Architekten Yasuo Kitayama, der ihn gemeinsam mit sieben Gärtnern nach Zen-Grundsätzen und mit direkt aus Japan stammenden Materialien angelegt hat – eine kleine japanische Enklave auf den Hügeln von Florenz und eine Hommage an die Partnerstadt Kyoto. Anlässlich des vierzigsten Jahrestages der Städtepartnerschaft wurde der Zen-Tempel *Kodai-Ji* 2004 einer Reinigungszeremonie durch japanische Mönche unterzogen.

DER PREMIO FIRENZE

Der Versuch, der Natur eine Blume abzuringen, die aus politischen Gründen erfunden wurde

Piazzale Michelangelo, 24
Eintritt frei
April bis 20. Mai (aufgrund des Nationalfeiertages am 25. April kann sich der Termin um einige Tage verschieben) 10 bis 12:30 Uhr und 15 bis 19 Uhr
Der Wettbewerb findet Mitte Mai statt, die Preisverleihung findet im Palazzo Vecchio statt
055 483112 – irisfirenze.it
Teilweise behindertengerechter Zugang

Florenz identifiziert sich seit Jahrhunderten mit einer besonderen Fahne, die in der Stadt überall, wo man hinschaut, zu sehen ist und die sich alle möglichen Veranstaltungen, Handwerksbetriebe oder Sportvereine in ihrem Logo oder Wappen zu eigen machen. Ein Banner, so berühmt wie der Markuslöwe von Venedig oder die Wölfin von Rom, ohne die Legenden, die sich um diese ranken, ohne besondere Geschichte und doch in der nüchternen Eleganz der Lilie das perfekte Sinnbild des Florentiner Temperaments. Aus diesem Grund übertrug die Stadtverwaltung die sogenannten *Podere Bastioni* auf der linken Seite der Piazzale Michelangelo an die italienische Iris-Gesellschaft, die hier 1957 den „Lilien-Tempel" bzw. besser gesagt „Iris-Tempel" eröffnete, der nur einen Monat im Jahr anlässlich der Blüte im Mai besichtigt werden kann. Ein visuelles und olfaktorisches Genusserlebnis! Der *Premio Firenze*, ein von der Iris-Gesellschaft jährlich veranstalteter Wettstreit, ist hingegen nur wenigen bekannt. Dabei geht es darum, durch Veredelungen oder Kreuzungen eine Lilie zu züchten, die der Florentiner Lilie, deren reines Rot in Wirklichkeit in der Natur nicht zu finden ist, möglichst nahekommt. Und da Lilien naturgegeben im Allgemeinen violett oder weiß sind, ist es bislang niemandem gelungen, den gewünschten Farbton zu erreichen. Die Florentiner Lilie war gemäß dem Wunsch der Ghibellinen, die für ihr Wappen eine in der Toskana verbreitete Blume gewählt hatten, ursprünglich weiß auf rotem Hintergrund. Aus reiner Opposition wählten die Guelfen daraufhin eine rote Lilie auf weißem Hintergrund für ihr Wappen und zwangen dieses der Stadt nach ihrer Machtübernahme auf. Um beide Seiten zufriedenzustellen, entschied sich die Provinzverwaltung von Florenz im Gegensatz zur Stadtverwaltung für eine Zweiteilung der Fahne mit einer roten Lilie auf weißem Hintergrund auf einer Hälfte und einer weißen Lilie auf rotem Hintergrund auf der anderen. Der Wettbewerb des Iris-Gartens ist so in seinem erklärten Ziel, der Natur eine Blume abzuringen, die aus politischen Gründen erfunden wurde, einzigartig.

Der sakrale Symbolismus der Fleur de Lis

Bei der *Fleur de Lis* aus der französischen Heraldik handelt es sich um eine Schwertlilie (Iris) oder Lilie (Lilium). Nach Miranda Bruce-Mitford soll Ludwig VII., genannt der Jüngere, die Schwertlilie 1147 als erster französischer König als Wappenzeichen genutzt und sie als Siegel auf seinen Patentbriefen (Dekreten) angebracht haben. Da der Name *Louis* (Ludwig) zu jener Zeit *Loys* geschrieben wurde, soll sich daraus die Bezeichnung „*Fleur de Louis*" und schließlich „*Fleur de Lis*" entwickelt haben, die mit ihren drei Blütenblättern Glauben, Weisheit und Mut symbolisiert. In Wahrheit hat der französische Monarch trotz der großen Ähnlichkeit zwischen der Schwertlilie und der *Fleur de Lis* schlicht ein altes Symbol der französischen Heraldik übernommen: Im Jahr 496 n. Chr. soll Chrodechild, Frau des Frankenkönigs Chlodwig I., ein Engel erschienen sein und ihr eine Schwertlilie übergeben haben, woraufhin sie zum Christentum konvertierte. Dieses Wunder erinnert an das Geschehnis, da der Erzengel Gabriel der Jungfrau Maria – eine Lilie in der Hand – erschien, um ihr zu verkünden, dass sie einen Sohn gebären würde. Die Blume findet sich auch in der Ikonographie Josefs, des Vaters von Jesus, wieder. Er wird so als Patriarch einer neuen heiligen Dynastie der Herrschaft Gottes gekennzeichnet. Im Jahr 1125 war die französische Fahne (sowie das französische Staatswappen) von Lilien übersät. König Karl V. von Frankreich (1364–1380), der sie mit ihren drei Blütenblättern als Symbol zu Ehren der Heiligen Dreifaltigkeit offiziell übernommen hatte, reduzierte die Zahl der Lilien auf drei. Die zur Fleur de Lis stilisierte Lilie ist zugleich eine biblische Pflanze, die für König David und Jesus als Mensch steht („Betrachtet die Lilien des Feldes, wie sie wachsen", Mt. 6,28–29). Auch in Ägypten ist sie in Verbindung mit der Lotusblume zu finden, ebenso bei den Assyrern und im Islam. Schon früh wurde sie zu einem Symbol der Macht, der Souveränität und der Herrschaft von Gottes Gnaden, zum Zeichen für

die Reinheit von Körper und Seele. Aus diesem Grund waren die alten europäischen Könige göttlich und mussten daher eigentlich gerecht, perfekt und rein sein wie die Jungfrau Maria, heilige Schutzpatronin aller königlichen Macht, die bei der Verkündigung eine weiße Lilie erhält (*Ecce Ancilla Domine*, „Siehe ich bin die Magd des Herrn", Lk. 1,38). So nahm die Lilie den Platz der Iris ein, so wurde aus *Fleur de Lis* im Spanischen „*Flor de lírio*" und so werden heute symbolisch beide mit derselben Lilie assoziiert, während die *Fleur de Lis* botanisch betrachtet weder Iris noch Lilium ist. Die Iris (*Iris germanica*) zählt zur Familie der Schwertliliengewächse (*Iridaceae*) und stammt ursprünglich aus Nordeuropa. Die bekanntesten Lilienarten (*Lilium pumilum, Lilium speciosum, Lilium candidum*) gehören zur Familie der Liliengewächse (*Liliaceae*) und haben ihren Ursprung in Klein- und Zentralasien. Die echte *Fleur de Lis* zählt weder zu den *Iridaceae* noch zu den *Liliaceae*. In Wahrheit handelt es sich um eine *Sprekelia formosissima*, eine Vertreterin aus der Familie der Amaryllisgewächse (*Amaryllidaceae*), die ursprünglich in Mexiko und Guatemala zu finden war. Die in anderen Sprachen als Aztekenlilie, Lirio de São Tiago, St. James Lily oder Lis de Saint Jacques bekannte *Sprekelia formosissima* ist die einzige Art ihrer Gattung. Ihren Namen erhielt sie durch den Botaniker Carl von Linné im 18. Jh., dem der deutsche Advokat Johann Heinrich von Spreckelsen einige Exemplare hatte zukommen lassen. Die Spanier führten die Pflanze schließlich Ende des 16. Jhs. durch Zwiebeln aus Mexiko in Europa ein.

DER TIERKREIS VON SAN MINIATO ㉓

Ein Wunder, das sich nur am 21. Juni ereignet

Basilika San Miniato al Monte, Via della Porte Sante, 34
Das Phänomen kann immer am 21. Juni jedes Jahres beobachtet werden
Öffnungszeiten der Kirche Montag bis Samstag 9:30 bis 13 Uhr und 15 bis
19 Uhr; Sonntag 15 bis 19 Uhr

Der marmorne Tierkreis am Boden der Basilika San Miniato al Minore stammt aus dem Jahr 1207 und galt lange als einfache Dekoration nach Vorbild des Tierkreises des Baptisteriums (der heute nicht mehr genutzt wird, s. S. 106).

Im Jahr 2011 jedoch entdeckte der italienische Experte für Mittagsweiser, Simone Bartolini, dass der Tierkreis einem der ältesten in Europa noch funktionierenden Sonnwendzeiger entspricht. War über die Mittagsweiser im Baptisterium und im Duomo bereits viel bekannt, so wusste man über jenen von San Miniato praktisch nichts.

Das Wunder ereignet sich nur am 21. Juni, ist jedoch derart beeindruckend, dass es sich lohnt, einen Besuch an diesem Tag einzuplanen. Genau um 13:53 Uhr, nahe dem solaren Mittag, bildet der Sonnenstrahl, der durch ein kleines Fenster auf der rechten Seite fällt, ein Lichtschwert, das sich langsam exakt auf das Sternzeichen des Krebses legt (dessen Zeit um das Fest des Hl. Johannes, Schutzpatron von Florenz, beginnt). Nach wenigen Minuten ist der Sonnenstrahl vorbeigezogen und das Ereignis ist vorüber. Für einen kurzen Moment kann man jedoch klar und deutlich erkennen, wie Phänomene wie die Bewegung der Erde, die perfekte Synchronisierung dieser Bewegung mit der Sonne und die bemerkenswerte Bauweise der Basilika ineinandergreifen und exakt den Moment der Sommersonnwende erfassen. Manche behaupten sogar, der Tierkreis von San Miniato würde in diesem Augenblick zum Leben erweckt. Der Tierkreis, der in der Mitte der Basilika vor dem Altar in den Boden eingelassen ist, wird so quasi zum zentralen Element eines Gebäudes, das als Antwort auf eine präzise Verbindung mit den Sternen errichtet wurde und gleichzeitig die Beziehung zwischen mittelalterlicher Spiritualität und orientalischem Mystizismus bekräftigt: Der Hl. Minias war vermutlich griechischer oder armenischer Abstammung.

Die Verehrung der Tierkreise begann bereits in babylonischer Zeit, bevor die christliche Kultur sie sich zu eigen machte. Die Basilika San Miniato ist wie viele andere bis Ende des 13. Jhs. gebauten Gotteshäuser von West nach Ost ausgerichtet, damit die Gläubigen ihre Gebete gen Osten richten konnten. Gleichzeitig war beim Blick in Richtung Osten das Kreuz von Golgatha zu sehen. Im Übrigen kann uns der Tierkreis der Basilika San Miniato, den die biblischen Worte *„Haec est porta coeli"* – „Hier ist die Pforte des Himmels" zieren, als Aufforderung dienen, unser Wissen über die wahre Bedeutung der verschiedenen Dämonen in den Mosaiken der Basilika zu vertiefen und mehr über den Heiligen Gral herauszufinden, der in den oberhalb der Türen gemalten Gefäßen abgebildet ist.

Die andächtigere Atmosphäre in der Basilika San Miniato macht das Erlebnis noch eindrücklicher als das „Loch" von Toscanelli im Duomo (s. S. 81).

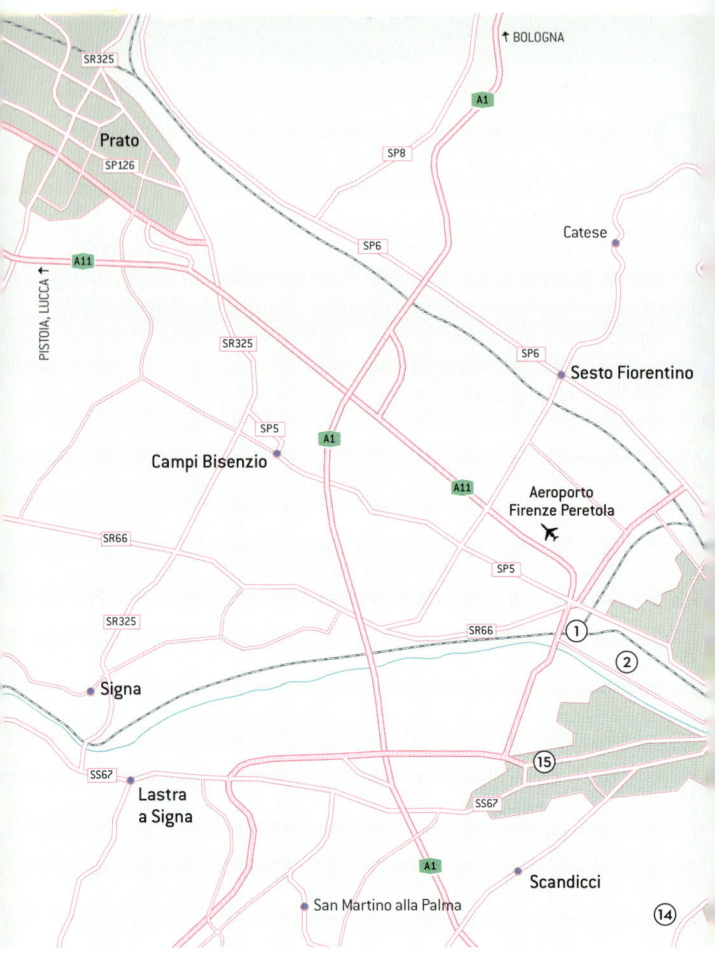

Außerhalb der Stadtgrenzen

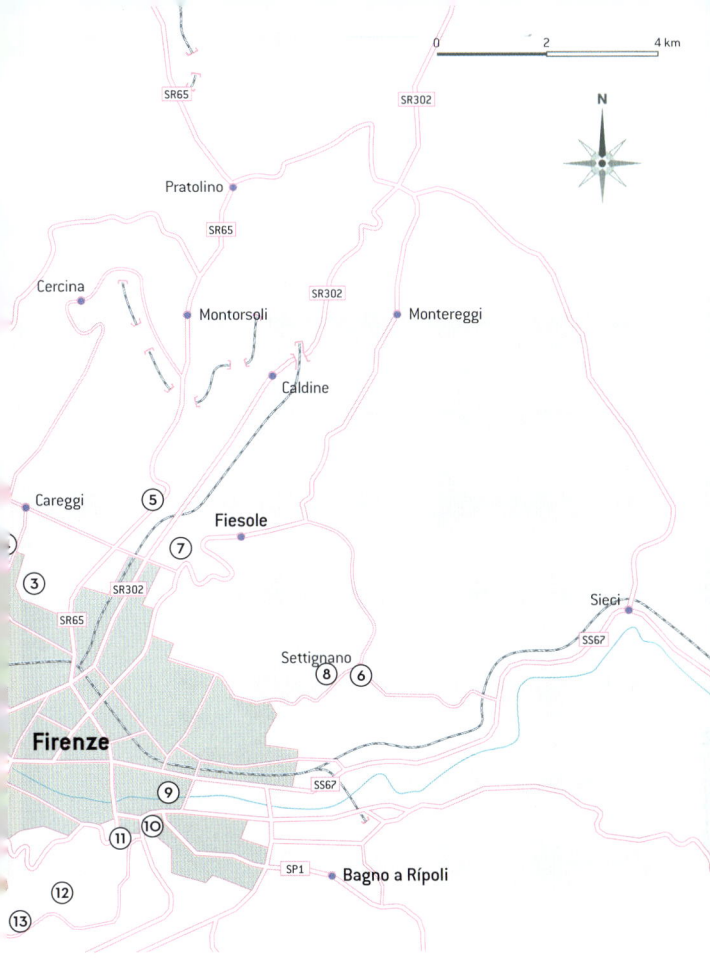

DAS MAUSOLEUM DES MAHARADSCHA VON KOLHAPUR

Ein Maharadscha in Florenz

Piazzaletto dell'Indiano

Jeder in Florenz kennt dieses Mausoleum – nicht zuletzt, weil es dem berühmten Viadotto dell'Indiano, dem Viadukt des Inders, seinen Namen gab; doch nur wenige Florentiner und noch weniger Touristen haben es je besucht. Der Ort am hinteren Ende des Parco delle Cascine ist faszinierend und exzentrisch. Am besten erreicht man ihn, indem man den Park längs bis zum Piazzaletto dell'Indiano an seinem westlichen Ende durchquert. Ein anderer Weg führt über die Via Pistoiese, unter der Ponte dell'Indiano hindurch, anschließend links über die Via Piemonte und durch den kleinen Tunnel unter der Bahnstrecke, erneut unter der Brücke hindurch und schließlich bis zum Parkplatz am Parco delle Cascine. Man überquert den Mugnone über eine kleine Überführung und erreicht sogleich den Piazzaletto.

Hier befindet sich ein einzigartiges Grabmal, das 1874 von Charles Francesco Fuller errichtet wurde: eine Elefantenstatue, geschützt durch eine Pagode mit Baldachin. Die italienische Inschrift ist auf den drei anderen Seiten auf Englisch, Hindi und Panjabi übersetzt und unseres Wissens nach die einzige Inschrift in diesen indischen Sprachen in ganz Florenz.

Ein zeitgenössisches Häuschen und verschiedene Dekorelemente lassen den Ort noch malerischer wirken. Hier wurde im Jahr 1870 der indische Prinz Rajaram Chuttraputti, Maharadscha von Kolhapur, eingeäschert, der auf dem Rückweg von England in einem Hotelzimmer an der Piazza Ognissanti im Alter von nur 20 Jahren an einer mysteriösen Krankheit starb.

Der schmerzvolle Todeskampf des ehrenwerten Inders machte seinerzeit die ganze Stadt betroffen. Das kosmopolitische Florenz des 19. Jhs. gab sich die größte Mühe, einen Ort zu finden, um den sterblichen Überresten des jungen Maharadscha in einem exotischen und jahrtausendealten Ritual die letzte Ehre zu erweisen und seiner Seele in tausenden Kilometern Entfernung von der Heimat ihren letzten Weg zu erleichtern. Die Wahl fiel auf den Zusammenfluss des Arno und des Mugnone, einen Ort, der sich nach brahmanischer Tradition gut für die Einäscherung eignete. Der Trauerzug führte durch den Park, die Asche wurde im Wasser verstreut. Seitdem ist der „Inder" in Florenz berühmt, auch wenn viele Einwohner heute die Geschichte, die sich hinter seinem Namen verbirgt, vergessen haben.

Der 206 m lange Ponte all'Indiano bietet Fußgängern einen herrlichen Ausblick. Er ist die weltweit erste Schrägseilbrücke, deren Brückendeck an langen Stahlkabeln aufgehängt ist, die an zwei in der Mittelachse angeordneten Pylonen befestigt sind.

Die esoterische Symbolik des Parco delle Cascine

Der Parco delle Cascine ist einer der größten Parks und mit das beliebteste Naherholungsgebiet von Florenz. Ursprünglich angelegt auf Initiative von Cosimo I. de' Medici, wurde er in der zweiten Hälfte des 16. Jhs. erweitert. Anfangs unterschieden sich Struktur und Funktion stark voneinander: Die große Grünanlage wurde 1563 als landwirtschaftliche Fläche und privates Jagdrevier der Medici angelegt. Sie diente der Rinderzucht und wurde zur Käseherstellung genutzt, woraus sich auch der Name Cascine ableitet (it. *cascina* = Meierei). Im Lauf der Jahrhunderte wurde das Gelände immer stärker zum Anbau besonderer Pflanzen und seltener Obstbaumsorten genutzt. Als das Haus Lothringen in Florenz Einzug hielt, wurde der Park für die Allgemeinheit geöffnet und seine Anlage verändert. Mit wachsendem Interesse von Großherzog Ferdinand III. (1769–1824) an dem Park wurden immer mehr Bauten im klassizistischen und ägyptischen Stil errichtet, die sich durch symbolträchtige Formen und Inschriften auszeichneten. Als Anhänger der Freimaurer beauftragte der Großherzog die zwei Hofarchitekten Giuseppe Manetti und Gaspare Paoletti damit, einen esoterischen Initiationspfad anzulegen, von dem noch heute zahlreiche Spuren zu finden sind. So befinden sich neben dem Eingang zur heutigen Piazzale Vittorio Veneto zwei Springbrunnen: die Fonte del Narciso und die Fonte del Cavallo Pegaso. Die erste hat die Form einer Pyramide und verweist auf den Mythos von Narziss.

Sie lädt den Besucher ein, bevor er sich auf den Weg der Erkenntnis begibt, in sich selbst und sein tiefes Wesen hineinzublicken und zu den Gewässern der Urzeit zurückzukehren, aus denen er neu geboren werden kann. Eine Gedenktafel erinnert an Percy Bysshe Shelley, der hier Inspiration zu seiner *Ode an den Westwind* gefunden haben soll. Der zweite Brunnen ist Pegasus gewidmet, dem Sieg des Lichts über die Dunkelheit. Die Skulptur des geflügelten Pferdes, die ihn einst zierte, ist heute nicht mehr vorhanden. Der Pegasus-Brunnen verweist auf die Quelle Hippokrene am Berge Helikon in Griechenland, mit deren alchemistischem Wasser der orakelhafte Apollon und die Musen ihren Durst stillten. Geht man weiter durch den Park, gelangt man zu einer steinernen Pyramide – ein esoterisches und freimaurerisches Symbol für den Bund zwischen Erde und Himmel. Ausgehend von einer quadratischen Grundfläche, wo die Zahl Vier die irdische Dimension darstellt, erreicht man die Einheit, also den Gipfel der Pyramide und damit die göttliche Dimension. In praktischer Hinsicht diente die Pyramide am großherzoglichen Hof als Kühlkammer zur Aufbewahrung von Lebensmitteln.

Die Baumalleen des Parks sind gesäumt von Statuen, die weitere Symbole wie Panther, Sphinxe oder Darstellungen von Bacchanalien mit dionysischen Dekorationen aufweisen. Nach einiger Zeit erreicht man die *Uccelliere* (it. Volieren), kleine klassizistische Tempel. Diese wurden später auch als *Pavoniere* bezeichnet, da Pfauen als Symbol der Renaissance ihre Friese zieren. Folgt man dem Initiationspfad, gelangt man zum *Otto Viottole*, einer Kreuzung mit acht Abzweigungen, gleich neben dem *Prato delle Cornacchie* („Krähenwiese"), dem ehemaligen Jagdrevier. Hier öffnet sich ein in acht Parzellen unterteil-

ter, halbkreisförmiger Bereich, von dem acht Pfade abgehen. Die Symbolik der Zahl Acht ist bekannt: Die doppelte Vier bestätigt, dass es hier um die vier Grundelemente geht, greift jedoch auch den Lebenszyklus und damit die Unendlichkeit auf. Die Pfade (*viottoli*) verweisen darauf, dass nur der Eingeweihte in der Lage ist, den richtigen Pfad zu wählen.

DAS MUSEO DELL'ISTITUTO AGRARIO ②
(MUSEUM DES AGRARINSTITUTS)

Der naturwissenschaftliche Schatz des Parco delle Cascine

Viale delle Cascine, 11 – Geographische Koordinaten: N43.7833°, E11.222°
Während der Öffnungszeiten des Instituts je nach Verfügbarkeit und nach telefonischer Anmeldung von 8 bis 13 Uhr – 055 362161

Das nur wenigen Florentinern bekannte, in der Fachwelt jedoch durchaus namhafte Istituto Tecnico Agrario Statale (das Staatliche agrartechnische Institut) ist Nachfolger der renommierten Regio Scuola Agraria di Pomologia e Orticoltura (der Königlichen Landwirtschaftsschule für Obst- und Gartenbaukunde), die 1882 im Parco delle Cascine gleich neben dem Schwimmbad *Le Pavoniere* gegründet wurde. Im Zweiten Weltkrieg sowie später durch das Hochwasser von 1966 stark beschädigt, erstand die Schule mit ihrer innovativen Ausrichtung und ihrem Experimentier- und Forschungseifer immer wieder auf.

Das Istituto beherbergt zahlreiche Sammlungen von Bedeutung für die Botanik (ein Herbarium mit herrlichen Reproduktionen von Blumen und Pilzen), die Zoologie (Reptilien, Wirbellose, Säugetiere, Amphibien), die Anatomie (Nachbildungen von Skeletten und Gebeinen), die Geologie, die Mineralogie und sogar die Paläontologie (Fossilien aus der Toskana). Hinzu kommen verschiedene kunstvolle Reproduktionen aus Gips, Harz oder Wachs sowie Hunderte von Apparaturen aus den Bereichen Physik, Chemie, Landwirtschaft, Kartographie und Meteorologie. Besonders sehenswert ist ein Modell über die Entwicklung der italienischen Überseekolonien.

Das Museum der Scuola verfügt zudem über Gewächshäuser mit seltenen Pflanzen, eine bedeutende Saatgutsammlung – insbesondere Olivenbäume – und eine bemerkenswerte wissenschaftliche Bibliothek, die einige Bände aus dem 16. Jh. beinhaltet. Der Bestand des Museums wird ständig um private Sammlungen von Mineralien, Büchern, Fotografien oder Pflanzenarten erweitert. Eine Einrichtung von solch kulturhistorischem Wert würde mehr Aufmerksamkeit verdienen. Dass ein solch vielseitiges und faszinierendes Museum, das mehr als einen kurzen Umweg lohnt, der Kategorie der Obskuritäten anheimfiel, ist vermutlich

dem schweren Erbe der Renaissance und einer der Wissenschaft wenig zugeneigten Kultur zuzuschreiben.

FREIMAURERSYMBOLE IM PARK DES STIBBERT-MUSEUMS

Eine Freimaurerloge unter freiem Himmel

Via Federico Stibbert, 26
April bis Oktober 8 bis 19 Uhr, November bis März 8 bis 17 Uhr (täglich außer
Donnerstag)
1. Januar, Ostersonntag, 1. Mai, 15. August und 25. Dezember geschlossen

Im Norden von Florenz liegt auf dem sanften Hügel von Montughi der nach seinem Gründer benannte Stibbert-Park. Frederick Stibbert, dessen Familie aus England stammte, war ein gebildeter, liberaler Mann und Mitglied der Freimaurer-Bruderschaft. Der Außenbereich seiner Villa ist voll verborgener Symbolik. Beim Gang durch die Anlage, die einem Initiationspfad gleicht, stößt man immer wieder auf aussagekräftige Skulpturen, architektonische Objekte und gartenbauliche Elemente, deren nähere Betrachtung sich lohnt.

Dahinter verbirgt sich der Gedanke, dass wir zunächst in die Tiefen unseres Seins eintauchen müssen, um dann ins Licht aufsteigen zu können, getreu der klassischen Formel *ex tenebris lux*. Eine kleine Mauergrotte verweist auf die erste Stufe der Alchemie, die Nigredo.

Im unteren Teil der Anlage steht am Ufer eines künstlichen Sees ein kleiner neuägyptischer Tempel, der als subtiles Symbol des Freimaurertempels gelesen werden kann. Der neuägyptische Stil unterstreicht die Bedeutung des Ortes als Heiligtum: Ägypten galt den Freimaurern als Heimat der alten Mysterien, während das Wasser in der hermetischen Symbologie für die Reinigung steht. Wasser ist elementarer Bestandteil aller Initiationsprüfungen. Das Wasser der Taufe rettet und transformiert, es ist Allegorie des Todes und der auf diesen folgenden Wiedergeburt.

An der Schwelle wachen sechs Sphinxe über den Tempeleingang, der perfekt auf einer Achse von West nach Ost ausgerichtet und über einen Weg im Westen zu erreichen ist, die aufgehende Sonne beim Eintreten im Gesicht. Von dort aus führt der Pfad nach oben und zwischen zwei Säulen hindurch – eine Anspielung auf die Säulen Jachin und Boas des Freimaurertempels, die als eine Art Portal den Übergang in die spirituelle Welt markieren.

Am Ende des Pfades erhebt sich ein eleganter kleiner griechischer Tempel mit acht Pilastern. Die Zahl Acht verweist auf die Wiedergeburt, während die kleinen Löwenköpfe auf den Kapitellen die Sonne verkörpern. Im Zentrum steht eine Statue der Flora, dargestellt als ekstatisch

tanzende junge Frau und Symbol der unsterblichen Jugend, des Aufblühens der Natur. Die Göttin verweist auf die spirituelle Wiedergeburt und die Erweiterung des Bewusstseins, die oft mit der Pflanzenblüte verglichen wird.

DAS ANATOMISCHE MUSEUM VON FLORENZ

Ein Tisch aus Menschenhaut, in den 214 mineralisierte menschliche Organe eingelassen sind

Auditorium Filippo Pacini, Viale Giovan Battista Morgagni, 85
Montag bis Freitag nach Vereinbarung – 055 2758050

Jedes medizinische Institut, das etwas auf sich hält, hat sein eigenes anatomisches Museum. Jenes der großen Universitätsklinik von Ca-

reggi entführt den Besucher in ein Universum der besonderen Art. Seine langen, in einem einzigen, großen Raum eng nebeneinander aufgestellten Schaukästen enthalten eine einzigartige Sammlung an Verdauungsapparaten und Schädeln aller Größen. Bis dahin nichts Außergewöhnliches. Doch plötzlich entdeckt man einige Schädel, die elastisch und beinahe lebendig erscheinen, die schimmernde Haut noch an den Knochen, mit leeren und doch ausdrucksstarken Augenhöhlen, den Mund geöffnet, mit bloßliegenden Adern und Nerven und perfekten Zahnreihen. Im Halbdunkel des Raumes erkennt man ein Gruselkabinett abgetriebener Föten mit glänzender Haut, die inneren Organe allesamt noch erkennbar. Ein Schädel wurde in drei Teile zersägt. Durch Öffnungen kann das Innere betrachtet werden. Und natürlich findet sich sichtbarer positioniert auch ein – perfekt konserviertes – männliches Glied von beachtlichen Ausmaßen. Den Besucher erwartet eine anatomische Galerie, die umso beeindruckender ist, als die Konservierungstechnik eines Großteils dieser erstaunlichen Fragmente ihresgleichen sucht. Sie geht zurück auf den italienischen Naturalisten, Kartographen, Ägyptologen und Anatomen Girolamo Segato (1792–1836). Im Gegensatz zu seinen naturalistischen Weggefährten war er als Ägyptologe ein großer Kenner der Pyramiden (in der Djoser-Pyramide in Sakkara verbrachte er drei Tage ohne Unterbrechung) und entwickelte als solcher ein neues Verfahren zur Konservierung menschlichen Gewebes. Segato kannte als einziger das Rezept seines Verfahrens, das später nicht ganz passend als „Petrifikation" (Versteinerung) bezeichnet wurde und es ermöglichte, Organe unter Wahrung ihrer vollen Elastizität und ihrer „lebendigen" Farbe zu präparieren. Die Ergebnisse waren so beeindruckend, dass Segato der Hexerei bezichtigt wurde. Seine Forschung wurde finanziell nur durch den Großherzog der Toskana unterstützt, sodass er schließlich beschloss, alle Spuren seiner Technik zu vernichten. Girolamo Segato wurde zu Lebzeiten geächtet; sein Leichnam wurde dennoch im Mausoleum in der Kirche Santa Croce beigesetzt, wo sein direkt neben dem von Galilei gelegenes Grab eine Platte mit folgender Inschrift ziert: „Hier ruht Girolamo Segato de Belluno, dessen Körper man petrifiziert sehen könnte, wenn seine Kunst nicht mit ihm vergangen wäre. Er war von außergewöhnlichem Ruhm für die menschliche Weisheit und ein weniger außergewöhnliches Beispiel für ein unglückliches Leben." Ein gequältes Genie, dessen Obsession mit der Anfertigung des in diesem Museum ausgestellten Tisches, ein Geschenk Segatos an den Großherzog der Toskana, sicher ihren Höhepunkt erreichte: auf den ersten Blick ein elegantes Möbelstück in der Florentiner *Pietra-dura*-Technik, bei näherem Hinsehen wohl eines der makabersten Designobjekte, das je gefertigt wurde: ein Tisch aus Menschenhaut mit 214 eingelassenen, mineralisierten menschlichen Organen.

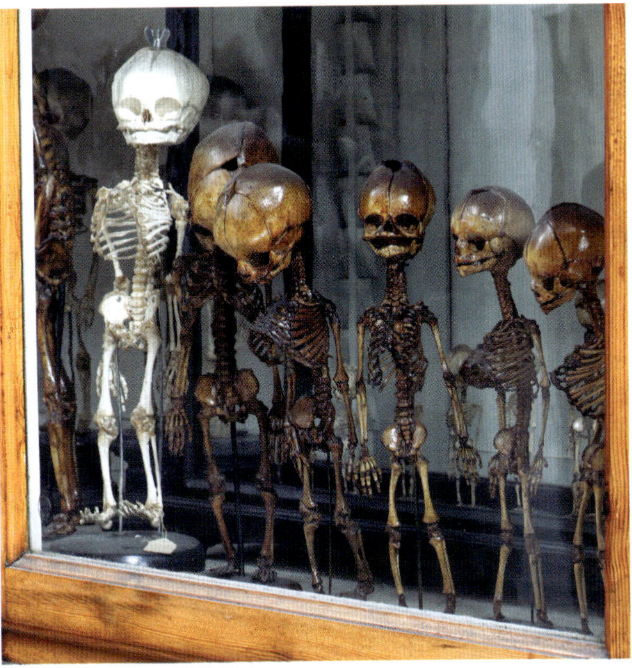

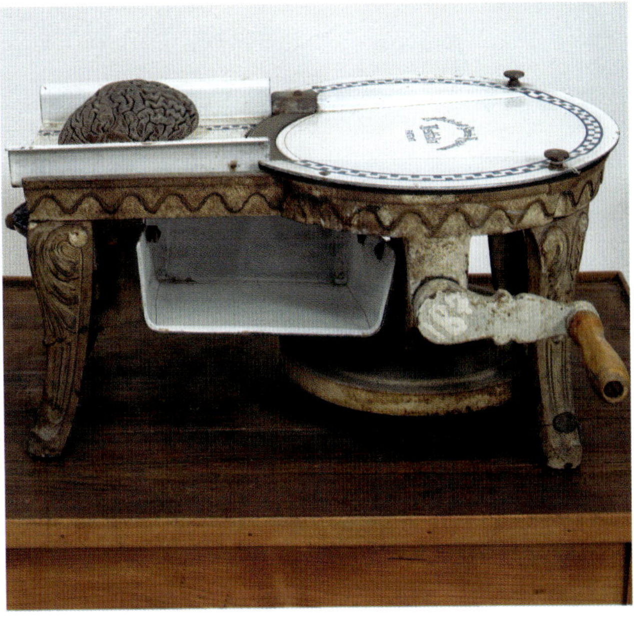

DER ARCHITEKTONISCHE KOMPLEX VON MONTERINALDI

Die gelebte Utopie einer wahrhaft idealen Zitadelle

Via di Monterinaldi

Der Hügel von Monterinaldi bietet eine großartige Aussicht auf Fiesole und Florenz. Hier realisierte der Architekt Leonardo Ricci gemeinsam mit seinen Kollegen Giovanni Klaus Koenig und Gianfranco Petrelli in den 1950er- und 1960er-Jahren seine Idealvorstellung eines Wohnviertels mit rund zwanzig Häusern, die direkt vom Werk von Frank Lloyd Wright inspiriert sind. Für Ricci war Monterinaldi der konkrete Versuch, ein ideales „theoretisches Haus" zu errichten, das nicht isoliert und perfekt in die Umgebung integriert sein sollte, um so eine echte Gemeinschaft mit gemeinsamen Projekten, einer gemeinsamen Ästhetik und einem gemeinsamen Organisationsmodus zu schaffen.

Der Weg führt steil hinauf durch die engen Gassen oberhalb der Via Bolognese durch ein homogenes Ensemble charmanter Wohnhäuser, die schon von außen erstaunlich innovative Aspekte aufweisen und sich harmonisch in die Landschaft einfügen. Innovativ sind auch die Formen und Materialien. Die Dächer der Häuser sind als begehbare Panoramaterrassen angelegt. Die Außenwände sind oft geneigt und nach Vorbild mittelalterlicher Befestigungsanlagen aus regionalem Stein errichtet. Das letzte Haus wurde 1968 gebaut. Die Entwürfe sahen auch die Einrichtung von Gemeinschaftsanlagen vor – Ateliers, einen Pool, einen Kindergarten – um den Gemeinschaftssinn der Bewohner, unter ihnen viele Künstler, zu stärken. Die seinerzeit als *„villaggio di marziani"* („Dorf der Marsmännchen") bezeichnete Anlage wurde vielfach als eines der ambitioniertesten architektonischen Vorhaben der damaligen Zeit bewundert. Als Ergebnis einer Habitat-Konzeption, die Schule gemacht hat, verkörpert Monterinaldi den geglückten, aber bislang einzigen Versuch, vor den Toren von Florenz eine urbane Utopie Realität werden zu lassen.

DIE VILLA GAMBERAIA

Eine Florentiner Villa par excellence

Via del Rossellino, 72
Besichtigung der Gärten täglich 9 bis 17 Uhr (Winter) bzw. 9 bis 18 Uhr (Sommer)
Voranmeldung erbeten bzw. am Wochenende unbedingt erforderlich
Das Innere der Villa kann in Gruppen ab 10 Personen besichtigt werden
Anmeldung unter 055 697205 oder per E-Mail an villagam@tin.it
villagamberaia.it

Die prachtvolle Villa Gamberaia de Settignano, neben der früher ein für seine Flusskrebse berühmter Wasserlauf verlief (it. *gambero*: Flusskrebs), blickt auf eine denkwürdige Geschichte zurück: Sie wurde von einem Vorfahren des Bildhauers Rossellino erbaut, befand sich unter anderem im Besitz der illustren Familie Capponi und Ende des 19. Jhs. der Prinzessin Giovanna Ghykha, Schwester von Natalia Cheşco, der Königin von Serbien, und wurde 1924 von Matilda Freifrau von Ketteler gekauft. Nach dem Zweiten Weltkrieg gelangte die Villa in den Besitz des Vatikan. 1952 wurde sie schließlich von Marcello und Nerina Marchi gekauft. Im Laufe der Jahrhunderte erweiterten, veränderten, verschönerten oder vernachlässigten die einzelnen Eigentümer die Villa abwechselnd. Heute steht vor allem der Park im Vordergrund, während die Villa selbst und ihre Nebengebäude in Ferienunterkünfte und Veranstaltungsräume umgestaltet wurden. Allein der Blick auf Florenz lohnt den Umweg: So weit das Auge sehen kann, erblickt man Dächer von ineinander verschachtelten Stadthäusern am Ufer des Arno, dazwischen die Kuppel von Brunelleschi, im Hintergrund den Apennin. Der Park umfasst mehrere Grünflächen, angefangen mit zwei eleganten, monumentalen Gärten mit Zierbecken über geometrisch angelegte Alleen und Zypressenreihen bis hin zu einem Steineichenhain und einem Bowling Green. Mit ihren zwei herrlichen Salons und ihrem von Arkaden umgebenen Innenhof kann es die Villa jederzeit mit den Gärten aufnehmen. Das Schönste jedoch sind die Wohnungen, die in der alten Kapelle aus dem 17. Jh. und einem in eine Limonaia (Zitronengewächshaus) umgestalteten Landhaus aus dem 14. Jh. eingerichtet wurden. Sie machen dem Kanon toskanischer Inneneinrichtung alle Ehre: große Kamine, Sichtbalken und Kassettendecken, Steinböden, antike Einrichtung – und der unweigerliche Blick auf Florenz. Es fällt schwer, diesem Ort den Rücken zu kehren.

IN DER UMGEBUNG

Die Keramiken der Cantina Guidi ⑦

Ein altes Geschäft im Liberty-Stil – Via Pagnini, 22r

Diese 1946 eröffnete Kellerei (*cantina*) war einer der ersten gastronomischen Spezialitätenläden von Florenz. Das Geschäft ist heute geschlossen, die ursprüngliche Fassade mit Kacheln im Liberty-Stil – das Werk eines der berühmtesten italienischen Keramiker, Antonio Chini (s. S. 167) – wird heute gerne besichtigt. Antonio gehörte zur Familiendynastie der Chini aus Borgo San Lorenzo: Architekten und Dekorateure, deren Jugendstilarbeiten in den Einfamilienhäusern und Kapellen entlang der wichtigsten Achsen dieses Mugello-Dorfes, aber auch im großen Museo della Manifattura Chini in der Villa Pecori Giraldi zu finden sind.

LA VILLA I TATTI

Eine Perle der italienischen Renaissance, die einmal im Monat ihre Türen für Besucher öffnet

Via Vincigliata, 26 – Fiesole – itatti.harvard.edu
Besichtigung nach Voranmeldung während des akademischen Jahres einmal im Monat, jeweils Dienstag oder Mittwoch um 15 Uhr, in kleinen Gruppen

Im Jahr 1905 kaufte der berühmte, aus Litauen stammende amerikanische Kunstkritiker, Ästhet und Kunstsammler Bernard Berenson die Villa I Tatti, heute Sitz des Harvard University Center for Italian Renaissance Studies. Er und seine Frau Mary verliebten sich auf Anhieb in die Villa aus dem 16. Jh. auf den Hügeln von Settignano, nicht weit von Fiesole entfernt, und verbrachten Jahrzehnte damit, sie mithilfe der englischen Architekten und Landschaftsgärtner Cecil Pinsent und Geoffrey Scott nach ihren Vorstellungen zu gestalten. Die Villa I Tatti wurde zum Treffpunkt

der angloamerikanischen Intellektuellen jener Zeit. Edith Wharton, die in den Gärten von Florenz schrieb, hatte dort ein Zimmer. Die Mitglieder der Bloomsbury Group, von der einige (Bertrand Russell, Lytton Strachey und Adrian Stephen, der Bruder von Virginia Woolf) zu den Freunden von Mary Berenson zählten, waren neben Kunsthistorikern wie Kenneth Clark und John Pope-Hennessy gern gesehene Gäste des Hauses.

Bernard Berenson starb 1959 im Alter von 94 Jahren. Er hinterließ Harvard seine Sammlung primitiver italienischer, chinesischer und islamischer Kunst, mehr als 50.000 Bücher und über 300.000 private Kunstfotografien. Die Villa befindet sich bis heute in dem Zustand wie zur Zeit des Todes von Berenson und wird als Studienzentrum für Kunsthistoriker aus aller Welt genutzt.

Den anachronistischen Uhrenturm an der Südfassade ließ Mary Berenson ebenso hinzufügen wie eine an ihr Schlafzimmer angrenzende Loge an der Westfassade. Im Inneren verbergen sich Schätze, wie sie sonst nur in den größten Museen der Welt zu sehen sind: In der Eingangshalle empfängt den Besucher, sitzend auf einer Truhe aus dem 16. Jh., die Gästen als Briefkasten für ihre Postsendungen diente, eine ägyptische Katze. In Berensons früherem Schreibzimmer hängt eine schöne *Jungfrau mit Kind* von Domenico Veneziano, die heute als „Berenson-Madonna" bekannt ist. Der Weg durch die Räume ist gesäumt von unzähligen Jungfrauen mit Kind – von Bernardo Daddi, Gentile da Fabriano oder Neri di Bicci – und anderen Werken wie einer Kreuzabnahme von Giotto, einem *Heiligen Sebastian* von Cima da Conegliano und einem Triptychon von Sassetta. Gegenüber der Bibliothek zieren etruskische Urnen einen hängenden Garten. Vor der Südfassade erstreckt sich ein umzäunter Garten, dahinter die *Limonaia* (das Zitronengewächshaus, wo die Zitronen während der kalten Jahreszeit untergebracht werden) und wieder dahinter ein italienischer Garten, der links von einer Zypressenallee begrenzt

wird, die den Blick nach unten auf die Stadt und die in der Ferne liegenden Hügel lenkt. Ein Steinmosaik in der Nähe des Gebäudes zeigt zwei Bienen: *Bee Bee* (engl. „Biene") verweist auf die Initialen B. B. von Bernard Berenson.

Der Wasserlauf, der das Grundstück durchquert, findet in Boccaccios Verserzählung *Die Nymphe von Fiesole* Erwähnung.

DIE KUPPEL VON BRUNELLESCHI IM MASSSTAB 1:5

Ein Labor zur Erforschung des Geheimnisses von Brunelleschi

Parco dell'Anconella – neben der Via Villamagna

Über die Kuppel von Brunelleschi und die technischen Gesetze, nach denen dieses bahnbrechende Meisterwerk der Architektur entworfen und gebaut wurde, haben sich schon viele den Kopf zerbrochen. Als später Gerüste zur Sanierung der Fresken im Inneren der Kuppel aufgestellt werden sollten, stellte die Errichtung einer selbsttragenden Struktur die Verantwortlichen vor große Schwierigkeiten. Unzählige Arbeiten befassten sich mit möglichen Lösungen, bis man schließlich beschloss, Brunelleschis Kuppel nicht nur zu beschreiben, sondern

sie zu reproduzieren. Und so wurde die Kuppel des Duomo 2007 im Parco dell'Anconella im Maßstab 1:5 nachgebildet – ein Projekt, das ursprünglich auf den Architekten Michelucci zurückgeht, letztlich jedoch von Massimo Ricci, einem der größten Kenner des Meisterwerks von Brunelleschi, realisiert wurde. Das große Modell bildet die Kuppel systematisch bis in die kleinste Struktur der einzelnen, rippenartig angeordneten Ziegel maßstabsgetreu nach. Ricci ist es gelungen herauszufinden, wie die Struktur der Kuppel mittels einer Abfolge von radial-horizontalen Randsteinen aufgebaut ist: Das Modell von Anconella ist ein wahres Open-Air-Labor, das dazu dienen soll, das Geheimnis Brunelleschis besser zu verstehen. Zur einfacheren Betrachtung der Innenstruktur wurde diese Miniatur-Kuppel nur zu zwei Dritteln fertiggestellt. Sie bietet zudem Einblick in die Techniken und Arbeitsmittel der damaligen Zeit: Spannseile, Flaschenzüge und mobile Tragrippen, die als Stützen dienten. Die Ausführung erfolgte durch Studenten der Scuola Edile der Provinz Florenz.

DAS NYMPHÄUM VON GIOVANNOZZI

Die Überraschung einer unbekannten Grotte in Gavinana

Via del Paradiso, 5
Anmeldung zu einer kostenlosen Besichtigung beim Eigentümer Hrn. Vangelisti
0347 796 2509

Am Stadtrand von Florenz nahe Gavinana gibt es einen Privatgarten, in dem sich eine extravagante Grotte verbirgt, die einst Teil der Villa del Bandino der Familie Niccolini war. Diese Familie war es auch, die 1746 den Maler und Bildhauer Giuseppe Giovannozzi da Settignano damit beauftragte, ein Nymphäum – ein Nymphenheiligtum – in Form eines Häuschens mit drei Bögen zu errichten, das mit Vasen, barocken Mosaiken und Muscheln dekoriert sein sollte. Alles weist darauf hin, dass Giovannozzi Gefallen an der Ausführung dieses außergewöhnlichen Auftrags fand, bei dem ihm nur sein Sohn und ein Hilfsarbeiter zur Hand gingen.

In der Grotte befinden sich einige Bänke und vor allem natürlich das Becken, das früher mit Wasserspielen versehen und mit den Brunnen des alten Bigallo-Hospitals verbunden war. Im Zentrum stand eine Venus-Statue, die im Ersten Weltkrieg spurlos verschwand. In den bunten Steinen der Grotte thronte die Göttin der Liebe über diesem Heiligtum, das nicht nur als Zuflucht vor der Hitze oder Dekor für Feste und Erfrischungen unter freiem Himmel diente, sondern auch als Schlupfwinkel für Paare, die ungestörte Zweisamkeit suchten. Das Original-Nymphäum

verbirgt sich weitab von Boboli oder der Villa Demidoff; es teilt jedoch dessen ungewöhnliches Rocaille-Design, das der Fantasie ganz im Stile des sorglosen Florenz freien Lauf lässt. Die kürzlich von den Eigentümern sorgfältig restaurierte Anlage, die vor einigen Jahren als einzigartige Kulisse für eine Theatervorstellung diente, liegt heute in einer einfachen Grünanlage inmitten moderner Gebäude, als spiele sie Verstecken mit dem Rhythmus und der Ästhetik ihrer Umgebung.

DER CANTO DEGLI ARETINI

⑪

Ein altes Massengrab, Enklave von Arezzo

Via di Ripoli, 51/Ecke Via Benedetto Accolti

Die Formulierung *canto degli aretini* (*Winkel der Aretiner*, Anm.: die Bewohner von Arezzo) kann irreführend sein, denn das italienische Wort *canto* bedeutet auch Gesang.

An der betreffenden Straßenecke der Via di Ripoli, die eine eigenartige Enklave bildet, findet man tatsächlich nichts besonders Musikalisches: Dieses kleine Stückchen Florenz, das durch eine mit einem Gitterzaun umgebene Säule gekennzeichnet ist, unterliegt in Wahrheit der Verwaltung der Stadt Arezzo. Eine Inschrift belegt dies*.

Dieser *canto* erinnert an den Ort, an dem die Leichen einiger Hundert in Florentiner Gefängnissen verstorbener Aretiner bestattet wurden. Sie waren die ärmsten der Tausenden von Soldaten, die Florenz 1289 nach der Schlacht von Campaldino gegen Arezzo als Gefangene nahm.

Die meisten von ihnen wurden kurze Zeit später gegen Zahlung von Lösegeld freigelassen; die übrigen blieben in ihren Zellen, wo sie – sich selbst überlassen – bald starben.

Die Erinnerung an sie hat jedoch die Zeit in diesem, ihnen gewidmeten kleinen Stückchen Land überdauert, das unter der Verwaltung der Stadt Arezzo steht, die jedes Jahr am 11. Juni gemeinsam mit jener der Stadt Florenz am Fuße der Säule einen Kranz niederlegt.

"Dieser Ort in Arezzo ist Teil der ghibellinischen Stadtverwaltung [...] im Gedenken an die erbitterte Feindschaft, die die Städte einst zerriss, durch das moderne, geeinte Italien jedoch für immer und ewig beendet wurde."

DIE BIBLIOTHEK
DER FONDAZIONE SPADOLINI
NUOVA ANTOLOGIA

Das Italien von Spadolini

Via Pian dei Giullari, 36a
Montag bis Donnerstag 9:20 bis 16:40 Uhr
055 233 6071
Villa „Il Tondo dei cipressi" (Das Tondo der Zypressen)
Via Pian dei Giullari, 139
Besichtigung nach vorheriger Anmeldung
055 687 521

Die Fondazione Spadolini besitzt nicht nur eine Bibliothek mit 100.000 Bänden, sondern auch eine der bedeutendsten und ältesten Kulturzeitschriften Italiens – die erste Ausgabe der *Nuova Antologia* erschien 1866 –, ist jedoch in erster Linie der laizistische Tempel von Giovanni Spadolini, Historiker und langjähriger Sekretär der Republikanischen Partei Italiens und erster laizistischer und nicht christdemokratischer italienischer Regierungchef. In den zwei Sitzen der Stiftung auf dem herrlichen Hügel von Pian dei Giullari wandelt man im Herzen der europäischen Geschichte, insbesondere des Risorgimento, in einer von leidenschaftlicher und rigoroser Kultur geprägten Atmosphäre, in der nichts dem Zufall überlassen ist. In mancherlei Hinsicht zeigt sich die jahrhundertealte Strenge von Florenz noch heute in der Bibliothek und in der Residenz von Spadolini, wo sich der Sitz dieser in verschiedenen Bereichen (von Studien- und Forschungsstipendien bis hin zu Kongressen aller Art) engagierten Stiftung befindet. Die Bibliothek bietet Zugriff auf zahlreiche Bestände, die hier zusammengetragen wurden, und dient auch als Ort für regelmäßige Sonderausstellungen. Im Sitz der Stiftung taucht man hingegen in Spadolinis eigenes Universum ein: Mit einer der Renaissance würdigen intellektuellen Neugier interessierte sich der Politiker sowohl für die bildende Kunst als auch für historische Zeugnisse und alte Bücher. Seine besondere Leidenschaft galt kunsthandwerklichen Objekten des Risorgimento. So findet man hier Porträts von Garibaldi, Mazzini oder Cavour, Gemälde der *macchiaioli*, aber auch Werke von Malern des 20. Jhs. wie Primo Conti, Renato Guttuso, Giorgio Morandi, Ardengo Soffici, Ottone Rosai und natürlich Guido Spadolini, dem Vater von Giovanni, der seinem Sohn die Liebe zur Malerei vererbte. Die zentralen Ereignisse aus dem Italien des 20. Jhs. sind in zahlreichen Karikaturen von Longanesi und Maccari dargestellt. Hinzu kommen Hunderte von Stichen und Grafiken. Ebenfalls sehenswert ist die Sammlung von Geschenken, die Spadolini während seiner Zeit als Staatschef, Minister und Senatspräsident erhielt. Unter der passionierten Leitung des Historikers Cosimo Ceccuti bilden die beiden Sitze der Stiftung einen einzigartigen Ort. Sie sind einerseits Verwahrer einer traditionsreichen Geschichte vom Risorgimento bis zur Republik und zeigen andererseits – anders als klassische Museen – auf, wie sich dieser Gedanke in der heutigen Politik und Gesellschaft fortsetzt.

IN DER UMGEBUNG
Die Wandtafel der Villa Il Tasso

Am Eingang der Villa Il Tasso (Via Benedetto Fortini, 30) befindet sich eine Tafel von 1704 mit der Angabe, dass Florenz eine Meile entfernt liegt. Weiter unten in der Straße sind einige Graffitis zu erkennen, darunter eines mit einem Fries aus dem Jahr 1830.

VILLA DEL POGGIO IMPERIALE ⑬

Ein Schulgebäude voller Kunstwerke

Villa del Poggio Imperiale – Piazzale del Poggio Imperiale, 1
055 226171 – poggio-imperiale.edu.it
Besuch des Museumsbereichs nur mit Führung und nach Voranmeldung. Infos
per Mail: areamuseale@poggio-imperiale.edu.it

Die Villa del Poggio Imperiale zählt seit 2013 zum UNESCO-Weltkulturerbe und ist eines von nur wenigen staatlichen Internaten. Insbesondere jedoch ist die Einrichtung, die rund 100 Schülerinnen und Schülern Platz bietet, die erste italienische und eine der ersten europäischen Schulen, in der Kinder des gehobenen Bürgertums eine liberale und nicht konfessionell gebundene Bildung erhalten. Die Idee zu diesem besonderen Ort des europäischen kulturellen Lebens geht auf den Adligen Gino Capponi zurück, der sich, nachdem er im jungen Alter von nur 22 Jahren zum Witwer wurde, gezwungen sah, für die Bildung seiner beiden Töchter zu sorgen. Von den großherzoglichen Ausbildungsinstituten und religiösen Einrichtungen für Mädchen aus gutem Hause enttäuscht, beschloss Capponi ein Mädcheninternat mit Anspruch zu gründen.

Mit Unterstützung der Großherzogin Maria Karolina wurde sein avantgardistisches Vorhaben 1825 Realität. Im Jahr 1865 zog das Institut in die Villa del Poggio Imperiale um. Bis heute herrscht in dem monumentalen Dekor die einzigartige Atmosphäre eines musealen Orts, an dem Tag

für Tag Hunderte von internen und externen Schülerinnen und Schülern zum Lernen zusammenkommen. Die im 16. Jh. errichtete und im Laufe der folgenden Jahrhunderte erweiterte Villa del Poggio Imperiale beherbergt nicht nur eine wertvolle Sammlung wissenschaftlicher Instrumente, sondern ist vom Innenhof und den vier mit alten Büsten gesäumten Gängen über die Stucksinfonie des Mozart-Saals und die chinesischen Räume aus dem 18. Jh. mit in kantonesischen Werkstätten handgemalten Tapeten bis hin zu den großherzoglichen Wohngemächern absolut einzigartig.

Ein dynastischer Krimi

In der Villa del Poggio Imperiale fanden viele bedeutende Ereignisse statt, nicht zuletzt das einzige Konzert Mozarts in Florenz. Interessant ist aber auch ein Unglück, das nie aufgeklärt wurde: 1822 starb die Amme des Sohnes von Karl Albert, König von Sardinien, und seiner Frau Maria Theresia, bei dem Versuch, den kleinen Viktor Emanuel bei einem Brand in Sicherheit zu bringen. Der nach einer schwierigen Schwangerschaft geborene alleinige Thronerbe war zu diesem Zeitpunkt zwei Jahre alt. Einer verbreiteten, wenngleich nie bewiesenen Theorie zufolge starb nicht nur die Amme in den Flammen, sondern auch der Junge. Um den Staat in ohnehin schwierigen Zeiten nicht zu schwächen, beschloss man kurzerhand, den Thronfolger durch den Sohn eines Fleischers von der Porta Romana zu „ersetzen", der später als König Viktor Emanuel II. den italienischen Thron bestieg. In der Tat ähnelte der Monarch seinen Eltern nicht besonders und fiel zudem durch sein wenig aristokratisches Verhalten auf.

DER CIMITERO DEGLI ALLORI

Der Friedhof der Andersgläubigen

Via Senese, 184
1. Oktober bis 31. März: 8 bis 12:30 Uhr und 14:30 bis 17 Uhr; 1. April
bis 30. September: 8 bis 12 Uhr und 15 bis 18 Uhr. Sonntags geschlossen

Ganz im Süden von Florenz, im Vorort Galluzzo, ist der kleine *Cimitero degli Allori* (Friedhof des Lorbeers) ein Hafen des ewigen Friedens, dessen Geschichte nur wenigen bekannt ist. Wenngleich es sich nicht um einen „echten" Friedhof handelt, findet man hier doch einige Gräber, die aus künstlerischer Sicht interessant sind und den Ort einzigartig machen. Der Friedhof wurde nach den neuen Vorschriften angelegt, die im 19. Jh. zur Schließung des Englischen Friedhofs an der Piazza Donatello und zur Auslagerung der meisten Friedhöfe vor die Stadtgrenzen führten. Der Cimitero degli Allori wurde eröffnet, um jene Florentiner aufzunehmen, die nicht dem katholischen Glauben angehörten: Protestanten, Orthodoxe, Atheisten und sogar Juden und Muslime. So enthüllen die Gräber einen erstaunlichen Querschnitt durch die Florentiner Gesellschaft mit ihren evangelischen und englischen Gemeinschaften und sogar einigen russischen Aristokraten. Weiteres Zeugnis dieser Vielfalt sind die Persönlichkeiten, die hier ihre letzte Ruhestätte gefunden haben: vom englischen Historiker und Schriftsteller Harold Acton über den Sammler Frederick Stibbert bis hin zum Schweizer Maler Arnold Böcklin und der herrlich kontroversen Schriftstellerin Oriana Fallaci. Diese Vielfalt stammt vor allem aus der

protestantischen Gemeinschaft, deren Verstorbene zuvor auf dem Schweizer Friedhof, dem sogenannten Englischen Friedhof (s. o.) beerdigt worden waren. Im Rahmen der umfangreichen Arbeiten aus Anlass der Verlegung der Hauptstadt des Königreichs Italien nach Florenz (1865–1870) wurden die Befestigungsanlagen abgerissen, woraufhin der Englische Friedhof nicht nur innerhalb des Stadtrings lag, sondern regelrecht von den Umgehungsstraßen umzingelt war. So wurde 1860 im Stadtteil Galluzzo der *Cimitero degli Allori* angelegt, der all jenen eine letzte Ruhestätte gab, die nicht in katholischer Erde beigesetzt werden wollten oder konnten.

DER GARTEN DES ARCHIMEDES (15)

Das unglaubliche Museum der Zahlenspiele

Museo per la matematica
Via san Bartolo a Cintoia, 19
Montag bis Freitag 9 bis 13 Uhr, Sonntag 15 bis 19 Uhr (im August und
an Feiertagen geschlossen)
055 787 9594

Am Stadtrand von Florenz befindet sich ein Haus mit seltsamen Übergängen und auffallend schrägen Elementen – gelinde gesagt einer komischen Architektur, die gar nicht zu der strengen urbanen Einförmigkeit passt.

In diesem eigenwilligen Gebäude befindet sich ein Museum, das vor allem Schulen bekannt ist, wenngleich es in Italien und vielleicht in ganz Europa einzigartig ist.

Es ist das Ergebnis eines innovativen und ehrgeizigen Projekts und verfolgt den Zweck, der Allgemeinheit die Geheimnisse der Mathematik auf spielerische und interaktive Art und Weise näherzubringen, um so die Neugier für Zahlen und Formen zu wecken.

Da wir uns in der Toskana befinden, beginnt der Rundgang selbstverständlich mit dem Mathematiker Leonardo da Pisa, genannt Fibonacci, Verfasser der „goldenen Gesetze" über die numerische Struktur der Natur sowie des berühmten *Liber Abaci* (*Buch vom Abakus*, 1202). Der historische Ansatz macht jedoch nur einen Teil des Museums aus, das u. a. auch einen interaktiven Bereich zum Satz des Pythagoras enthält.

Neben der ständigen Ausstellung veranstaltet das Museum regelmäßig Sonderausstellungen und Workshops, die sich der praktischen Anwendung der Mathematik widmen. Hier kann man Papier falten, sich von einer fesselnden musikalischen Performance über Tabellen verführen lassen oder lernen, so zu zählen wie die Sumerer. Wenn Sie auf der Suche nach einem Museum der anderen Art sind, dann müssen Sie einfach hierherkommen, zumal die meist in der Innenstadt gelegenen Museen von Florenz sich eher selten der gelehrten Unterhaltung verschrieben haben.

ALPHABETISCHER INDEX

NOTIZEN

Thomas Jonglez

Im September 1995 kommt Thomas Jonglez im pakistanischen Peschawar, 20 Kilometer von den Stammesgebieten entfernt, die er wenige Tage später besucht, auf die Idee, die ihm bekannten verborgenen Orte von Paris zu Papier zu bringen. Seine siebenmonatige Reise von Peking nach Paris führt ihn damals unter anderem nach Tibet (in das er ohne gültige Papiere, versteckt unter Decken in einem Nachtbus, einreist), in den Iran und nach Kurdistan. Den gesamten Weg legt er ohne Flugzeug, ausschließlich per Schiff, Anhalter, Fahrrad, Zug oder Bus, reitend und zu Fuß zurück. Er erreicht Paris gerade noch rechtzeitig, um mit seiner Familie Weihnachten zu feiern.

Nach der Rückkehr in seine Geburtsstadt verbringt er zwei Jahre mit der Erkundung praktisch aller Straßen von Paris, um, gemeinsam mit einem Freund, seinen ersten Reiseführer über die Geheimnisse von Paris zu schreiben. Anschließend ist er zunächst sieben Jahre in der Eisen- und Stahlindustrie tätig, bevor ihn erneut die Leidenschaft packt und er sich ganz dem Entdecken widmet. 2003 gründet er seinen Verlag, 2006 zieht er nach Venedig.

2013 zieht es ihn mit seiner Familie wieder in die Welt hinaus. Sechs Monate führt die Reise von Venedig über Nordkorea, Mikronesien, die Salomon-Inseln, die Osterinsel, Peru und Bolivien nach Brasilien.

Nach sieben Jahren in Rio de Janeiro lebt Thomas heute mit seiner Frau und seinen drei Kindern in Berlin.

Die Publikationen des Jonglez Verlags sind in neun Sprachen und 40 Ländern erhältlich.

IM SELBEN VERLAG ERSCHIENEN

ATLAS

Atlas der außergewöhnlichen Weine
Atlas der geographischen Kuriositäten
Atlas der Lost Places
Atlas der Wetterextreme

BILDBÄNDE

Abandoned Asylums (auf Englisch)
Abandoned Australia (auf Englisch)
Abandoned Belgium (auf Englisch)
Abandoned France (auf Englisch)
Abandoned Lebanon (auf Englisch)
Abandoned Spain (auf Englisch)
After the Final Curtain – The Fall of the American Movie Theater (auf Englisch)
After the Final Curtain – America's Abandoned Theaters (auf Englisch)
Baikonur – Relikte des sowjetischen Weltraumprogramms
Chernobyl's Atomic Legacy (auf Englisch)
Cinemas – A French heritage (auf Englisch)
Clickbait – A visual journey through AI-generated stories (auf Englisch)
Destination Wellness – Unsere 35 besten Orte der Welt zum Entspannen
Deutschland Lost Places
Forbidden Places – Exploring our Abandoned Heritage Vol. 1 (auf Englisch)
Forbidden Places – Exploring our Abandoned Heritage Vol. 2 (auf Englisch)
Forbidden Places – Exploring our Abandoned Heritage Vol. 3 (auf Englisch)
Forgotten Heritage (auf Englisch)
Stilles Venedig
Ungewöhnliche Hotels
Venedig aus der Luft
Verborgene Heiligtümer
Verbotene Orte
Verlassenes Frankreich
Verlassenes Japan
Verlassene UdSSR
Verlassene USA
Verlassenes Italien
Verlassene Kirchen – Kultstätten im Verfall

VERBORGENES-REISEFÜHRER

Verborgenes Bali
Verborgenes Bangkok
Verborgenes Barcelona
Verborgenes Berlin
Verborgenes Brüssel
Verborgenes Budapest
Verborgene Dolomiten
Verborgenes Dublin
Verborgenes Edinburgh
Verborgenes Genf
Verborgenes Granada
Verborgenes Hamburg
Verborgenes Istanbul
Verborgenes Kapstadt
Verborgenes Kopenhagen
Verborgenes Korsika
Verborgenes Lissabon

Verborgenes London
Verborgenes Los Angeles
Verborgenes Mailand
Verborgenes Neapel
Verborgenes New York
Verborgene Normandie
Verborgenes Paris
Verborgene Provence
Verborgenes Rom
Verborgenes Sevilla
Verborgenes Singapur
Verborgenes Stockholm
Verborgenes Tokio
Verborgene Toskana
Verborgenes Venedig
Verborgenes Wien

„30 ERLEBNISSE"-REIHE

Soul of Amsterdam – 30 einzigartige Erlebnisse
Soul of Athen – 30 Erlebnisse
Soul of Barcelona – 30 Erlebnisse
Soul of Berlin – 30 einzigartige Erlebnisse
Soul of Kyoto – 30 Erlebnisse
Soul of Lissabon – 30 einzigartige Erlebnisse

Soul of Marrakesch – 30 einzigartige Erlebnisse
Soul of New York – 30 einzigartige Erlebnisse
Soul of Paris - 30 Erlebnisse
Soul of Rom – 30 einzigartige Erlebnisse
Soul of Tokio – 30 Erlebnisse
Soul of Venedig – 30 einzigartige Erlebnisse

Folgen Sie uns auf Facebook, Instagram und X

BILDNACHWEISE
Alle Fotos von **Waris Grifi**, außer:

Paola Maresca: Der Saal der Elemente im Palazzo Vecchio, Die Esoterik des Cosimo de' Medici, Die Medaillons der Loggia dei Lanzi, Die Gedenktafel für Giuseppe Lacheri, Denkmal zu Ehren des Bischofs Antonio von Orso, Der Stier von der Porta della Mandorla, Verborgene Symbolik der Kapelle der heiligen drei Könige, Die Freimaurersymbole des Torrigiani-Gartens, Freimaurersymbole im Park des Stibbert-Museums, Villa del Poggio Imperiale
Marie-Lan Nguyen: Der Saal der Elemente im Palazzo Vecchio (S. 20–21)
Thermos: Die Medaillons der Loggia dei Lanzi
Associazione dei Renaioli : Eine Bootsfahrt auf dem Arno in Gesellschaft der Renaioli
DR: Dante, die Templer und die „Fedeli d'Amore", Beatrice: Symbol auf dem Weg der spirituellen Erleuchtung, Das Grab des Gegenpapstes Johannes XXIII., Das Stendhal-Syndrom, Hermes Trismegistos und die Hermetik, Das Oratorio della Compagnia di San Niccolò al Ceppo, Pinocchio, Die erste Freimaurer-Marionette
Sailko: Palazzo Uguccioni, Der Stier von der Porta della Mandorla, Die Lok im Wappen der Familie Fenzi, Die Nachbildung des heiligen Grabes von Jerusalem, Palazzo Capponi all'Annunziata, Die persönlichen Gänge der Principessa Maria Maddalena de' Medici, Der Garten des Palazzo Grifoni – Budini Gattai, Palazzo Borghese (S. 229), Palazzo dei Visacci, Der jüdische Friedhof, Die esoterische Symbolik des Parco delle Cascine, Villa Gamberaia, Villa I Tatti, Die Kuppel von Brunelleschi im Maßstab 1:5, Villa del Poggio Imperiale
Carlo Caselli: Beobachtung der vorbeiziehenden Sonne in der Kathedrale, Der Mittagsweiser von Ximenes, Die Sonnenwendtaffel des Baptisteriums (S. 107)
Nicole Cabassu: Der seltsame Gang des Pferdes von Sir John Hawkwood, Ein Kopf ohne Beine in der Brancacci-Kapelle, Villa I Tatti
Nina-no: Die verborgene Symbolik der Heiligen Drei Könige
Jebulon: Die astrologischen Blumen an der Fassade von Santa Maria Novella
Commonists: Die astrologischen Blumen an der Fassade von Santa Maria Novella (S. 153)
VMA: Der „hermetische" Himmel der Pazzi-Kapelle, Der architektonische Komplex von Monterinaldi
Giorgio Martini: Das Grab von Giovanni Battista Niccolini (S. 221)
Saulo Bambi - Museo di Storia Naturale/Firenze: Der Salon der Skelette, Der Saal der Schwäne

Textnachweise
VMA: Dante, Die Templer und die „Fedeli d'Amore", Beatrice: Symbol auf dem Weg der spirituellen Erleuchtung, Pinocchio, die erste Freimaurer-Marionette, Der sakrale Symbolismus der Fleur de Lis
Giacomo Bei: Eine Bootsfahrt auf dem Arno in Gesellschaft der Renaioli
Roberto di Ferdinando: Der 25. März: das alte Florentiner Neujahrsfest, Die Treppe von Santo Stefano al Ponte, Der Affe des Casino Mediceo di San Marco, Klimaanlagen im 16. Jahrhundert, Alchemie und Hermetik im Boboli-Garten, Die esoterische Symbolik des Parco delle Cascine
Nicole Cabassu: Der seltsame Gang des Pferdes von Sir John Hawkwood, Ein Kopf ohne Beine in der Brancacci-Kapelle, Villa I Tatti
Paola Maresca: Der Saal der Elemente im Palazzo Vecchio, Die Esoterik des Cosimo de' Medici, Die Medaillons der Loggia dei Lanzi, Die Gedenktafel für Giuseppe Lacheri, Denkmal zu Ehren des Bischofs Antonio von Orso, Der Stier von der Porta della Mandorla, Verborgene Symbolik der Kapelle der heiligen drei Könige, Die astrologischen Blumen an der Fassade von Santa Maria Novella, Die Freimaurersymbole des Torrigiani-Gartens, Freimaurersymbole im Park des Stibbert-Museums, Villa del Poggio Imperiale

Karten: **Cyrille Suss** – Konzeption: **Emmanuelle Willard Toulemonde** – Übersetzung: **Tanja Felder** – Lektorat: **Rupert Hofkofler, Lea Intelmann und Christiane Manz** – Korrektorat: **Carola Köhler** – Redaktion: **Clémence Mathé**

Gemäß geltender Rechtsprechung (Toulouse 14.01.1887) haftet der Verlag nicht für unbeabsichtigte Fehler oder Auslassungen, die in dem Reiseführer trotz größter Sorgfalt der Verlagsmitarbeiter möglicherweise vorhanden sind. Jede Vervielfältigung dieses Buches oder von Teilen daraus ohne ausdrückliche Genehmigung des Verlages ist untersagt.

© JONGLEZ 2024
Oktober 2024 - 3. Auflage
ISBN: 978-2-36195-806-0
Gedruckt in Bulgarien von Dedrax